U0088622

臺灣歷史與文化 研究輯刊

初 編

第 29 冊

清代臺灣漢語文獻原住民記述研究（上）

王幼華 著

花木蘭文化出版社

國家圖書館出版品預行編目資料

清代臺灣漢語文獻原住民記述研究（上）／王幼華 著—初版
— 新北市：花木蘭文化出版社，2013〔民 102〕
序 2+ 目 6+170 面；19×26 公分
（臺灣歷史與文化研究輯刊 初編：第 29 冊）
ISBN：978-986-322-282-8（精裝）
1. 漢語　2. 臺灣原住民
733.08　　　　　　　　　　　　　　　　102002958

ISBN-978-986-322-282-8

9 789863 222828

臺灣歷史與文化研究輯刊
初　編　第二九冊　　　　　　　ISBN：978-986-322-282-8

清代臺灣漢語文獻原住民記述研究（上）

作　　者　王幼華
總 編 輯　杜潔祥
出　　版　花木蘭文化出版社
發 行 所　花木蘭文化出版社
發 行 人　高小娟
聯絡地址　235 新北市中和區中安街七二號十三樓
　　　　　電話：02-2923-1455／傳真：02-2923-1452
網　　址　http://www.huamulan.tw 信箱 sut81518@gmail.com
印　　刷　普羅文化出版廣告事業
初　　版　2013 年 3 月
定　　價　初編　30 冊（精裝）新臺幣 60,000 元
版權所有·請勿翻印

清代臺灣漢語文獻原住民記述研究（上）

王幼華　著

作者簡介

王幼華（1956～）中興大學中國文學系博士，現任國立聯合大學華語文學系副教授。學術著作有：《當代文學評論集》、《冰心麗藻入夢來──日治時期苗栗縣的詩社》、《苗栗縣文學史》（與莫渝合撰）、《考辨與詮說──清代臺灣論述》、《蚌病成珠──古今作家論》等。發表期刊及研討會論文四十餘篇。文學創作有《土地與靈魂》、《騷動的島》、《洪福齊天》等，曾獲國史館臺灣文獻館文獻圖書優等獎、吳濁流文學獎、中國文藝獎章、中山文藝獎等。

提　　要

　　本書包括 2005 年中興大學中國文學系博士論文《清代臺灣漢語文獻原住民記述研究》，以及相關研究〈貓裏字義考釋〉、〈臺灣原住民命名的疑與辨──合番或者合歡的例子〉、〈非我族類「生與熟」用語辨析〉等三篇論文。《清代臺灣漢語文獻原住民記述研究》為清代臺灣漢語文獻中有關原住民各類記述的整體研究，內容包括命名釋義、公私文獻、詩文作品、語言資料、原漢衝突等，做一全面的分類與論述。〈貓裏字義考釋〉、〈臺灣原住民命名的疑與辨──合番或者合歡的例子〉則為對清代官吏以漢字擬音方式，命名原住民所出現的訛誤、混淆現象，做一辨正的工作，歷敘其演變，為其原意做出正確的解釋。「生」與「熟」是中國傳統文獻裏，對非我族類特殊的標識用語。這兩個詞的區別，包括與漢人居住距離的遠近，是否為朝廷服勞役、納稅。另一點則為文明發展程度的高低，生即意味其族類還處於半原始狀態，熟則為接近漢人的程度。許多漢人會與「蠻夷」混居，彼此互相影響，生、熟族類之間也會發生變動。〈非我族類「生與熟」用語辨析〉整理歷朝各代相關記述，分辨其間的差異。

序

　　本書輯錄 2005 年中興大學中國文學系博士論文《清代臺灣漢語文獻原住民記述研究》，以及相關研究〈猫裏字義考釋〉（2005）、〈臺灣原住民命名的疑與辨 —— 合番或者合歡的例子〉（2006）、〈非我族類「生與熟」用語辨析〉（20012）等三篇論文。博士論文近年來廣爲海內外學術界徵引，或做爲指定教材，內容所論及的相關議題，頗受學界認同。然後出轉精之作不少，故本文僅略作修訂，以存原貌。〈猫裏字義考釋〉、〈臺灣原住民命名的疑與辨 —— 合番或者合歡的例子〉兩作則因有論述不周之處，此次做較大篇幅的修訂，期能更深入完整。〈非我族類「生與熟」用語辨析〉爲近期完成的論文，撰述的動機亦爲博論內議題的拓展及再研究。在本書出版之際，仍期望向以下諸先生表達敬意：

　　陳器文教授、賴芳伶教授、陳欽忠教授、李建崑教授、林文彬教授、吳福助教授、黃秀政教授

2013 年元月　　在聯合大學華語文學系

目

次

第一章 緒 論

第一節 研究範圍與材料

　　清朝康熙二十三年（1684 年），臺灣正式成為大清帝國的版圖。前明政府對臺灣這個海島的認識很少，在許多文獻記載中，常語焉不詳，位置錯誤，對澎湖及琉球則較為了解，文獻記載較為正確。十六、七世紀荷蘭人因為希望進行對東亞的貿易，孜孜於大陸東南沿海尋找基地，在多次進擾後，終於在臺灣建立了一個殖民組織，讓此地進入了新的世界。鄭成功抗清失敗後，轉進臺灣，在此收集流亡成立臨時政府，招撫遺民，期望以一島抵抗一大國。鄭氏三代在此地經營，縱橫於福建、廣東沿海，自成一股力量，這個反抗力量是清朝的邊陲大患。康熙皇帝遣施琅率兵徵討，終於將反清力量敉平，並開始了對臺灣長達二百餘年的統治，事實上清代的統治才使臺灣完成普遍性的開發，才使全島由鴻荒之地，漸漸變成被人知曉的世界。荷蘭及鄭氏三代對臺灣的經營，實際上僅為區域式的、點的開發，他們雖曾對全島做過探索、調查，但沒有全面掌控的能力。明代對臺灣的記載不多，零星散在在各類文獻中，較集中的是沈有容《閩海贈言》，其次是《明季荷蘭人入侵彭湖殘檔》，鄭氏三代期間，有關臺灣的記載有：楊英《從征實錄》、黃宗羲《賜姓始末》、以及臺灣銀行經濟研究室所編的《鄭氏關係文書》、《鄭氏史料初編》、《鄭氏史料續編》等，這些資料大部分是以鄭氏為中心，內容以政治、軍事為主。康熙領臺之後，有關臺灣的記載才逐漸多了起來，來自大陸的官宦、文士對此地的記述與創作經過二百餘年的累積，數量相當可觀，型塑了臺灣的基本

面貌，建立了中國式的政治、文化的結構，使臺灣成爲中國海外的「一片世界」。這些作品一般來說以「采風錄俗」或「議事備治」爲主，由於臺灣本來即爲原住民所居之島，還未進入文明之境，大半的島嶼都仍處於莽野的狀態，來臺官員所要面對的問題，往往爲實際的建立制度，管理住民，開拓墾地，撫平動亂等，由於文化、經濟的累積不足，難以產生藝術性較高的作品。

清代中葉以前，不論是哪個國家或民族的記載裏，所謂「臺灣人」指的是在地多達二十幾個族群的原住民，中葉以後來自中國大陸的移民，在人數上逐漸已超過原有的住民，造成了取代的現象，原住民由主角變成配角，慢慢的邊緣化、少數化。然而所謂「番人」〔註1〕在二百餘年間從未消失，所謂臺灣的政治、文化、經濟、社會重心，也從未能脫離「番人」而存在，因此有所謂清代臺灣政策即理番政策的說法，〔註2〕可見出其重要性。有清一代有關臺灣漢文原住民的記述數量相當可觀，但本地學術性的研究討論一直都是比較貧乏，探究原因大概有幾項：

（1）是政權的轉換。甲午戰後，臺灣割讓給日本，對原住民的研究者不同於傳統中國社會中有記載能力的文士，而是一群人類學、考古學者。日人的研究者取代之後，文士的文學式記載，印象式寫法，便失去了撰述的舞臺。由於強勢異文化的移入，仍堅持中國傳統文化的人們，便受到排斥與壓抑，且無法在主政者的社會裏獲得發展，是以傳承了二百餘年的文化模式，喪失了延續下去的力量。日人據臺五十一年，在其發動侵華戰爭後，進行了皇民化運動，由改姓氏、毀廟宇、征軍夫等更強勢的皇民化政策下，漢文書寫已成乏人問津的殘骸，清代的載籍更不受到重視。統治者主要管理對象是「日本帝國統治下的臺灣臣民」，原住民的書寫轉變爲人類學、考古學者的考查、研究資料。（2）清代的原住民書寫屬於傳統的中國形式，散文則爲文言文、駢文，韻文則爲古詩、絕句、律詩、竹枝詞、賦等，這些文學形式在民國八年（1919 年）開始的新文學運動後，逐漸的被認爲是沒有價值的東西，慢慢地遭到淘汰的命運。有清一代的傳統書寫，變成落伍、陳舊的象徵。日據時

〔註1〕 本文對臺灣原住者所使用的詞語包括：原住民、番人、熟番、生番、平埔番、番社、番害等，其中並不包含輕視的成分，經常在引用文獻或行文需要時，會出現「番」這樣的字眼，乃爲遷就歷史客觀存在的用語，特此說明。

〔註2〕 連橫：《臺灣通史》卷十五〈撫墾志〉：「故自開闢以來，官司之所經畫，人民之所籌謀，莫不以理番爲務。……理番之事，臺灣之大政也。成敗之機，實繫全局。」（台北市：眾文圖書公司，1978 年 2 月），頁475、476。

期雖然仍有承續傳統文學方式創作者，但新一代的作家，也接受了這樣的影響，開始以白話文或日文創作，不再依循傳統，以新形式創作的作品受到社會群眾的接受，成爲主流文學。而有清一代有關原住民的書寫，有非常大一部分是文學創作，這些作品形式已不符合時代潮流，未受到學者們的關注。（3）光復後，大陸來臺的政府及學者，對臺灣的歷史文化認識較淺，而本土的人士對曾有的清代書寫知之者亦甚有限。在民國八十年代以前，對清代書寫的研究可以說主要是在文獻整理，史料發掘的階段。撰述者引用的日本學者論述，對前清的文獻缺乏知解的能力，彷彿原住民的種種僅源於日本人的研究，此外則無足觀者。由於這些因素的影響，清代臺灣漢文原住民書寫的研究，事實上是相當匱乏的，仍有待整體研究與個別論述的。

　　本文研究的範圍與材料大概有二類，其一爲方志與方志〈藝文志〉，其二爲個人著作，這些資料爲主要的論述內容，亦有零散見於各類文獻者。

一、方志中的原住民記述

　　方志是清代臺灣最重要的文獻載籍，數量甚多，平均五、六年，便有一部相關的著作產生。方志之作爲何如此之多，應該是與清代修志風氣很盛有關：「清代是方志修纂的興盛時期，修志數量是以前各朝代無法相比的，現存5700 餘種，占現存古代方志的 70%左右。」〔註 3〕而修志的風氣盛則和康熙希望編纂《大清一統志》有關，《一統志》的做法基本上是要求全國各州縣先編纂出志書，上呈朝廷後，再編纂成一大套全國志書。〔註 4〕纂修動機基本上是「盛世修志」、「地情掌握」，其實也是種權力與意志的表現，是領有中國，統治中國的「宣告」，所以清朝皇帝對它十分重視。此外，來臺官吏亦頗著意於此，他們對修纂的方志有著很高的興趣，行動也很積極。這些作品雖然良莠不齊，但或多或少都紀錄了當時政治、軍事、經濟、社會與文化的風貌，是了解清代臺灣最基本的文獻。清領二百餘年，各種類的志書總數約有四十多種，〔註 5〕本文重點在這些方志中有關原住民書寫的部份。方志及〈風俗

〔註 3〕蘇品紅：〈淺析中國古代方志中的地圖〉，（台北市：「地方文獻學術研討會」論文，2002 年 10 月），頁 2。
〔註 4〕巴兆祥：《方志學新論》，〈第三章方志發展史專題〉，（上海：學林出版社，2004年 6 月），頁 111、112。
〔註 5〕陳捷先：《清代臺灣方志研究》，（台北市：學生書局，1996 年 8 月），頁 189。依巴兆祥：《方志學新論》，〈第三章方志發展史專題〉中說嘉慶年間《重修大

志〉、〈藝文志〉中有關原住民的書寫，大致可分爲官式文書及詩文作品兩類，官式文書包括奏疏、公移、示告、書、議等，以及相關的番民風俗記述及番語漢字擬音等。其中不乏文采斐然，情辭並茂者。文學性作品則有詩歌、駢文、賦、散文等眾體兼備，頗有可觀。

清代臺灣的志書，由康熙二十四年（1685 年）蔣毓英等的《臺灣府志》到最後一本地區性志書光緒二十年（1894 年）的《恆春縣志》，都刻意的邀請能文的官員及文人雅士，針對志書範圍內的風土、民情、物產、景色分韻作詩、作文，並在期限內收集，然後刊行。〔註6〕臺灣在「拓展期」之前文學作品非常少，〔註7〕漢文的創作來自明代亡國之臣，及清代遊宦官員。這些有限的作品大半也是爲編輯志書而創作而出版的。其餘許多作家的集子，常未刊印出版或刊印後散佚無存，而志書便扮演了保留文獻的重要寶庫。這些保存下來的作品，成爲清領臺灣前期，最具代表性的作品。這些主撰者有不少是相當有經驗的，除了編纂臺灣的志書外，也曾參與其他地方志書的撰述，如：陳夢林《漳州府志》、《漳浦縣志》，周凱《金門縣志》、《廈門志》，范咸《湖南通志》，孫元衡《山東新城縣續志》，魯鼎梅、王必昌《福建德化縣志》、林豪《續金門縣志》等，所以他們所纂輯的著作有一定的水準。

在方志這方面的纂修上，梁啓超《中國近三百年學術史》一書中提到，入清之後康熙十一年（1673 年）因修《大清一統志》曾下詔各郡縣編輯郡書，但成書不多。雍正七年（1729 年）再議《大清一統志》之纂修，嚴格要求各府縣限期完成，成效就比較具體。所以文化稍高之區，莫不以修志爲務。〔註8〕《一統志》的纂修起於元代，明代持續這個做法，清代則發而揚之，連續三次編纂，

清一統志》的統計來看，臺灣志書共 23 本，福建 94 本，廣東含海南島 198 本，貴州 28 本，廣西 63 本，臺灣的志書數量，還算差強人意。

〔註6〕而這些志書內參與纂修者的作品往往最爲多見，如卓肇昌編纂的《重修鳳山縣志》、即是一例。由《重修鳳山縣志》所刊載的作品看來，他們在編纂此志之前曾邀縣內的官員、學子，就所需主題以限韻、分韻等方式請大家書寫，集稿後選出佳作，登錄在志書上。所以此書鳳山縣內人士的作品很多。

〔註7〕本文將清代臺灣的發展略分爲四期：探索期：約由康熙二十三年（1684 年）至雍正元年（1723 年），約 40 年。拓展期：約由雍正元年（1723 年）至乾隆六十年（1795 年），約 60 年。穩定期：嘉慶、道光、咸豐、同治四朝，（1796年至 1874 年）共約 80 年的時間。變動期：同治年間至光緒割臺，約 30 年。詳見第六章第一節，頁 160、161。

〔註8〕梁啓超：《中國近三百年學術史》第十五節〈清代學者整理舊學之總成績（3）〉，（台北市：華正書局，1979 年 5 月），頁 298～368。

表現了大一統的帝國意志。本來方志之作，目的之一便是爲了統治上的需要而產生的，日本人在民國二十年代發動侵華戰爭前，大量收購中國的方志，即是爲了準備佔領中國後，爲統治工作進行準備。〔註9〕在據臺之後，要求地方文士撰寫地方志書，如：蔡振豐的《苑裡志》、林百川的《樹杞林志》等等，或招請本國學者進行地方的風物的調查，也是爲得這個緣故。

　　方志作者雖多，但良莠不齊，文采不彰、體例不純的比比皆是：「雖大牛成於俗吏之手」、「殊不足以語於作者之林」。〔註10〕梁啓超對許多志書作者印象欠佳，對他們的下筆不精，草率成書，頗不以爲然。梁啓超的講法自然有其道理，我們發現許多臺灣志書的寫作者，大多是「一方之人」，其文學造詣，史學修養均非第一流的人物，聲名成就均不高。然而他們兢兢業業地秉筆爲文，廣泛的採集各種資料，建立一地的歷史，記載民俗風土，累積文明之功，是不能輕忽的。〔註11〕梁啓超雖以爲方志之作毛病不少，不過他還是肯定志書編纂的必要：

> 以吾儕今日治史者之所需要言之，則此二三千種十餘萬卷之方志，其間可寶之資料乃無盡藏，良者固可寶，即極惡俗者亦未宜厭棄。
> 〔註12〕

方志除了歷史意義之外，還有更有價值的地方：

> 蓋以中國之大，一地方有一地方之特點。其受之於遺傳及環境者蓋深且遠。而愛鄉土之觀念，實亦人群團結進展之一要素。利用其恭敬桑梓的心理，示之以鄉邦先輩之人格及其學藝，其鼓舞濬發，往往視邈遠者更有力。地方學風之養成，實學界一堅實之基礎也。〔註13〕

<hr>

〔註 9〕巴兆祥：《方志學新論》〈第六章中國方志在日本〉，九州大學的中國方志，絕大部分是在昭和元年（1926年）到昭和二十年（1945年）購入的，而「這一段時間，正是日本帝國侵華最積極的時期。」，頁369。

〔註10〕梁啓超：《中國近三百年學術史》，頁328、329。

〔註11〕有關清代臺灣方志「在地」的撰述者，方豪曾說：「我發覺在臺灣早期的幾部方志中擔任實際工作的人，幾乎全是當時本地最優秀的人士，然而他們被埋沒了。由於當地人不能在當地作官的限制，再由於清初臺灣收入版圖不久，學校不很發達，不可能有科名較高的人，於是本地僅有的一些稍有功名的士人，也祇好在地方修志事業上，充當一些不受人重視的角色。」方豪：〈臺灣地方志展覽會特輯摘評〉《臺灣文獻》，第三卷第3、4期，1952年12月，頁79、80。

〔註12〕梁啓超：《中國近三百年學術史》，頁328、329。

〔註13〕梁啓超：《中國近三百年學術史》，頁344。

梁啓超認爲地方志的編修具有「在地性的價值」，除了供給國家統治者治理的參考外，也可以團結人群，鼓勵後人效法本鄉本土的先賢，甚至可以形成學風成爲地方學術的基石。梁啓超舉了浙東與安徽桐城等爲例，認爲地方良好的學風，是可以進而影響全國，成爲主流的。這樣的看法確爲通達之論。臺灣方志的纂修幾乎全部由游宦官員主導，在地文士協助完成，不論是以全中國爲視角或以臺灣爲中心的討論，都不能抹煞這些編撰者的苦心，不能否認他們爲此地所作的貢獻。

　　方志中的〈藝文志〉收錄有許多詩文作品，這些作品有官式文書的告示、策論、奏疏等，亦有詩詞歌賦等文學創作。官式文書通常爲應事而作，或宣示政策，或提出解決問題對策，詩文作品有些出於個人自覺的創作，有的則爲應方志編纂者命題而酬作的。個人自覺的作品較有質地，內容較佳，應酬之作則空泛語較多，常有爲文造情的現象。台灣方志在藝文志方面的份量普遍甚重，據陳捷先的統計藝文志佔全書百分之三十以上的有：周元文《重修臺灣府志》、余文儀《續修臺灣府志》、謝金鑾《續修臺灣縣志》等，而藝文志中詩、賦的比例最多，有高達七成以上的，如陳文達《臺灣縣志》、王必昌《重修臺灣縣志》。〔註14〕這也是台灣方志的特殊現象。

二、個人著作

　　清代來臺的官吏及文士，對本島的人與事撰述甚豐，其中有以散文體寫作的筆記，或以詩歌紀事、抒懷的作品，亦有詩、文夾雜之作。臺灣本土的文士在清代中葉之後人才頗多，作品各體兼備，因在地性的特色與意識，所述往往較爲深入。這些作品中有關臺島原住民的作品，依寫作者的身分來分類有：

　　宦臺官員：孫元衡、黃叔璥、六十七、朱仕玠、董天工、姚瑩、鄧傳安、陳盛韶、翟灝、朱景英、劉家謀、丁日健、徐宗幹、黃逢昶、唐贊袞、劉璈、王凱泰、馬清樞、何澂。

　　幕僚人士：藍鼎元、丁紹儀、陳衍、蔣師轍、林豪。

　　其他身分如：探硫者郁永河，教育者吳子光與陳肇興，本地仕紳：林占梅等。

─────────

〔註14〕陳捷先：《清代臺灣方志研究》，頁 197、198。

　　就內容來說，如：郁永河、孫元衡、鄧傳安、朱仕玠等人的作品，絕大部分是出自個人手筆，以本身的所見所聞爲主，他人的意見做爲參考而已。黃叔璥、丁曰健、徐宗幹等的著作，則以輯錄他人之作爲大宗，個人的創作及意見比率甚輕。董天工、朱景英、黃逢昶、唐贊袞、王凱泰、馬清樞、何澂等對他人文獻參考甚多，重述、改寫的意味濃厚。藍鼎元、姚瑩、劉璈之作則以政論爲主，議論性甚強。

　　這些作品紀事的方式嚴謹、粗疏不一，內容也很駁雜，有的爲親身經歷，有的僅錄耳聞，有些直接轉鈔舊籍略做改寫者。其中不少作品的體例比較接近「雜著」一類。作品中或議論滔滔，或馳騁詩才，不一而足，吳訥《文章辨體序說》：

　　　雜著者何？輯諸儒先所著之雜文也。文而謂之雜者何？或評議古
　　　今，或詳論政教，隨所著立名，而無一定之體也。〔註15〕

所謂「雜著」是輯錄前賢著作加上個人意見而成書者，編撰者藉此來評論古今之事，討論政事、民情、教化、變亂種種事項，因爲沒有一定的體裁和名稱，難以歸類，所以稱之爲「雜著」。以此定義揆諸上列著作，庶幾近之，這種題材之作淵源甚久，品流中沙石、金玉互見，也是常態。

　　以上「方志」、「個人著作」的作品，可以查知其數量約有六、七十種，內容也十分多樣而豐富。〔註16〕在這些作品中可以看到二百餘年間臺灣原住民的種種樣貌，也看到他們與大陸來的移民發生接觸、衝突、變移、融合、取代等等過程，這些書寫從各個角度，不同的形式呈現了這個階段的現象，具有許多足以探討的課題。

第二節　研究架構與文獻資料

一、理論與方法

　　所謂「清代臺灣漢語文獻原住民記述研究」，指的是清領二百餘年間，以

〔註15〕吳訥：《文章辨體序說》〈雜著〉，（台北市：長安出版社，1978 年 12 月），頁45。

〔註16〕據《臺灣文獻叢刊》309 種，（台北市：臺灣銀行經濟研究室編印（1957 年～1972 年）），《臺灣賢集》8 冊，（台北市：中華書局，1971 年），《臺灣先賢詩文集匯刊》20 種，（台北市：龍文出版社，1992 年）等。

中國傳統漢語所書寫的臺灣原住者的種種，其中包括了文學性與非文學性的記載。臺灣原住民本為島上的主要居民，但本身沒有書寫與記載的能力，清代來到此地的官員及文士執筆為文，針對了原住者寫下相當大量的文字，這些書寫迄今尚未有整體與深入的探討，其內容與價值尚待闡發之處不少；在整個臺灣書寫的發展歷史裏，具有很重要的承前啟後的地位。因為缺乏研究討論，其文學與史料的意義，一直沒有獲得重視，在臺灣整體的研究上，缺少了重要的一環。由於記述的對象是弱勢的原住民，更容易為人們所忽略，這個被征服、驅逐、取代的多種族裔，始終得不到發言的機會，所以在歷史的洪流中顯得面貌模糊，甚或失去身影，這正是「本者」被「他者化」的弔詭現象。本文期望藉由有清一代的著作，重現這兩百餘年來原住民的面貌，雖然所用的資料都是「他者」（other & otherness）的書寫，見不到原住者的聲音，但在這些作品中解讀出豐富的內容與意義，足以表現出一個時代的特色。本文依據下列幾個方向進行討論：

（一）文獻歸納討論

有清一代對臺灣原住民的書寫，十分零散，主要見於史傳、方志及個人載籍中，搜羅匪易，許多著作散佚不全，需要廣泛地閱讀與尋找。是以本文將重要的著作予以分析歸類，以文本為主，探討其書寫的意義。清代的書寫泰半出於官吏之手，或為調查民風習俗，或為紀錄語言，或為議論墾拓事宜，或就事抒感；有的就其所論所紀編輯成書，有的則收錄在方志或其他官式檔案中。另外亦有不具官員身分的遊歷者，將臺灣所見所聞紀錄成文，刻版印行於世。這些作品所述及的內容有相似也有截然不同的地方。同樣的事情因執筆者不同，會產生不同的看法，頗值得討論。這些著作依其撰述體裁可分兩大類別，散文有：遊記、政論、雜著、駢文等；韻文有竹枝詞、雜詠、歌行、賦等。

（二）記述內容分析

清初諸儒有鑑於明代的衰亡，乃出自「王學」末流的影響，認為他們往往流於清談，不務實際，「五胡亂華本於清談之流禍，人人知之。孰知今日之清談有甚於前代者……以明心見性之空言，代修己治人之實學。」〔註 17〕，

〔註17〕顧炎武：《日知錄》卷九〈夫子言性與天道〉，（台北市：明倫出版社，1970年9月），頁196。

甚或以學術夾雜異端，失去儒家原本剛健入世的精神。王船山批判說當世之學乃：「姚江王氏陽儒陰釋誣聖之邪說」〔註18〕而刑戮之民，閭賊之黨都爭著驅附此學，因而造成思想混亂，虛妄蹈空，間接造成國力虛浮。黃宗羲、顏元、顧炎武之輩，倡導務實求眞的學問，要求天下學子必須腳踏實地，言之有物。尤其顧炎武的《天下郡國利病書》、《肇域志》等著作，影響天下民心至大。有清一代關於臺灣的著作，好尚考證、用典、辨正名物、記述聞見，寫實之風特盛，其作用及目的就在「經世備治」，而這種風氣的形成，即源自於黃宗羲、顧炎武等的倡導，渡臺的官員、文士也深受時代學術風氣影響，行文以紀實適用爲主。

史書撰寫方面的分析，基本上以章學誠《文史通義》的觀念做爲基礎，以處理相關記述。在淵遠流長的纂修法裏，承用、纂輯前人資料是主要寫作法之一，有關臺灣的記述也是如此。歸納史書、方志中有關臺灣的史料書寫法有：1. 源生史料，2. 衍生史料，3. 增補史料，4. 信而可徵的史料等，這四種纂修筆法下的史料，本文加以引用、比對、考辨，以循名定位，確定臺灣及「原臺灣人」的記述。在詩歌、散文等文學創作方面，則討論其風土民俗的主題，社會狀況的描述，文化改造、原漢衝突的內容等。以史實、考證等爲主的詩歌寫作觀念，可以追溯及於宋詩的理路，清代則有翁方綱的「肌理說」可做爲彼時的相應理論。與傳統創作比較起來，清代原住民的書寫有：新題材的創作，文學紀錄化紀錄文學化，經世備治與民胞物與等特色，本文詳細討論這些書寫上的不同表現。

綜觀這些原住民書寫，在目的上是以「采風錄俗，經世備治」爲主。這些記述是爲了了解此地住民，也是爲了統治的需要。臺灣原住者衣飾、刺青、裸體、逐鹿維生等的生活，讓他們眼界大開。臺灣的奇山異水，也是他們所未曾目睹過的，下筆時好異尚奇之心是可以體會的。

由於寫作者多半是官員或是遊歷文士，是以在寫作視角上經常是向下俯視的，眼光是流動的。這種視角自然會影響作品的內容。寫作者一面巡視、旅行、探險，一面記述，文章有著明顯的邊陲情境（border situation）〔註19〕，

〔註18〕王船山：〈正蒙注序論〉，引見梁啓超：《中國近三百年學術史》，（台北市：華正出版社，1979 年 5 月），頁 6。

〔註19〕約翰・雷克斯著，顧駿譯：《種族與族類》，第三章〈種族、族類和殖民地社會的結構〉，（台北市：桂冠出版社，1991 年 11 月），頁 53。

對這片異域野地，表現出「外來者」的心靈。這種視角也是分析諸多文本，必須加以掌握的。

「理番政策」更是清代治臺重要的工作之一，不論是墾拓或剿撫，都是當時政治、社會的核心工作。這些政論策議充分呈現原住民「就撫」、「馴化」的歷程。

原住民語言的漢字擬音，是很重要的治事工具，中國來的官吏要統治「原臺灣人」，了解他們的語言是基本的條件。紀錄語言的方式用的是二三千來的模式，然也確實達到實用的效果。番民歌謠則是原住民重要的文化表徵，與其生活密不可分，本文針對數種存錄的清代歌謠試作分析，解讀其價值與意義。外國人來臺的目的不外是追求經濟利益、做調查報告或旅遊等，這些漢語轉譯的文獻，可以讓人從另一層面了解臺灣原住民的面貌。

（三）論述方式

本文主要運用的是探本究源，歸納考論、辨正分析等因名覈實的研究方法，以全面式的文獻檢讀做爲基礎，對相關記述作整理與分析的工作。嘗試釐清許多用語混淆，文義模棱之處；將二百餘年來的寫作方式及特色予以彰顯。原始文本的確定，歧義的釐清是一切論述的基本工作。否則僅能套用泛語、蹈空議論，難經嚴格檢驗。目前對清代臺灣文獻的研究，用詞的混淆，記載的訛誤，資料的陳陳相因，是最需要以詳密的考證、仔細的辨析來加以定位的，這種因名覈實研究法的運用更能貼近文獻撰述的核心。本文在第二、三、四、五章主要以這個方法來處理，相信獲致不少突破的成果，解決許多迷思，應是清代臺灣文化、歷史上重要的收穫。〔註 20〕，此外引用了一些西方理論如：「敘事學」（Narratology）、「殖民論述」（Colonial discourse）、「文化地理學」（Cultural Geography）〔註21〕、考掘學（Archaeology）、〔註22〕種族

〔註20〕本文所運用的方法如文獻資料的比對，文字形、音、義的探討，相關論述的參酌，實物的查考，等等或可稱爲「考據」、「考訂」、「考證」之學，此種方法可追溯自漢代的經義講疏，宋代沈括《夢溪筆談》、王應麟《困學紀聞》等著作，明、清時此種研究方法大爲盛行，形成學術主流，其諸多考證方法，亦爲本文所借重。

〔註21〕Mike Crang 著，王志弘、余佳玲、方淑惠譯《文化地理學》，（台北市：巨流出版社，2003 年）。

〔註22〕米歇·傅柯著，王德威翻譯、導讀：《知識的考掘》，（台北市：麥田出版社，2001 年初版七刷）。

主義（Racism）〔註23〕等，在三、六、七、八章及結論，對研究對象進行分析，然而為避免枘鑿不通的現象，或者僅是運用一些進口修辭（import rhetoric）以為裝飾，是故在使用上較為謹慎。〔註24〕不過整體來說一個反殖民（anti-colonial）的、逆寫（writes-back）的理路，始終是貫串於整個論文之中的。西方學者因政治、軍事、與經濟力量所塑造成的權威形象，其長篇累牘，日新月異的研究，形成支配全世界的論述帝國，若缺乏辨析能力的引述與套用，無視於傳統學術的軌跡，則置身於其論述的殖民地而不自覺，扮演著如薩依德所謂的「土著報導人」（native informat），則應予以避免。〔註25〕然而近代西方學術界對帝國主義與殖民主義的論述，確有多樣展現，方法也較科學化，相較於保守而重複的中國經驗，確有攻錯、提撕的作用。故本文樂於擷取其相關理論與研究，期望更能舖展多元而寬廣的文化情境。

　　米歇・傅柯《知識的考掘》一書，在處理歷史文獻與文學寫作類別分析方面，有很強的顛覆性與批判性，展現一種新的質疑論述，可以使本文避免陷入傳統論述的侷限。約翰・雷克斯的《種族與族類》則提供了社會學的角度，對族類差異、選擇性邏輯（alternative logic）、改造語言、賤民情境（pariah situation）等提供許多頗有參考價值的啟示。

　　「敘事學」（Narratology）在「詮釋」、「正名」、「敘事方式」、「敘事視角」等，可資利用的方法甚多，在解釋傳統書寫方面，較能若合符節。「文化地理學」（Cultural Geography）則以 Mike Crang 闡發的「人群概念」、「文學地景」、「生產文化」等概念，也為本研究多所借重。

二、文獻與論述者

　　清代原住民書寫，秉持源自《史記》、《漢書》以來的傳統模式，幾無多少變化。臺灣原住民的研究則在日據時期進入新階段，為了對臺灣的控制與資源的奪取，派了許多學者專家，對臺灣做了許多調查，他們承襲了清人累

〔註23〕約翰・雷克斯著，顧駿譯：《種族與族類》，（台北市：桂冠出版社，19911年）。

〔註24〕使用進口修辭（import rhetoric）在某方面具備有否定自我文化傳統的意識，本文以「適體切用」、「融會貫通」作為使用理論的標準。

〔註25〕薩依德（Edward Said），王志弘等譯：《東方主義》（Orientalism）〈晚近發展面面觀〉，（台北縣新店市：立續出版社，2002 年 1～2 月二版），頁 471、472。

積的著作，做爲基本資料，〔註 26〕展開另一階段的研究與書寫。日人受到西方學術的影響，在分類、組織、調查方面十分客觀化、科學化，觀念及方法遠較清人進步，也眞正深入原住民的神話、祭典、語言、部落組織之中，研究成果輝煌。其著名學者包括鳥居龍藏、伊能嘉矩、森丑之助、淺井惠倫、小川尙義、古野清人、千千岩助太郎、馬淵東一、移川子之藏、宮本延人等人，研究方向偏重於人類學的角度，文學意義甚少。原住民是被研究者與被紀錄者，與清朝比較起來，原住民是被一個更強勢的，更具侵略性的帝國控制著。〔註 27〕在日據的五十一年裏，相關的漢文書寫僅有川口長孺《臺灣割據志》、左倉孫三《臺灣雜記》、依田學海《征番紀勳》等，因已入日據時代，不列入本文論述範圍。

臺灣光復後，有關清代原住民的相關書寫的文獻，在有心人的輯錄下，編有數量相當龐大的叢書，這些書籍成爲研究清代臺灣原住民最重要的資料庫。較重要的著作有：《臺灣文獻叢刊》、《臺灣先賢集》、《臺灣先賢詩文集匯刊》、《臺灣詩薈》、《全臺詩》第一輯、《臺灣文獻》、《臺灣風物》、《臺北文物》、《連雅堂先生全集》、陳漢光《臺灣詩錄》、林文龍《臺灣詩錄拾遺》、陳香《臺灣竹枝詞》等等，相關的文獻資料。

臺灣光復後的研究，人數較多研究範圍也很廣，有人類學、教育、政治、民俗、族群、語言、姓氏、社會組織、宗教、經濟等各層面展開。知名的論

〔註26〕 如：伊能嘉矩的《臺灣番政志》，引用清代方志之處甚多，這部書嚴格説來其中很大部分是以日本書寫方式，消化有清一代臺灣文獻的編著之作。且以阮蔡文不畏路途遙遠、蠻荒瘴癘探查番人的精神作爲標竿，向其學習。見伊能嘉矩著，楊南郡譯註《臺灣踏查日記》（上），（台北市：遠流出版社，1996年11月），頁16。其後相關學者如宮本延人、馬淵東一、安倍明義等借重清代文獻的也相當多。

〔註27〕 李亦園在〈馬太安的阿美族〉一文中觀察馬太安早期接觸外來文化的情形，因爲外在的壓迫不強烈，因此其整體社會文化可以有空間調和（harmony）和合致（conformity），將外來文化的優點納入其原有的體系之中。但日據之後，日本人下令不准獵頭骨棚，廢止 KaKitaan 家，父系的戶口登錄和財產繼承，又天主教基督教的傳入，造成其傳統文化無法調整適應，只有極速崩解一途。其實李亦園一書中跳掉了有清一代的文獻資料，原住民文化社會極速崩解的現象，在清領時代層出不窮，阿美族因居住在東部地區，漢人勢力在光緒年間才逐漸顯現，阿美族尙有調適的距離與空間，接納、改變。日本人來到後，確實給馬太安人壓迫性的侵擾，造成他們族群的生存困境。不論是大清國或日本人對原住民來說，其實本質上並無不同。見氏著：《臺灣土著民族的社會與文化》，（台北市：聯經出版社，1982年4月），頁285。

述者有：

　　文化人類學類：宋文薰、劉枝萬、李壬癸、盛清沂、陳奇祿、李亦園、阮昌銳、張耀錡、許木柱、宋龍生、胡台麗、劉益昌、林修澈、詹素娟、梁志剛、鍾幼蘭、張素玢、洪麗完、施雅軒、潘英、潘英海、潘大和、劉還月、張致遠、潘繼道等人。

　　文學、歷史類：楊雲萍、方豪、梁嘉彬、廖漢臣、陳漢光、吳瀛濤、林衡道、黃秀政、吳福助、張炎憲、陳哲三、黃富三、鄭喜夫、李福清、陳器文、薛順雄、鹿憶鹿、翁佳音、孫大川、謝依齡、浦忠成、翁聖峰、吳家君、陳龍廷等人。

　　此外如：田敏忠、鄧相揚、楊南郡、田哲益、白棟樑、簡炯仁、明立國、劉增榮、湯慧敏、陳水木、黃提銘、李順仁、劉克襄、陳政三等都對清代臺灣原住民的記述做了不少工作，累積許多資料。

　　以上研究者針對原住民記述研究方面較少著墨，本文嘗試綜觀二百餘年的寫作特性，對其撰述觀念及方法作全面性的討論。

三、原住民記述資料表列

　　以下表列是清代臺灣方志中有關原住民書寫的整理、歸納與辨正，所使用的版本主要為臺灣銀行經濟研究室編印的《臺灣文獻叢刊》，除蔣毓英等的《臺灣府志》外共二十二種，置列表格，以便索覽：

（一）方　志

編號	方志名稱	成書年代	編　纂　者	述　要	原住民書寫
1	《臺灣府志》	康熙 24 年（約 5 個月編完初稿，後陸續修訂。）北京中華書局 1985 年影印出版。	蔣毓英、楊芳聲、季麒光等	參與者另有明鄭時期的耆老、儒生。撰稿僅費時 5 個月，內容應為前朝資料彙編	卷 5〈風俗〉（附土番風俗）
2	《臺灣府志》	康熙 33 至 34 年編纂，康熙 35 年刊行	纂輯：高拱乾　校訂：靳治揚、齊體物等　分訂：王璋、陳逸等	脫胎於蔣毓英、楊芳聲、季麒光等所編《臺灣府志》，有所增刪加減	卷 7〈風土志・土番風俗〉

3	《重修臺灣府志》	康熙 51 年	纂輯：周元文 校訂：宋永清、施士嶽 分訂：陳文達等	收錄藝文占全書三分之一	卷 7〈風土志，土番風俗〉，內容照抄《臺灣府志》
4	《諸羅縣志》	康熙 56 年 （7 個月完稿）	主修：周鍾瑄 編纂：陳夢林	謝金鑾《臺灣縣志》稱其作為「臺灣方志第一」	卷 8〈風俗志〉中之番俗，分狀貌、服飾、飲食、廬舍、器物、雜俗等甚詳審。另有以漢字擬音的方式紀錄番語
5	《鳳山縣志》	康熙 58 年 （5 個月完稿）	主修：李丕煜 編纂：陳文達、李欽文、陳慧等		卷 7〈風土志·番俗〉另附廬舍器用，內容不多
6	《重修福建臺灣府志》	乾隆 7 年 （8 個月完稿）	纂輯：劉良璧、錢洙、范昌治 分輯：陳輝等	〈藝文志〉內容甚豐，然不錄明鄭時期作品	卷 6〈風俗〉土番風俗，引《東番記》、《閩書》、《臺海使槎錄》、《理臺末議》等書
7	《重修臺灣府志》	乾隆 12 年 （約 1 年完稿）	纂輯：六十七、范咸 協輯：莊年、褚祿	本志較諸前志內容、考證均有進步。范咸乾隆 22 年亦曾修《湖南通志》	卷 14、15、16〈風俗志〉，按照各縣分類論述，內容包括各番社所在地、番曲、番俗等，徵引《諸羅縣志》、《臺海使槎錄》等作，並加分類改編
8	《重修臺灣縣志》	乾隆 17 年 （約 8 個月完稿）	承修：魯鼎梅 總輯：王必昌 編纂：陳輝	魯鼎梅、王必昌於乾隆 12 年曾修《福建省德化縣志》，陳輝曾參修《重修福建臺灣府志》	卷 12〈風土志·風俗附番俗〉
9	《續修臺灣府志》	乾隆 30 年	主修：余文儀 協輯：于從濂、夏瑚 參輯：黃佾	余志幾乎全脫胎於范志，收錄藝文占全書三分之一	卷 14、15、16〈風俗志〉，全抄《重修臺灣府志》
10	《重修鳳山縣志》	乾隆 29 年 （約 1 年完稿）	編纂：王瑛曾 參閱：黃佾、卓肇昌	〈藝文志〉內容占全書三分之一，詩文之作有浮濫之嫌〔註28〕	卷 3〈風土志〉引用《閩書》、《雜記》、《東番記》、《臺海使槎錄》《裨海紀游》等資料甚豐

〔註28〕陳捷先：《清代臺灣方志研究》，學生書局，1996 年，頁 116。

11	《續修臺灣縣志》	嘉慶 12 年初刻	總裁：薛志亮 總纂：謝金鑾、鄭兼才	〈藝文志〉出於韓必昌、黃汝濟，全書約三十萬字。收錄藝文占全書近四成	卷 4〈軍志〉篇有〈屯番〉一條
12	《彰化縣志》	道光 16 年	總纂：周璽、陳震曜、曾作霖等		卷 9〈風俗志〉，內容分狀貌、服飾、飲食、廬舍、器物、雜俗等全抄《諸羅縣志》然未錄方言一項，且有誤編。〔註29〕
13	《噶瑪蘭志略》	道光 16 年	柯培元撰	應為剽襲陳淑均之作	卷 12〈番市志〉文字略與《噶瑪蘭廳志》卷 5〈風俗下‧番俗〉不同，實則乃抄改陳淑均之作
14	《嘉慶重修一統志》或名《清一統志臺灣府》	道光 22 年		清朝一統志先後編纂三次，第一次乾隆 8 年，共 342 卷，第二次成於乾隆 40 年，共 500 卷，第三次始於嘉慶 16 年止於嘉慶 25 年。刊刻於道光 22 年，共 560 卷。此書即為其中一卷，內容兩萬多字	有〈番民〉一條，約千餘字，內容為雜錄諸志書而成
15	《噶瑪蘭廳志》	咸豐 3 年（前後纂修約 20 年）	總纂：陳淑均 續輯：李祺生	大部份為陳淑均個人述作，內容甚精審	卷 5〈風俗下‧番俗〉分番俗（居處、飲食、衣飾、婚嫁、喪葬、器用）番情（番界、彈壓、撫綏、番割）等兩類，番情中亦分生熟番分別記載，並有〈附考〉所述甚為詳細。然頗多記述因襲《蠡測彙鈔》、《采風圖考》、《裨海紀遊》、《臺海使槎

〔註29〕本志〈狀貌〉一文中誤雜入〈服飾〉段落，見《彰化縣志》卷九〈風俗志〉，臺灣銀行經濟研究室編印，1962 年，頁 296。

				錄》等，不知噶瑪蘭族與南部原住民生活習俗、語言不同。爲此部志書一大缺憾
16	《重纂福建通志臺灣府》	同治 10 年	總裁：吳堂等 總校：林振棨、王景賢等	此書道光 9 年閩浙總督孫爾准等奏請開局重修，陳壽祺總纂，後因經費不足，至同治年間重新編寫方才刊刻完成	〈沿革條〉，收錄覺羅滿保〈題報生番歸化疏〉，風俗條，收錄有關番民詩作多首
17	《淡水廳志》	同治 10 年	總纂：陳培桂 採訪：吳子光等	鄭用錫道光 10 年曾撰有《淡水初志稿》，廳志用其稿處甚多	卷 3〈建置番社〉、卷 11〈風俗考〉對轄內番民風俗記載頗詳
18	《苗栗縣志》	光緒 19 年	纂輯：沈茂蔭 採訪：謝錫光等	光緒 18 年巡府邵友濂倡議纂修《臺灣通志》通令各府縣採集資料，故有此作	卷 7〈風俗考番俗附〉，大體節略《淡水廳志》卷 11〈風俗考〉，未有實查
19	《恆春縣志》	光緒 19 年	纂輯：屠繼善、吳廷光、劉子鑫等		卷 5〈招撫（番社）〉、卷 19〈兇番〉兩卷甚爲詳確，〈番語〉一則，以漢字擬音的方式紀錄番語，甚爲用心，價值頗高
20	《雲林縣采訪冊》	光緒 20 年	纂輯：倪贊元		斗六堡〈風俗〉條內有番社、番話，他里霧堡有番社，西螺堡有番話，各皆數語，內容欠詳
21	《新竹縣采訪冊》	光緒 21 年	纂輯：陳朝龍、鄭鵬雲		卷 7 有〈風俗〉、〈番話〉等項目，但無內容。民國 88 年臺灣省文獻會出版有陳朝龍著、林文龍點校的《足本合校新竹縣采訪冊》，則補足了此兩項，其內容甚爲豐富，記音法

				十分獨特，很具參考價值
22	《臺東州采訪冊》	光緒 20 年	纂輯：胡傳等		〈風俗附番語〉對東臺灣一帶番民風俗及語言紀錄頗多，記載較符合當地原住民習俗

　　由上列資料可以看出，清代臺灣方志編纂的時間很多都不長，短則五個月，長則一年。康熙二十二年（1683 年）皇帝下詔，希望相關志書的纂修要在三個月內完成，〔註30〕以利《一統志》的纂修。因爲戰亂、撰述者的關係，康熙去世後，《一統志》仍未完成。以上各志書對原住民的記載各有詳略，較具價值之作有：《諸羅縣志》、《重修臺灣府志》、《噶瑪蘭廳志》、《恆春縣志》、《新竹縣采訪冊》、《臺東州采訪冊》等。

（二）方志藝文志

　　清代臺灣方志中收錄的藝文作品甚多，據陳捷先《清代臺灣方志研究》統計，其中比例最高的是王必昌的《重修臺灣縣志》，高達百分之七十六。陳文達的《臺灣縣志》也有百分之七十，其餘如周鍾瑄《諸羅縣志》、范咸《重修臺灣府志》、謝金鑾《續修臺灣縣志》、劉良璧《重修福建臺灣府志》、沈茂蔭《苗栗縣志》等都達百分之四、五十。〔註 31〕這個現象並非方志撰寫應該有的現象，王必昌、陳文達幾乎是把方志當作表現詩文才情的專輯，方志編纂者往往也是詩文的創作者，這是臺灣獨有的情形。以原住民爲主體的作品甚多，整理如下：

編號	方　志　名　稱	編　纂　者	原 住 民 相 關 詩 文
1	《臺灣府志》	蔣毓英、楊芳聲、季麒光等	無
2	《臺灣府志》	纂輯：高拱乾 校訂：靳治揚、齊體物等 分訂：王璋、陳逸等	卷 10〈藝文志〉 公移：高拱乾〈禁苦累土番等弊示〉、〈禁重利剝民示〉 賦： 高拱乾〈臺灣賦〉，林謙光〈臺灣賦〉

〔註30〕巴兆祥：《方志學新論》，〈第三章方志發展史專題〉，頁 114、115。
〔註31〕陳捷先：《清代臺灣方志研究》，頁 196～198。

			詩： 高拱乾〈東寧雜詠十首〉，王兆陞〈郊行即事〉，黃學明〈臺灣吟〉又三首，齊體物〈臺灣雜詠〉，陳兆蕃〈臺灣雜詠〉又一首
3	《重修臺灣府志》	纂輯：周元文 校訂：宋永清、施士嶽 分訂：陳文達等	卷 10〈藝文志〉 公移：高拱乾〈治臺議〉、〈禁苦累土番等弊示〉、〈禁重利剝民示〉，周元文〈審革阿猴塔樓各社通事——〉 賦： 高拱乾〈臺灣賦〉林謙光〈臺灣賦〉 詩： 高拱乾〈東寧十詠〉，黃學明〈臺灣吟〉又三首，齊體物〈臺灣雜詠〉，陳兆蕃〈臺灣雜詠〉又一首，婁廣〈臺灣偶作二首〉，宋永清〈番社〉、〈力力社〉、〈茄藤社〉、〈埤頭店〉、〈放索社〉、〈渡淡水溪〉、〈倒咯嘓夜雨〉、〈番社夜賦〉
4	《諸羅縣志》	主修：周鍾瑄 編纂：陳夢林	卷 11〈藝文志〉 奏疏： 覺羅滿保〈題報生番歸化疏〉 詩： 沈光文〈番婦〉，齊體物〈雜詠十首選八〉、阮蔡文〈大甲婦〉、〈竹塹〉、〈後壠港〉、〈後壠〉、〈淡水〉，陳夢林〈丁酉正月初五夜，羅山署中大風，次早風歇飲酒，紀之以詩〉，周鍾瑄〈番戲五首〉、〈北行紀〉
5	《鳳山縣志》	主修：李丕煜 編纂：陳文達、李欽文、陳慧等	卷 9〈藝文志〉 賦： 高拱乾〈臺灣賦〉 詩： 高拱乾〈東寧雜詠〉，黃學明〈臺灣吟〉又三首，齊體物〈臺灣雜詠〉，李丕煜〈傀儡番〉、〈番社〉
6	《臺灣縣志》	主修：王禮 編纂：陳文達	卷 10〈藝文志〉 賦： 高拱乾〈臺灣賦〉 詩： 高拱乾〈東寧十詠選二〉，王禮〈臺灣吟六首〉，陳兆蕃〈臺灣雜詠〉

7	《重修福建臺灣府志》	纂輯：劉良璧、錢洙、范昌治 分輯：陳輝等	卷20〈藝文志〉 奏疏： 覺羅滿保〈題報生番歸化疏〉 賦： 高拱乾〈臺灣賦〉，林謙光〈臺灣賦〉 詩： 高拱乾〈東寧雜詠十首〉，黃學明〈臺灣吟〉又三首，王兆陞〈郊行即事〉，黃叔璥〈番社雜詠〉，陳兆蕃〈臺灣雜詠〉又一首，郁永河〈土番竹枝詞〉、夏之芳〈臺灣紀巡行詩〉，楊二酉〈南巡紀事〉，劉良璧〈沙轆行〉，秦士望〈線社煙雨〉（彰化八景之一）
8	《重修臺灣府志》	纂輯：六十七、范咸 協輯：莊年、褚祿	卷14〈風俗四〉錄番曲33首 卷20〈藝文志〉 奏疏： 覺羅滿保〈題報生番歸化疏〉 文移： 藍鼎元〈查大湖崇爻山後餘孽檄〉、〈代檄淡水謝守戎〉 駢文： 沈光文〈平臺灣序〉 文： 六十七〈臺海采風圖序〉、范咸〈臺海采風圖序〉，莊年〈紀采風圖後〉。 詩： 高拱乾〈東寧雜詠六首〉，周鍾瑄〈番戲五首〉、陳夢林〈丁酉正月初五夜，羅山署中大風。次早風歇飲酒，紀之以詩〉，郁永河〈臺海竹枝詞八首〉、〈土番竹枝詞十首〉，陳兆蕃〈臺灣雜詠〉，黃叔璥〈番社雜詠二首〉，藍鼎元〈臺灣近詠十首呈巡使黃玉圃先生〉，夏之芳〈巡行詩十二首〉，楊二酉〈阿猴武洛諸社〉，張湄〈番俗〉，范咸〈茄藤社觀番戲〉（唱曲者皆番婦）、〈莊副使惠女貞酒走筆賦謝〉，范咸〈題褚太守（祿）觀稼圖〉
9	《重修臺灣縣志》	承修：魯鼎梅 總輯：王必昌 編纂：陳輝	卷13〈藝文志〉 文： 張湄〈瀛壖百詠序〉，六十七〈臺海采風圖序〉，范咸〈臺海采風圖跋〉、〈臺海采風圖序〉，莊年〈采風圖跋〉

			賦：
			林謙光〈臺灣賦〉，高拱乾〈臺灣賦〉，陳輝〈臺海賦〉，王必昌〈臺灣賦〉
			詩：
			錢琦〈旂尾秋蒐〉，謝家樹〈旂尾秋蒐〉（臺陽八景之一），范咸〈題褚太守（祿）觀稼圖〉，藍鼎元〈臺灣近詠十首呈巡使黃玉圃先生〉
10	《續修臺灣府志》	主修：余文儀 協輯：于從濂、夏瑚 參輯：黃佾	內容同於《重修臺灣府志》，惟藝文志原由卷 20 至卷 25，擴增一卷二十六（詩四），收錄有齊體物、高拱乾、錢琦、六十七等人之作。蔣師轍《臺遊日記》卷一云：「卷首署分巡台灣道兼提督學政覺羅四明臺灣府知府余文儀續脩，時爲乾隆二十五年，實則沿六范舊文，略有增益而已。」〔註32〕
11	《重修鳳山縣志》	編纂：王瑛增 參閱：黃佾、卓肇昌	卷 3〈風土志〉引番曲九首。 卷 12〈藝文志〉 奏疏： 覺羅滿保〈題報生番歸化疏〉，藍鼎元〈查大湖崇爻山後餘孽檄〉 詩： 陳兆蕃〈臺灣雜詠〉，李欽文〈番社〉，林紹裕〈巡社課番童〉，孫元衡〈客以海圖見遺漫賦一篇寄諸同學〉、〈秋日雜詩十二首〉，楊二酉〈阿猴武洛諸社〉、〈傀儡番〉，郁永河〈臺海竹枝詞〉、〈土番竹枝詞〉，夏之芳〈巡行〉、張湄〈番俗〉，齊體物〈番俗〉，范咸〈茄藤社觀番戲〉等
12	《續修臺灣縣志》	總裁：薛志亮 總纂：謝金鑾、鄭兼才	卷 7〈藝文志〉 賦： 林謙光〈臺灣賦〉，高拱乾〈臺灣賦〉，陳輝〈臺海賦〉，王必昌〈臺灣賦〉 詩： 高拱乾〈東寧雜詠六首〉，孫元衡〈秋日雜詩十二首〉、〈裸人叢笑篇〉，陳兆蕃〈臺灣雜詠〉，郁永河〈臺海竹枝詞八首〉，藍鼎元〈臺灣近詠十首呈巡使黃玉圃先生〉、〈又二首〉，楊二酉〈阿

〔註32〕蔣師轍：《臺遊日記》，臺灣文獻叢刊第 6 種，臺灣銀行經濟研究室編印，1957年，頁 28。

13	《彰化縣志》	總纂：周璽、陳震曜、曾作霖等	猴武洛諸社〉，范咸〈題褚太守（祿）觀稼圖〉，孫霖〈赤嵌竹枝詞〉，朱仕玠〈赤嵌城〉，謝金鑾〈臺灣竹枝詞（有引）〉，黃對揚〈巡課新港番童〉，薛約〈臺灣竹枝詞二十首〉等
			卷 12〈藝文志〉 奏疏： 覺羅滿保〈題報生番歸化疏〉、〈請設鹿港理番同知疏〉 書： 藍鼎元〈謝郝制府兼論臺灣番變書〉，方傳穟〈開埔里社議〉 說： 鄧傳安〈番社紀略〉 紀：鄧傳安〈番俗近古說〉、〈水沙連紀程〉、〈遊水里社紀〉，藍鼎元〈紀水沙連〉 詩： 吳性誠〈入山歌〉、〈北行紀〉，阮蔡文〈大甲婦〉，黃清泰〈觀岸里社番踏歌〉、〈宿貓霧戌田家〉，齊體物〈番婦〉、陳學聖〈水沙連〉、〈番社〉、〈牽手〉、〈檳榔〉
14	《噶瑪蘭志略》	編撰：柯培元	卷 13〈藝文志〉 文： 〈雙銜會奏稿〉，藍鼎元〈查大湖崇爻山後餘孽檄〉，謝金鑾〈蛤仔難記略（辨證二則）〉，楊廷理〈議開臺灣後山噶瑪蘭（節略）〉 詩： 柯培元〈生番歌〉、〈熟番歌〉、〈防番〉，蕭竹友〈蘭中番俗〉，董正官〈番社（化番成社）〉、〈生番（廿隘防堵）〉
15	《噶瑪蘭廳志》	總纂：陳淑均 續輯：李祺生	本書無藝文志，相關藝文編入卷 7〈雜志〉（紀文） 文： 姚瑩〈籌議噶瑪蘭定制〉，楊廷理〈議開臺灣後山噶瑪蘭〉，謝金鑾〈蛤仔難記略（辨證二則）〉，姚瑩〈噶瑪蘭原始〉，李祺生〈紀事〉。 詩： 楊廷理〈上三貂嶺〉、〈出山漫興〉、〈漫

			興〉〈噶瑪蘭道中口占〉，柯培元〈生番歌〉、〈熟番歌〉，李若琳〈防番〉，蕭竹友〈蘭中番俗〉，屠文然〈龜山嶼歌〉，董正官〈番社〉、〈餘埔〉、〈生番〉、〈蘭防即事〉
16	《淡水廳志》	總纂：陳培桂 採訪：吳子光等	卷11〈風俗考〉引番曲四首。 卷15〈文徵〉 文： 藍鼎元〈代檄淡水謝守戎〉、〈紀竹塹埔〉，鄧傳安〈番社紀略〉、〈番俗近古說〉 詩： 夏之芳〈臺灣紀巡〉，周鍾瑄〈番戲〉、張湄〈番俗〉，吳廷華〈社寮雜詩〉，阮蔡文〈大甲婦〉、〈竹塹〉，孫元衡〈裸人叢笑篇〉，柯培元〈生番歌〉、〈熟番歌〉，吳性誠〈北行紀〉，譚垣〈上淡水社〉
17	《苗栗縣志》	纂輯：沈茂蔭 採訪：謝錫光等	卷7〈風俗考番俗附〉引番曲二首。 卷15〈藝文志〉 文： 吳子光〈番族〉 詩： 阮蔡文〈大甲婦〉
18	《恆春縣志》	纂輯：屠繼善、吳廷光、劉子鑫等	卷8〈風俗〉 屠繼善〈游瑯嶠賦〉 卷14 丁日昌〈題壁二律〉，柯培元〈熟番歌〉（誤為黃逢昶），康作銘〈瑯嶠民番風俗賦〉、〈游恆春竹枝詞〉、屠繼善〈恆春竹枝詞十首〉、胡徵〈恆春竹枝詞八首〉
19	《苑裏志》	纂輯：蔡振豐等	下卷〈文徵〉： 蔡振豐〈番租原委疏〉，蔡相〈論番租沿革事宜〉。
20	《樹杞林志》	纂輯：林百川、林學源等	〈文徵〉： 〈撫番策〉
21	《鳳山縣採訪冊》	纂輯：盧德嘉、盧德祥、陸日翔等	盧德嘉輯，癸部〈藝文二〉 詩： 高拱乾〈東寧雜詠六首〉，黃學明〈臺

			灣吟〉又三首，陳兆蕃〈臺灣雜詠〉又一首，李欽文〈番社〉，范咸〈再疊臺江雜詠〉，林紹裕〈巡社課番童〉，孫元衡〈秋日雜詩二十首〉，楊二酉〈阿猴武洛諸社〉，李丕煜〈傀儡番〉，郁永河〈土番竹枝詞〉，齊體物〈臺灣雜詠〉、〈番俗〉，范咸〈茄藤社觀番戲〉
22	《臺灣省通志》	監修：張炳楠 主修：李汝和、林衡道 纂修：盛清沂	卷6〈學藝志〉〈藝文篇〉、〈文徵篇〉。編纂者：廖漢臣等。有關清代原住民書寫收錄頗多。

（三）個人著作

下列諸家著作皆有關於原住民的記載或吟詠，內容詳略、精粗不一，表列述如下。本表所使用的版本主要為臺灣銀行經濟研究室編印的《臺灣文獻叢刊》，若非本叢刊編印，則於「成書年代」一欄加以說明。

編號	文獻名稱	成書年代	編撰者	述　　　要	原住民記述
1	《赤嵌集》	康熙年間刊本	孫元衡	為作者在臺3年餘的詩作結集	有關番民之作甚多，如：〈茄留社〉、〈諸羅縣即事〉、〈過他里霧〉、〈裸人叢笑〉、〈秋日雜詩20首〉等
2	《平臺紀略》	雍正元年刊行	藍鼎元	鑒於當時市井多妄言臺事，懼訛傳失真，故據己之經歷平實書之	〈謝郝制府兼論臺灣番變書〉、〈代檄淡水謝守戎〉、〈紀竹塹埔〉等
3	《裨海紀遊》	雍正10年周于仁刊本	郁永河	內容所述為作者赴臺採硫的經過	有關番民記載甚多，為了解清初臺灣番民的重要載籍
4	《臺海使槎錄》	乾隆元年刊本	黃叔璥	《四庫全書總目》編為史部地理類，共分8卷，卷1至卷4為〈赤嵌筆談〉卷5至卷8記載番民	卷5、卷6、卷7為〈番俗六考〉，卷8為〈番俗雜記〉，為採集清代前期臺灣番民風土民俗重要著作
5	《使署閒情》	乾隆12年初刻	六十七	為六十七詠臺灣的詩歌纂集	卷2、卷3、卷4
6	《臺海見聞錄》	乾隆18年刊行	董天工	原書4卷僅餘2卷	卷2〈番俗〉36則，皆雜鈔前人之作，價值甚低
7	《小琉球漫誌》	乾隆30年刊本	朱仕玠	共分6類10卷，記鳳山縣一帶「山川風土，昆蟲草木之異」	卷3〈海東記勝〉、卷6〈海東賸語〉

8	《海東札記》	乾隆38年	朱景英	共分4卷	卷2〈記政紀〉、卷4〈記社屬〉
9	《臺陽筆記》	嘉慶16年刊本	翟灝	內容皆為有關臺灣的詩歌與議論文、記述文	〈生番歸化紀〉
10	《東槎紀略》	道光9年刊本	姚瑩	另有《東溟奏稿》、《中復堂選集》等	卷3〈噶瑪蘭原始〉等
11	《蠡測彙鈔》	道光10年成稿	鄧傳安	參考史乘及個人經歷撰述在臺所見所聞	〈臺灣番社紀略〉、〈水沙連紀程〉、〈番社近古說〉、〈平傀儡山賊黨紀後敘〉、〈遊水裏社記〉等
12	《問俗錄》	據《問俗錄》自序本書初刊於道光6年作者於古田縣任內。其後又有增補，周凱於道光13年年底，為增補之作寫序，增補後出版應在道光14年以後。北京，書目文獻出版社，1983年	陳盛韶	所記皆為作者任宰建陽、古田、仙遊、詔安、邵軍廳時的政務及風土民情，屬於傳統筆記體的隨筆雜錄之作，此書先成於道光6年（1826年），所記為建陽、古田兩縣之識，後又持續筆錄，來臺後作了許多很記載	卷6鹿港廳，共39則，專記番民的有5則，即〈生番〉、〈通事〉、〈番割〉、〈番隘〉、〈番社〉，其餘各條之中亦多少有述及番事者，如〈屯餉〉、〈屯埔〉、〈破業戶〉、〈大哥〉等
13	《觀海集》	〈海音詩〉收錄於《臺灣雜詠合刻》一書，臺灣文獻叢刊28，臺灣銀行經濟研究室編印，《觀海集》臺灣省文獻會出版，1997年	劉家謀	《觀海集》，寫於道光29年至咸豐2年，咸豐2年作〈海音詩〉	《觀海集》〈臺海竹枝詞〉10首，〈海音詩〉100首等內容述及番民的甚多
14	《陶村詩稿》	同治年間編定，光緒4年仲夏初刻，共8卷	陳肇興	內容有詠農村生活、讚詠前賢、風俗記實及社會寫實等	詩集中頗多憫番之作，如〈土牛〉、〈番人過年歌〉等
15	《斯未信齋文編》	同治年間	徐宗幹	軍書四卷、官牘七卷、藝文四卷	有〈議水沙連六社番地請設屯丁書〉等
16	《治臺必告錄》	同治年間，共8卷	丁曰健	前5卷為輯錄前人之作。卷5收錄《斯未	收錄有鄧傳安、劉韻珂、熊一本等人有關

				信齋文編》。後 3 卷爲丁日健自作，有〈平臺藥言〉及書札、奏摺等	理番文章。個人著述無專論番人事宜者
17	《臺灣雜詠合刻》	光緒 7 年楊西閩刊本	楊希閔編，收集劉家謀、王凱泰、馬清樞、何澂之作。	雜詠臺灣風土	有關番民風俗者甚多，因襲舊聞者不少
18	《臺灣生熟番紀事》	光緒 8 年刊本	黃逢昶編	本書爲雜錄各家有關番民之奏議、歌謠、竹枝詞、化番俚言等	體例駁雜，但皆與番民有關
19	《吳子光全書》	光緒 9 年刊本	吳子光	節選自《一肚皮集》	〈紀番社風俗〉等
20	《臺陽見聞錄》	光緒 18 年刊本	唐贊袞	爲作者任臺南知府時，對所見所聞的筆記。內容分上下卷，有建置、政事、風俗、物產及番事等	主要爲第 36 部〈番部〉。內容因襲前人著作頗多
21	《臺游日記》	光緒 18 年	蔣師轍	4 月 21 日、25 日，5月 3 日、6 月 7 日、10 日、11 日、17 日，閏6 月 22 日等。另有《番語類譯》一卷	主要爲議論治番之法，筆者主張以強力鎮壓、殺伐之法來對付番人
22	《巡臺退思錄》	光緒 13 年	劉璈	爲光緒 10 年以前治臺公務奏疏	有〈開山撫番條陳〉等篇爲關係番務之作
23	《東瀛紀事》	同治 9 年	林豪	記載討伐戴潮春事件始末，及臺灣掌故	亦述有番民參與戰事者
24	《清稗類鈔選錄》	約作於民國初年	徐珂	作者仿《宋稗類鈔》蒐集佚聞、瑣事，「以補正史，以資談助」	爲雜抄臺灣志書之作，有關臺灣番人 10餘條
25	《臺灣輿地彙鈔》	民國 54 年，臺灣 文 獻 叢 刊216，臺灣銀行經濟研究室編印	季麒光等	本書所收的文獻，共有 16 種：1 季麒光的《臺灣雜記》2 徐懷祖的《臺灣隨筆》3 魯之裕的《臺灣始末偶紀》4 吳桭臣的《閩遊偶記》5 陳雲程的《閩中摭聞》6 鄺其照的《臺灣番社考》7 洪亮吉的《臺灣府圖志》8 許鴻磐的《臺灣府方輿考證》9 施鴻保的《閩雜記》（錄 18 則）10 周懋琦的《全臺圖說》	頗多爲雜錄、片斷之言，其中吳桭臣的《閩遊偶記》、陳雲程的《閩中摭聞》、鄺其照的《臺灣番社考》、周懋琦的《全臺圖說》等書較有價值

				11 卞寶第的《閩嶠輶軒錄》12 龔柴的《臺灣小志》13 不著撰人的《臺遊筆記》14 馬冠群的《臺灣地略》15 劉錦藻的《臺灣省輿地考》及 16 黃清淵的《茅港尾紀略》。此外，書末並另載不著撰人的《亞哥書馬島記》一文，作爲《附錄》	
26	《臺灣詩鈔》	民國 59 年	吳幅員	在已刊諸編以外，選集有關臺灣史事之詩，做爲「補遺」	有述及臺灣番民之作
27	《瀛壖百詠》	民國 60 年，陳漢光編《臺灣詩錄》（上），臺灣省文獻會出版	張湄	內容有關臺灣風土民情的詩歌，已無全卷	頗有詠番俗之作
28	《潛園琴餘草簡編》，《潛園琴餘草》	民國 54 年，臺灣文獻叢刊 202，臺灣銀行經濟研究室，另民國 83 年徐慧鈺編新竹市立文化中心出版	林占梅	由臺灣分館館藏之《林鶴山遺稿，潛園琴餘草》編輯校對而成	有述及中臺灣番民之作

第二章　原住民名稱釋義

　　臺灣在元代以前，基本上是不被中國人所認識的，所有相關的記錄，不是曖昧難明，便是訛誤甚多。臺灣孤懸於大海之中，處在一個相當封閉的狀態，島上住有許多不同的種族，生活與文化仍停留在原始的漁獵或粗放耕種的社會裏，在傳統書寫中她屬於「番邦異族」的範圍，與「我族」無所交涉。中國如何命名這個島，島上的人又如何被稱呼，歸屬於哪一類，本文首先整理由《漢書》以降對居住於臺灣的人的載錄，辨別其內容的正確與否，探討其用語的內容來源與意義。清領以後，來臺的官員對島上居民進行管理臣屬種族（The Government of Subject Races）〔註1〕的工作，因此將島民「定義分類」便逐步展開了。這種「納編式」的書寫，充滿支配與控制的意志，也是中國源遠流長的帝國式文化的模式。有清一代相關文獻用來稱呼「原臺灣人」的名詞稱，如：生番、熟番、野番、平埔番、流番、散番等意義甚混淆，沒有明確的統一用詞，本文試圖探索其源流，以釐清其文化意義。

第一節　元代以前的用詞

　　臺灣由於大海環繞，位置孤立，自古以來一直不被瞭解，在中國的載籍中曾有史料曾提及這個島，如《漢書》卷第八〈地理志下〉：「會稽海外有東鯷人，分爲二十餘國，以歲時來獻云。」〔註2〕陳壽《三國志》〈吳書‧吳主

〔註1〕 此處借用克羅莫的書名，他爲大英帝國研究如何以幾個中心原則，即可驅動龐大的殖民地。見薩依德（Edward Said），王志弘等譯：《東方主義》（Orientalism）〈晚近發展面面觀〉，頁61。

〔註2〕 班固：《漢書》卷第八〈地理志下〉，（台北市：鼎文書局，1979年2月），頁1669。

傳第二）、〈陸遜傳〉、〈全琮傳〉都提及孫權於黃龍二年（230 年），派將軍衛溫、諸葛直等率甲士萬人，浮海求夷州及亶州。亶州或說即秦始皇曾遣徐福率數千童男童女前往，去而不返之地。〔註 3〕孫權派大軍入海的動機是為了增加戰爭的人力、物力資源，來和曹操及劉備逐鹿中原，否則沒有必要動用如此大的軍力。他們在海外抓了數千個島民回國，算是完成了使命。〔註 4〕但「夷州及亶州」究竟所指為何地迄今沒有定論。「夷州」在《太平御覽》卷七八〇〈東夷條〉〔註 5〕所引的《臨海水土志》，則紀錄了很多夷州的風土民俗，《臨海水土志》所載引起很多學者的注意，並據以論證，認為所載很可能就是臺灣。凌純聲在〈古代閩越人與臺灣土著族〉〔註 6〕一文中，引用日本東洋史家市村瓚次郎、白鳥庫吉和林惠祥的看法，認為夷州就是臺灣。〔註 7〕曹永和先生於〈明鄭時期以前之臺灣〉一文，也同意這樣的看法。〔註 8〕市村瓚次郎、白鳥庫吉等人就是以《臨海水土志》做為論述佐證的。

所謂「東鯷人」所指為何？「鯷」字見於《戰國策》〈趙策〉，其中有句話說：「黑齒雕題，鯷冠秫縫，大吳之國也。」注：「鯷，大鮎也，以其皮為冠。」〔註 9〕橫田惟孝《戰國策正解》卷六「鯷冠，以鯷魚之皮為冠。」〔註 10〕王念孫《廣雅疏證》卷第十下〈釋魚〉：「鮷、鯷鮎也。……是鮷、鯷皆鮎之別名也。……《爾雅翼》云『頭大尾小，身滑無鱗，謂之鮎魚。言其黏滑也。』」〔註 11〕綜

〔註 3〕 傳說亶州有數萬家，其民時至會稽貨布，衛溫、諸葛直入海後無所獲，僅俘虜數千人而還。陳壽：《三國志》〈吳書·吳主傳第二〉，（台北市：鼎文書局，1979 年 11 月），頁 1136。

〔註 4〕 孫權曾大量「鎮撫」少數民族，要他們成為自己的部將，成為作戰的走卒，這在《三國志》〈陸遜傳〉、〈全琮傳〉、〈賀齊傳〉、〈諸葛恪傳〉中皆有記載，他們征服之後為其所用的「山越」高達九萬一千多人。見辛士成、吳綿吉、蔣炳釗，《百越民族文化》第三章，（上海：學林出版社，1988 年 1 月），頁 111。

〔註 5〕 《太平御覽》卷七八〇〈東夷條〉，（台北市：臺灣商務出版社，1974 年），頁 3586。

〔註 6〕 林熊徵等著：《臺灣文化論集》，（台北市：中華文化出版事業委員會，1954 年），頁 1～29。

〔註 7〕 《臺灣文化論集》，頁 13。

〔註 8〕 曹永和：〈明鄭時期以前之臺灣〉，收於黃富三、曹永和主編：《臺灣史論叢》，（台北市：眾文圖書公司，1980 年），頁 42。

〔註 9〕 《戰國策》卷第十九〈趙二〉，（台北市：《四部備要·子部》，中華書局），頁 7。

〔註 10〕 橫田惟孝：《戰國策正解》卷六〈趙上 武靈王〉，（台北市：河洛出版社，1976 年 3 月），頁 28。

〔註 11〕 王念孫：《廣雅疏證》卷第十下〈釋魚〉，（台北市：《四部備要·經部》，中華

合這幾則資料來看。「鯷」是吳國一帶出產的一種體滑無鱗，多黏質淡水魚類。鯷也名爲鮧，另名爲鮎，中國春秋、戰國時代曾使用鯷魚的皮來做帽子或衣飾。然而這樣的淡水魚類似與東海的島國無關，將鯷魚解釋爲「大鮎」指的應該不是東海中的魚類。東海中的鯷魚是分佈於日本、臺灣、澳洲的一種魚類，體型細瘦，成魚長度約二、三公分，其皮過小不適合做成帽子。這種魚分兩類即：「日本鯷屬」與「公鯷屬」。「日本鯷屬」屬冷溫性魚屬，分佈在日本、臺灣，「公鯷屬」屬溫帶魚種，分佈在臺灣、澳洲，每年春、秋兩季是這兩種魚類迴遊到臺灣的時期，臺灣的人稱之爲「勿仔魚」，是日常食用的魚類之一。《漢書》卷二十八〈地理志下〉所紀錄的「東鯷人」，應是以捕食鯷魚維生的族群才是，臺灣屬鯷魚群迴遊之地，被稱爲「東海中以捕鯷維生的人」似可說得過去。不過「以歲時來獻云。」這句話就不適當了，要說臺灣的原住民在漢朝即已向中國朝貢，恐怕不太可能。「東鯷人」究竟指的是不是臺灣的住民，還是可疑。〔註12〕至於「夷州」一語，指的是不是臺灣，雖然學者論之鑿鑿，但其中仍有很多扞格不入之處。如《臨海水土志》云：

> 山頂有越王射的正白，乃是石也。此夷各號爲王，分畫土地人民，各自別異。……土地饒沃，既生五穀，又多魚肉。……如有所召，取大空材十餘丈，以著中庭，又以大杵旁舂之，聞四五里如鼓。〔註13〕

有關越王射石確切位置已難查考，但範圍都在浙江、福建一帶，〔註14〕在臺灣的可能性很低。以敲擊中空大木材，召集族民的做法，臺灣原住民中水沙連邵族有類似的「杵歌」，但爲婦女所專司，沒有召集族民的用法。說臺灣既生五穀又多魚肉，儼然是個農業發達的社會，這個講法恐怕亦有問題。臺灣在明代可信的記載文獻中，原住民的社會仍處在以漁獵爲主的生產模式，就算有耕種，也是非常粗放的方法，並未進到成熟的農耕社會階段。文中又云：

書局），頁13。
〔註12〕羅香林：《百越源流與文化》〈古代越族分佈考〉云：「東鯷即今臺灣、澎湖、琉球等地，蓋即閩越一部分。」並引林惠祥意見，以爲證據。林氏亦認爲東鯷爲古代臺灣、琉球等地。（台北市：國立編譯館，1987年2月），頁52。
〔註13〕《太平御覽》卷七八〇〈東夷條〉，頁3586。
〔註14〕顧祖禹：《讀史方輿紀要》卷九十六〈福建二〉、卷九十七〈福建三〉，都有「越王山」的紀錄。《續修四庫全書》〈史部‧地理類〉，（上海：上海古籍出版社，1985年），頁32、724。張景祁《礜雅堂詩》〈卷五〉有〈九日同人登越王山尋鐵笛巖碧雲洞諸勝小憩南浦書院〉一詩，光緒十五年（1897年）印行，頁2。另廣東的河源市、江西奉新縣亦有越王山。

得人頭，砍去腦，駁其面肉，取犬毛染之，以作鬚眉髮，編貝齒以

作口，出戰臨鬥時用之，如假面狀，此夷王之所服。〔註15〕

將獵來的人頭改頭換面，用狗毛染色作爲頭髮、鬍鬚及眉毛，用貝殼作牙齒，夷王出去作戰時，將這個頭顱戴在臉上，像假面一樣，以威嚇敵人。這樣的習俗也從不見於臺灣原住民的習俗中。

《三國志》〈魏書・烏丸鮮卑東夷傳第三十〉，記載在帶方東南大海中，有百餘個依山島爲國邑的倭人之國，這些國家的人民都斷髮紋身，灼骨而卜，嗜酒，傳辭說事，或蹲或跪，雙手放在地上，作恭敬的姿態，對應聲爲「噫」，所謂「噫」就是承諾的應答。〔註16〕這個記述很明顯的屬於日本人的日常禮俗，這種應答之禮直到二十世紀仍然存在。〈烏丸鮮卑東夷傳〉內所描述的應該是日本各「島夷」生活習俗才對。這些島夷在漢代時便有一些「國家」與中國往來，這些東夷國之東之南，還有一些叫「裸國」、「黑齒國」的，〈魏書〉編纂者的看法是這些島嶼小國都屬於「倭種」，與日本諸島的人民同屬一類。《晉書》卷九十七〈四夷・東夷〉所載錄所謂東夷包括「扶餘國」、「馬韓」、「辰韓」、「肅愼氏」、「倭人」、「裨離」等十國。《晉書》〈四夷・東夷〉的內容節錄自《三國志》〈魏書〉卷三十，只是《晉書》很明確的把所謂東夷的範圍界定出來。這些內容上還是看不出這些記載中有涉及臺灣的，文中記述到東海中的島國，可以確信的便是今日的日本諸大島國。至於《隋書》卷八十一〈列傳〉第四十六〈東夷流求國〉一則中講到，煬帝時曾派羽騎朱寬入海，略土著、布甲而還，後再派武賁郎將陳稜、朝請大夫張鎮州率兵萬餘人，由義安浮海攻打「流求國」，擄其民數千人而返。〔註17〕論者頗多以爲此「流求國」及所至的海島即爲臺灣，其所論並不正確，見本論文第三章第二節「史傳及專著中臺灣的記述與辨正」中有關臺灣的記述一節的論述。〔註18〕此外另有以琉球爲澎湖的記述，此一說法見林豪的《澎湖廳志》卷二〈建置沿革附考〉一節，〔註19〕此節節錄了《福建通誌》及魏源《聖武記》的說法，認

〔註15〕《太平御覽》卷七八〇〈東夷條〉，頁3586。

〔註16〕《三國志》〈魏書烏丸鮮卑東夷傳〉第三十，(台北市：鼎文書局，1979年)，頁855。

〔註17〕《隋書附索引三》卷八十一列傳第四十六〈東夷・流求國〉，(台北市：鼎文書局，1980年)，頁1823。

〔註18〕本論文第三章第二節，頁61～82。

〔註19〕林豪：《澎湖廳志》卷二〈建置沿革・附考〉，(台北市：臺灣銀行經濟研究室編印，臺灣文獻叢刊第164種，1963年)，頁51。

為陳稜所到之地是澎湖，另引馬端臨《文獻通考》之說，認為隋大業中羽騎
朱寬所到之地為琉球，非臺灣。

《文獻通考》：

> 琉球國居海島，在泉州之東，有島曰澎湖，煙火相望，水行五日而
> 至。隋大業中，曾令羽騎尉朱寬入其國，取布甲而歸；時倭國使來
> 朝，見之以為夷耶久國人所用。〔註20〕

《福建通誌》：

> 隋開皇中，遣虎賁陳稜略澎湖地，其嶼屹立巨浸中，環島三十有六，
> 如排衙。居民以苫茅為廬舍，推年大者為長，以畋漁為業。地宜牧
> 牛羊，散食山穀間，各櫃氂耳為記。

魏源《聖武記》：

> 臺灣亙閩海，中袤二千八百里，距澎湖約二百里、廈門約五百里。
> 隋開皇中，虎賁將陳稜一至澎湖，東向望洋而返。「宋史」謂澎湖東
> 有毗舍耶國，即其地也。元置巡司於澎湖，明初廢之。嘉靖中，海
> 寇林道乾竄據臺灣，為琉球人所逐。天啟中，外寇求香山、求澎湖
> 於中國而不得，乃以重幣啗夷人，求臺灣一互市地；及國初而為鄭
> 氏所據。

依馬端臨的看法，澎湖屬於琉球諸島的一部分，隋代朱寬所到之島為澎湖。《福
建通誌》認為隋代陳稜所略之島為澎湖。魏源的看法與《福建通誌》相同，
且以為趙汝适《諸番志》所言《毗舍耶國》即為澎湖。林豪之說淵源至乾隆
三十二年（1767 年）胡建偉所撰的《澎湖紀略》卷之二〈地理紀建置〉：「自
隋開皇中遣虎賁將陳稜略地至澎湖，其名始見於中國。」〔註21〕這些載籍否
定了隋代羽騎朱寬或武賁郎將陳稜、朝請大夫張鎮州所到之地是臺灣，且斷
言所到之地是澎湖，就隋唐以前這些史料看來，所述十分概略，實不足以判
斷他們所記之地確為澎湖或臺灣，這些記載僅能做不確定的史料看待，說服
力仍相當不足。

〔註20〕馬端臨：《文獻通考》卷三二七〈四裔考四〉，此節另記載女國、文身、侏儒
　　　　國、長人國等，有關琉球的記載多出於《隋書》卷八十一列傳第四十六〈東
　　　　夷·流求國〉，其他諸國的記載頗多荒誕不實之說。（台北市：臺灣商務印書
　　　　館，1987 年），頁 2569。

〔註21〕胡建偉：《澎湖紀略》卷之二〈地理紀 建置〉，（台北市：臺灣銀行經濟研究
　　　　室編印，臺灣文獻叢刊第 109 種，1961 年），頁 13。

第二節　元、明時期的用詞

　　元代至順、至正年間汪大淵曾兩次坐船，到南海諸國遊歷，寫有《島夷志略》一書，其中有〈琉球傳〉一則。〔註22〕此篇所記的文字雖然很簡略，但看起來應該比較可能是臺灣，因爲他到過澎湖，且對澎湖的記載相當準確。而「琉球」就在澎湖的旁邊，用肉眼就能看到，他親自登陸臺灣且爬上高山，觀賞海潮的消長。但就所記來看，仍不能說確是臺灣。文中把臺灣的人歸爲「夷」的一種，用「琉球」來稱呼臺灣，這個資料只能說是比較接近的紀錄。在汪大淵的紀述中，臺灣與琉球其實仍相當混淆，把臺灣的人稱爲「夷」。明代以後「東番」這個詞出現了，且逐漸成爲臺灣主要的稱呼。明代到清初，文獻中這樣的記錄，屢屢可見，所謂「東番」指的就是臺灣或臺灣島上的人。至於爲何被稱爲「夷」或「番」是有一段轉變過程的。「夷」字應該和傳統以中國東方異族之民被稱爲「東夷」有關，「番」字於許慎《說文解字》的番字意爲「獸足」，采爲野獸的足跡，田爲土地之意。〔註23〕而「蕃」從「艸」「番」聲，〔註24〕其後此字引申義爲「藩息」、「藩屬」、「藩殖」、「藩國」等義，後有將中國附屬之國的異族稱爲「藩國」，若依此兩詞意思的發展來看，「番」字已失其原意，後世與我國有關的國家或異族，所用的字應源自「蕃」這個字義才對。〔註25〕

　　事實上臺灣一直到明朝中葉以後，才被中國所確知，她的存在與被紀錄也是在明代中葉以後才逐漸多了起來。當時臺灣被稱爲「東番」，島上的人被稱爲「東番夷人」。「東番夷人」這個名詞最早出現在陳第的〈東番記〉。在他之前的《明萬曆實錄》〈萬曆二年六月戌申條（1574 年）〉：「福建巡撫劉堯誨報……其逋賊林鳳鳴擁其黨萬人，東走福建，總兵胡守仁追逐之。因招漁民劉以道諭東番合剿，遠遯。」〔註26〕，只稱「東番」。這個「東番」所指的意思應該是指臺灣的番人。朝廷爲追剿海盜林鳳鳴，要求島上的番人一起出兵協助，直接稱島上居民爲「番」，與陳第用的「東番夷人」略有不同。〈萬曆

〔註22〕趙汝适：《諸蕃志》附汪大淵：《島夷志略摘錄》〈琉球傳〉，（台北市：臺灣銀行經濟研究室編印，臺灣文獻叢刊第 119 種，1962 年 9 月），頁 75。

〔註23〕許慎：《說文解字》，（台北市：黎明文化事業出版社，1974 年 11 月），頁 50。

〔註24〕許慎：《說文解字》，頁 47。

〔註25〕日人稱臺灣原住民皆用「蕃」字，反而較接近中文此字本義。

〔註26〕引見曹永和：《臺灣早期歷史研究》〈早期臺灣的開發與經營〉，（台北市：聯經出版社，1985 年 9 月），頁 144、145。

四十四年六月乙卯條（1516 年）〉：「苦（若）得此，益旁收東番諸山以固其巢穴，然後蹈瑕伺間，惟所欲爲。」〔註 27〕意思亦指臺灣的番人。此外《皇明世法錄》卷七十五：「既去住東番竹篓港，由船追勦，爲所敗。」亦有稱臺灣爲「東番」的稱呼，此書所載爲萬曆四十五年（1617 年）倭寇在澎湖騷擾漁民之事。〔註 28〕《明史》〈外國列傳〉中，出現有「雞籠山」條，其中這樣記載：「雞籠山在澎湖嶼東北，故名北港，又名東番，去泉州甚邇。」〔註 29〕，這也是將臺灣稱爲「東番」的資料，但所用文字敘述混亂，雞籠山在臺灣東北角，北港則位於臺灣中部海岸，「東番」不能代替雞籠山，也非北港，這應該是撰述者缺乏了解，隨意抄寫拼湊出來的。

　　稱臺灣爲「東番」一詞，未知始於何時，推估應在元末明初之時，然使用此詞最爲人知的則是陳第〔註30〕。陳第所撰的〈東番記〉是萬曆三十年（1602年）十二月，隨沈有容到澎湖征勦倭人後，返回泉州於次年追記之作。〔註31〕此文篇幅不長，然爲作者親臨臺灣的實查紀錄，較諸前人輾轉耳聞或雜抄文獻所記價值較高：

> 東番夷人不知所自始，居澎湖外洋海島中：起魍港、加老灣、歷大員、堯港、打狗嶼、小淡水、雙溪口、加里林、沙巴裏、大幫坑，皆其居也。斷續凡千餘里，種類甚蕃。別爲社，社或千人、或五六百，無酋長，子女多者眾雄之，聽其號令。性好勇，喜鬥，無事畫夜習走，足蹋皮厚數分，履荊刺如平地，速不後奔馬，能終日不息。

這裡稱臺灣的原住民爲「東番夷人」，這是融合了兩種用語在其中，東番爲島名，夷人爲島上居民。明代之前中國載集中都將東方海上的島民稱爲「夷人」，如《三國志》〈魏書烏丸鮮卑東夷傳第三十〉、《隋書》卷八十一列傳第四十六

〔註27〕《明實錄閩海關係史料》〈萬曆四十四年六月乙卯條〉，（台北市：臺灣銀行經濟研究室編印，臺灣文獻叢刊第 296 種，1971 年），頁 117。

〔註28〕曹永和：《臺灣早期歷史研究》，〈明代臺灣漁業志略〉一文引《皇明世法錄》卷七十五，頁 160。

〔註29〕張廷玉：《明史》〈外國列傳〉卷三二三、列傳第二一一，外國四，（台北市：鼎文出版社，1980 年），頁 8376。

〔註30〕陳第（1541 年～1617 年）生於明宗嘉靖二十年，卒於萬曆四十五年，字季立，號一齋，福建三山人（今連江縣）。曾在戚繼光麾下爲官，守薊十年。在聲韻學上的成就非凡，著有《毛詩古音考》、《屈宋古音義》等。

〔註31〕金雲銘：《陳第年譜》，（台北市：臺灣銀行經濟研究室編印，臺灣文獻叢刊第 303 種，），頁 88。金雲銘未見此文。〈東番記〉見沈有容編：《閩海贈言》一書，（台北市：臺灣銀行經濟研究室編印，臺灣文獻叢刊第 56 種，1959 年）。

〈東夷〉包括了流求國、高麗、百濟、新羅、倭國、靺鞨等,「番人」之名並不常見。到了明代對海外的異邦異族稱番、稱夷的用法很混淆,並沒有固定的說法。如《明武宗實錄》〈正德十六年五月庚申條（1521 年）〉:「海上諸島夷自廣東入貢者,舊制:驗實奏聞,則榷其貲以充國用。」〔註32〕,《明世宗實錄》〈嘉靖二十一年五月庚子條（1542 年）〉:「初,漳州人陳貴等私駕大舡,下海通番。」〔註33〕明武宗時代稱海外由日本到南洋的異域外族為「夷」人,而與這些國家往來,又叫做「通番」。

陳第下筆也反映了這樣的時代風氣。他的觀念中「東番」指的是整個臺灣,而居住在島上的人叫「夷人」。三十二年（1604 年）沈有容第二度到澎湖,諭退荷蘭人（金雲銘作葡萄牙人,不正確）後,曾自編有《閩海贈言》一書,書中許多文字都書及「東番」一詞,如:屠隆〈記平東番記〉,此文寫於萬曆三十一年癸卯孟冬（1603 年）:

> 東番者,彭湖外洋海島中夷也。橫互千里,種類甚繁;仰食漁獵,
> 所需鹿麇,亦頗嗜擊鮮。〔註34〕

葉高向〈改建浯嶼水寨碑〉,寫於萬曆三十二年甲辰春（1604 年）:

> 東番者,海上夷也。去內地稍近而絕不通,亦不為寇暴。頃倭據其
> 地,四出剽掠。將軍便宜興師,冒風濤,力戰蕩其巢。〔註35〕

這兩段文字寫作年代與陳第相當,他們筆下的「東番」正是臺灣,而稱島上的人為「夷」,可見這是當時普遍的用語。

在陳第的〈東番記〉之後,與其相關的著述有三篇,作者分別為張燮、周嬰及何喬遠。這三人以陳第最為年長,次為何喬遠〔註36〕,張燮,周嬰為晚輩。這三人都為福建人,陳第與周嬰和當時巡撫朱運昌頗有淵源,陳第隨沈有容出征臺灣,沈有容為朱運昌提拔之人,周嬰也曾為朱運昌所賞識,曾有意栽培他,張燮則與沈有容過往甚密。陳第在萬曆三十年（1602 年）隨沈

〔註32〕《明實錄閩海關係史料》《明世宗實錄》〈正德十六年五月庚申條〉,頁 1。

〔註33〕《明實錄閩海關係史料》《明世宗實錄》〈嘉靖二十一年五月庚子條〉,頁 7。

〔註34〕沈有容編:《閩海贈言》屠隆,〈記平東番記〉,頁 21。

〔註35〕沈有容編:《閩海贈言》葉高向,〈改建浯嶼水寨碑〉,頁 5。沈有容、屠隆、葉高向等人沒有到過臺灣的紀錄。

〔註36〕何喬遠（1557 年～1631 年）生於明世宗嘉靖三十六年,卒於明思宗四年,字稚孝,號匪莪,福建晉江人,萬曆十四年（1586 年）進士,歷官刑部主事、禮部郎中等,輯明朝十三代遺事成《名山藏》一百零九卷,又輯《閩書》一百五十卷,皆為史學名著。

有容出征至臺灣，與安平一帶的番民有所接觸，該地的首領大彌勒（西拉雅族）率領十數社眾，迎接他們。何喬遠與陳第友善，《閩書》卷一四六〈島夷志〉〔註37〕中有〈記東番文〉一則，文內有「連江陳第曰云云」，是轉錄、改寫陳第的〈東番記〉。

　　張燮〔註38〕著有《東西洋考》〔註39〕一書，此書第五卷名〈東洋列國考東番考附〉，內容輯錄了陳第〈東番記〉的內容。〔註40〕周嬰，福建莆田人，明崇禎十三年（1640 年）進士，生卒年不詳，據《莆田縣志》載：

> 周嬰，字方叔。弱冠負才名，博極群書，嘗著五色鸚鵡，一時傳誦，巡撫朱運昌偶見之，意以為古人也。詢知為嬰作，遂聘之。尚困童子科，馳驛至三山，運昌置酒堂上，講賓主禮，以儒士送入闈，會運昌卒，不果。後為諸生，崇禎庚辰以明經貢入京，適檢選天下舉貢，御賜進士，特用嬰與焉。授上猶知縣，持廉白，革舊弊，崇尚文雅，邑人化之。未幾，賦歸。家居淡泊，與故舊結耆碩會，罕窺城市，有香山洛社之風。著述甚富，所傳惟《遠遊篇》四冊、《卮林》四冊而已。〔註41〕

他所寫的《遠遊篇》共十二卷，〈東番記〉在第十二卷，這篇作品與陳第的〈東番記〉有相類的地方，此書的內容可以看出也源出於〈東番記〉。《遠遊篇》中記載有張燮與周嬰詩文唱和之作，可見彼此相識，也必讀過陳第的著作。這三位先生都以「東番」來稱呼臺灣。周嬰的〈東番記〉中有一段話是陳第所沒有記載的，書中說「臺灣」一語疑出自閩南話「台員」，這或許是此地被稱作臺灣的緣故。這段話亦見於徐懷祖著的《臺灣隨筆》：

> 凡郡邑之濱海者，皆裨海也；各有重山疊嶂衛其外。即瓊崖、崇明、定海之地，亦尚在裨海中。若安南則陸地可達，惟臺灣一郡孤峙大海。臺灣，於古無考。惟明季莆田周嬰著《遠遊編》載《東番記》

〔註37〕內文抄自汪大淵《島夷志略》一書。

〔註38〕張燮（1574 年～1640 年）字紹和，福建漳州龍溪人，生於明萬曆二年，卒於崇禎十三年，明萬曆二十二年（1594 年）舉人，著有《東西洋考》等。〈東番考〉不在「東西洋之數」只是附錄在此。

〔註39〕張燮著，謝方點校：《東西洋考》（北京：北京中華書局，2000 年），頁 104。

〔註40〕張燮著，謝方點校：《東西洋考》〈東番考〉引陳第〈東番記名山考〉之處甚多，頁 104～108。

〔註41〕引見 www.qzwb.com/gb/content/2000～09/23/content_28644.htm ～11k，12 月。

一篇稱臺灣為「台員」,蓋閩音也;然以為古探國,疑非是。〔註42〕
這幾本著作對臺灣早期歷史來說都有非凡的意義,他們筆下的「東番」在意
義上指的應該是「在中國東方住有番人的海島」,「東番」可指的是整個臺灣,
也可稱之為臺灣島上的住民。「番」或「夷」所指當然是漢人以外的種族,與
「蠻」、「戎」、「胡」、「狄」、「苗」、「猺」、「獠」等等都有同樣的意思,這種
以漢族為中心的意識,由春秋戰國時代以來,都一直是被強調的。由於陳第
確實曾到過臺灣,與安平一帶的原住民有過接觸,所做的紀錄雖然很概略,
但卻是第一手的觀察報告,是最可靠的資料。這三本述作主要是參考陳第而
來的,但也纂輯了一些陳第所缺漏的部分,還是有相當的價值。依本論文第
三章第三節〈異文化記述探討〉歸納傳統歷史纂述法,陳第之作可稱為「源
生資料」、「信而可徵的文獻」,何喬遠等人著作則可歸納為「衍生史料」及「增
補史料」。〔註43〕臺灣的居民何時被以「番」來稱呼,不能完全確定,但這三
本書的記載應該有反映時代,確定名稱的作用。載籍者把「東番夷人」簡化
為「番人」,來加以敘述,前面所舉的《明神宗實錄》〈萬曆二年六月戌申條
(1574年)〉的例子是比較少見的。明末之後,以「土番」、「生番」、「熟番」、
「野番」、「平埔番」等名稱來稱臺灣原住民的情形就很普遍了。而「東番」
一詞便逐漸消失;入清以後也比較少見有人用此詞來代稱臺灣。

第三節　清代文獻原住民的各種名稱

如何將新領土以及「歸附」的臣民與予「定位編名」,是執政者統領此地
的重要的課題。然而有清一代對臺灣原住民的用語,常有語焉不詳,詞語混
淆的現象。這種「口齒不清」的情形,除了顯示記述者不夠嚴謹的態度外,
也呈現了政治控制力鬆散的一面。

一、常見用詞分析

(一)生番、土番、野番、熟番、平埔番、化番

鄭成功於明永曆十五年(1661年)四月驅荷入臺後,中國人入主臺灣的

〔註42〕徐懷祖著:《臺灣隨筆》見《臺灣輿地彙鈔》,(台北市:臺灣銀行經濟研究室
編印,臺灣文獻叢刊第216種,1965年)。徐懷祖於康熙三十四年初到福建漳
州,後曾到臺灣,在臺年餘。
〔註43〕見本論文第三章第三節,頁83~88。

序幕就此揭開。鄭氏將臺灣做為興復明朝的基地，如三國東吳孫權的做法一般，他要部將進行對全島住民的「征撫」，向原本居住於此的住民要求物質支援，將可以作戰或足以協助作戰的「番人」納入軍隊之中，若「撫之」不肯受化，便逕行攻剿，直至臣服或逃匿無蹤為止。鄭氏父子在臺時間短，且積極於戰事，對文獻載籍之事，沒有太多心力從事，所以留下的資料很少。有關「原臺灣人」的稱呼用的是「土番」一詞，如：楊英《從征實錄》：「十五年辛丑（1616 年）……各近社土番頭目，俱來迎附，如新善、開感等里，藩令厚宴。」、「援剿後鎮、後衝鎮官兵激變大肚土番叛，衝殺左先鋒鎮營。」〔註44〕。清代繼承其基業，二百多年來，文獻載籍中對「原臺灣人」書寫甚多，對其稱呼非常多樣，除了如前節所述，元末明初開始以「東番」來稱臺灣，或稱「在臺灣的住民」以外，清代臺灣文獻對島上的原住民的稱呼有：土番、生番、野番、熟番、化番、平埔番等，以下依各文獻書寫年代先後加以排列敘述。

1. 沈文開（1611 年～1688 年）

於清順治八年（1651 年）來台，時年四十，〔註45〕他當時乘船因遇颱風而只好在臺灣的宜蘭登岸，此後在台三十餘年，與臺灣有很深的關係。著作有：《文開文集》、《文開詩集》、《流寓考》、《草木雜記》等，〈草木雜記〉中有一條：〈臺灣土番〉：

> 臺灣土番，種類各異：有土產者，有自海舶飄來及宋時零丁洋之敗遁亡至此者。聚眾以居，男女分配，故番語處處不同。〔註46〕

他以「土番」來稱臺灣的原住者，且種族繁多，彼此很不相同，除了「土生土長」的原住者外，發現臺灣居民中有不少是乘船遇風，漂流至臺灣的，也有的是在南宋末年，逃避蒙古人的追殺而渡海來台的。他的詩作另有〈番婦〉與〈番柑〉兩首，前首是寫原住民婦女，後一首寫臺灣特產的柑橘。

2. 施琅（1621 年～1696 年）

在康熙二十二年（1683 年）率軍渡海打敗了鄭氏政權，為清廷解決了邊

〔註44〕楊英：《從征實錄》，（台北市：臺灣銀行經濟研究室編印，臺灣文獻叢刊第 32 種，1958 年），頁 187、191。

〔註45〕據林煜真：《沈光文及其文學研究》第二章〈沈光文詩作繫年表〉，（高雄市：中山大學中文研究所碩士論文，1987 年），頁 43。

〔註46〕范咸：《重修臺灣府志》卷十九〈叢談〉，（台北市：臺灣銀行經濟研究室編印，臺灣文獻叢刊第 105 種，1961 年 11 月），頁 575。

陞大患，征台期間他有幾篇重要的奏摺，述及臺灣原住民的情況。

〈盡陳所見疏〉：

> 假有一、二機覺才能，收拾黨類，結連外島，聯絡土番，羽翼復張，
> 終爲後患。

〈恭陳臺灣棄留疏〉：

> 紅毛遂聯絡土番，招納內地人民，成一海外之國，漸作邊患。〔註47〕

施琅對臺灣的土著，也以「土番」來稱呼島上的原住民，「土番」之意指的是
臺灣的土著人民。他以軍事角度來看臺灣原住民有可能與反清的民眾勾結，
造成反抗朝廷的力量。在荷據時代，原住民也與荷蘭人結合，招納大陸人民
來此開墾，形成一個國家的態勢，這是必須加以注意防患的。

3. 高拱乾：康熙三十三年（1694年）《臺灣府志》

> 至於東方，山外青山，伊南互北，皆不奉敕。生番出沒其中，人跡
> 不經之地⋯⋯。〔註48〕

4. 周鍾瑄：康熙五十六年（1717年）年《諸羅縣志》

> 山高海大，番人稟生其間，無姓而有字。內附輸餉者曰熟番，未服
> 教化者曰生番或曰野番。〔註49〕

5. 陳倫炯：雍正八年（1730年）《東南洋記》〔註50〕

> （臺灣）西南一帶沃野，東面俯臨大海，附近輸賦應徭者。名曰「平
> 埔土番」。

6. 郁永河：雍正十年（1732年）《裨海紀遊》

將番分爲「土番」、「野番」兩種：

> 諸羅鳳山番，有土番、野番之別。野番在深山中，疊嶂如屏，⋯⋯
> 野番巢居穴處，血飲毛茹，種類實繁。〔註51〕

另外《裨海紀遊》還記有一種「平地近番」，他所說的這種番人應該就是

〔註47〕兩文見施琅，《靖海紀事》，（台北市：臺灣銀行經濟研究室編印，臺灣文獻叢
　　　　刊第13種，1958年8月），頁5、59。

〔註48〕高拱乾：《臺灣府志》卷一〈疆界〉，（台北市：臺灣銀行經濟研究室編印，臺
　　　　灣文獻叢刊第65種，1960年），頁6。

〔註49〕周鍾瑄：《諸羅縣志》卷八〈風俗志〉，（台北市：臺灣銀行經濟研究室編印，
　　　　臺灣文獻叢刊第141種，1962年12月），頁154。

〔註50〕陳倫炯：《海國見聞錄》，（南投縣：臺灣省文獻會，1996年），頁11。

〔註51〕郁永河：《裨海紀遊》卷下，頁32。

「土番」，也是所謂的「平埔番」或「熟番」：

> 平地近番，不識不知，無求無欲，日遊於葛天、無懷之世，有擊壤、
> 鼓腹之遺風。往來市中，狀貌無甚異；惟兩目坳深，睜視稍別。……
> 終歲不知春夏，老死不知年歲。有金錢無所用，故不知蓄積。秋成
> 納稼，計終歲所食有餘，則盡付麴糵。〔註52〕

7. 黃叔璥：乾隆元年（1736 年）《臺海使槎錄》

此書〈番俗雜記〉中列有〈生番〉、〈熟番〉兩則，生番類所引用的是郁永
河的《裨海紀遊》、《諸羅雜識》及《海上事略》的說法。下引《海上事略》說：

> 臺灣生番，素喜為亂；苟有不足，則出山屠殺商民。〔註53〕

熟番亦引《裨海紀遊》及《東寧政事集》：

> 土番非如雲、貴、獠、猺、獞，各分種類聚族而居者也。社之大者，
> 不過一、二百丁；社之小者，止有二、三十丁。〔註54〕

黃叔璥之說，綜合了之前各類載籍所述，加上著意的調查整理，對清初臺灣
原住民做了詳盡的敘述。但在族群分類上，以地區及番社為依據，雖然查知
一些番社彼此有血緣關係，應屬同一族群，但沒有做一更仔細的分類調查，
亦未查知歸納出種族之名。在所謂「蠻夷」種屬的分類觀念上，中國是很早
便有的，明代朱夢震的《西南夷風土記》〈種類〉一則，提到西南夷中有：阿
昌、百夷、老緬、蒲人、僰人、剽人、杜怒、哈喇、古喇、得棱子、遮些子、
安都魯、牛噠喇、孟良子、赤髮野人等；〔註55〕對西南地區人種有很明顯的
分類。朱夢震之所以可寫出清楚的族類，也是因為漢人與西南夷長久以來即
有接觸，相互比較瞭解，是文獻累積的結果。臺灣則不然，明代以前，中國
對這個東海孤島可以說是完全不瞭解的，對島上之民也不清楚，所以無法做
出分類。

8. 劉良璧：乾隆七年（1742 年）《重修福建臺灣府志》卷六〈風俗〉
　　引《臺灣志略》

> 臺灣僻處海外，向為土番聚居。自歸版圖後，遂有生、熟之別。生

〔註52〕郁永河：《裨海紀遊》卷下，頁 33。

〔註53〕黃叔璥：《臺海使槎錄》〈番俗雜記〉，（台北市：臺灣銀行經濟研究室編印，
　　　　臺灣文獻叢刊第 4 種，1957 年），頁 161。

〔註54〕黃叔璥：《台海使槎錄》〈番俗雜記〉，頁 161。

〔註55〕朱夢震：《西南夷風土記》，（台北市：藝文印書館，原刻景印，百部叢書集成，
　　　　學海類編），頁 6。

番遠住內山，近亦漸服教化；熟番則納糧應差，等於齊民。〔註56〕

同書卷五〈城池附番社〉則將番民分為八類，這是清代最細的分類法：

名　稱	社　　　　　名
熟番	臺灣縣：大傑巔社（在羅漢門，原隸鳳邑，雍正9年改歸）、新港社（原隸諸邑，雍正9年改歸）、卓猴社（以上三社，熟番）。 鳳山縣：武洛社、搭樓社、阿猴社、上淡水社、下淡水社、力力社、茄藤社、放索社（以上八社，熟番）。 彰化縣：柴坑仔社、貓羅社、南投社、北投社、貓霧社（以上五社，東附內山）。岸裏社、烏牛欄社、搜揀社、阿裏史社、樸仔籬社、沙裏興社、巴老遠社、獅頭社、獅尾社、麻著社、岸裏舊社（以上十一社，半居內山；俱熟番）。
倚山熟番	諸羅縣：大武壠頭社、二社、礁吧哖社、夢明明社（以上四社，倚山熟番）。
平地熟番	諸羅縣：目加溜灣社、麻豆社、蕭壠社、哆咯嘓社、諸羅山社、打貓社、他里霧社、斗六門柴裏社（以上八社，平地熟番）。
歸化生番	臺灣縣：加六堂社、郎嬌社（俱歸化）。 諸羅縣：納納社、芝寶蘭社、箕密社、貓丹社、竹腳宣社、兜蘭社、礁那哩嗎社、根耶耶社（以上為崇爻八社，在傀儡大山東。雍正二年間招徠，為歸化生番）。內灣社、米籠社、邦尉社、簀社、望社墩社（以上為內優六社，皆歸化生番）。大圭佛社、嘈囉婆社、嫺仔霧社、沙米箕社、踏枋社、豬母勝社、鹿株社、阿拔泉社（以上為阿里山八社，皆歸化生番）。 彰化縣：夬裏社、毛卒社、射仔社、大基貓丹社、本靠社、木武郡社、子黑社、佛仔希社、倒咯社、戀戀社、挽麟社、田仔社、貓難社、田頭社、埔裏社、蛤仔難社、外挽蘭社、外貓裏眉社、內貓裏眉社、平了萬社、鬥截社、致霧社、哆囉郎社、福骨社（自夬裏社至此二十四社，在水沙連山內；為歸化生番）。 淡水海防廳：眉加臘社（新歸化）。 淡水海防廳：三朝社、哆囉滿社、合歡社、攸吾乃社（以上四社，乾隆二年歸化生番）。
平埔熟番	彰化縣：西螺社、東螺社、眉裏社、大武郡社、半線社、中大肚社、南大肚社、北大肚社、水裏社、遷善社（舊名沙轆）、感恩社（舊名牛罵·以上十一社，平埔熟番）。 淡水海防廳：德化社（舊名大甲西社）、大甲東社、南日社、雙寮社、貓盂社、房裏社、宛裏社、吞霄社（以上為蓬山八社·後壠社、中港社、新港仔社、貓裏社、加志閣社（以上為後壠五社，俱平埔熟番）。
邊海熟番	彰化縣：南社、貓兒幹社、二林社、大突社、馬芝遴社、阿束社（以上六社，邊海熟番）。
淡水熟番	淡水海防廳：眩眩社、霄裏社、龜崙社、坑仔社（以上為南崁四社）。八裏坌社、淡水社、大屯子社、武灣社、雷裏社、了匣社、秀郎社、擺接社、內北投社、毛少翁社、大浪泵社、搭搭優社、奇武卒社、裏族社、麻裏雞吼社、大雞籠社、外北投社、雞柔山社、小雞籠社、金包裏社（以上皆淡水熟番）

〔註56〕劉良璧：《重修福建臺灣府志》卷五〈城池附番社〉，（台北市：臺灣銀行經濟研究室編印，臺灣文獻叢刊第74種，1962年3月），頁80。

| 山後生番 | 淡水海防廳：礁轆軒社、宇馬氏社、八廚美簡社、勝拔丹社、知買驛社、基密丹社、期班女懶社、礁仔龍岸社、抵密抵密社、礁勝苗社、期來益社、期瓦笠社、期遯遯社、頒老員社、奇玉煖社、申也罕社、申也羅罕社、八陳雷社、麻裏陳輅社、佳笠宛社、巴勝辛也員社、奇武流社、觸龜滿社、陳盧女簡社、污泥看社、貓勝府偃社、母罕母罕社、礁勝密社、削骨削骨社、歪也歪也社、奇底枚社、賓也貓也社、巴茗鬱社、賓也知懶社、徵也難懶社、猴猴社（以上為蛤仔難三十六社，皆山後生番）。〔註57〕 |

除上列以外，屬臺灣縣的治本社、射馬幹社、呂加罔社、拔望望社、百馬以力社、礁勝那狡社、裏踏裏踏社、八搭禮社、八系罔社、老郎社（以上一十社，在卑南覓西）、募陸社、大龜文社、悶悶社、裏立社、朝貓籬社、召貓籬社、加那打難社、哆囉網曷氏社、嘓屢裏奶社、礁裏亡社、那作社、嗎勝的社、加留難社、龍鸞社、搭祺文社、虫間仔崙社、哆囉覓則社、屢們社、貓美葛社、大狡社、礁貓裏力社、搭琳搭琳社、大德訖社、射巳寧社、射臘眉社、勝北社、大板陸社、柯末社、罔雅社、大裏力社、柒腳亭社、大棗高社、勝哈社、虫間弼社、確只零社、大鳥萬社（以上三十五社，在卑南覓南）、本灣社、米箕社、新八裏罔社、舊八裏罔社、加里房曷社、郎也郎社、千也貓嗌社、須那載社、株嘓煙社、株粟社、窩律社、甘武突社、甕糸索社、邦也遙社、丁也老社、礁勝社、加洛社、加那突社、巴鳩鬱社、沙別社（以上二十社，在卑南覓北），共六十五社，即卑南覓七十二社地，〔註58〕未做分類。不分類的原因，據乾隆二十八年（1764年）余文儀《續修臺灣府志》卷二〈規制〉云：「按自山豬毛以下各社，生番住居深山，人跡罕至，難計里程。」〔註59〕據其內容來看，應該屬於歸化生番一類。

這個分法雖細，但仍不脫生番、熟番兩類，且分類上頗為含混，如「熟番」、「平地熟番」、「平埔熟番」三者所指的是不同地區的番人，種族差異甚大，但從名稱上無法判斷他們有何不同。依「熟番」一語的用法看來，僅能判斷這些番人已經歸附政府管轄，逐年納稅，是漢化較深的社群而已。

9. 朱景英：乾隆三十八年（1773年）《海東札記》有一篇〈記社屬〉

郡境南北路番，有熟番，一曰土番，有生番，一曰野番。南路熟番十一社，北路熟番七十八社，每年輸納丁餉。社中戶口多者三、四

〔註57〕劉良璧：《重修福建臺灣府志》卷五〈城池附番社〉，頁80、81。
〔註58〕劉良璧：《重修福建臺灣府志》卷六〈風俗〉引《臺灣志略》，頁93。
〔註59〕余文儀：《續修臺灣府志》卷二〈規制〉，（台北市：臺灣銀行經濟研究室編印，臺灣文獻叢刊第121種，1962年），頁80。

> 百丁，少者百餘丁至八、九十丁。每社置通事一，亦有一通事兼數
> 社者。土目二、三、四不等，皆番充之，謂之土官。又設番役數人，
> 勾攝社事者，均歸南北路理番同知分領之。〔註60〕

朱景英將「熟番」與「土番」歸爲一類，「生番」與「野番」歸爲一類，番人中的領導者稱爲「土目」或「土官」。

10.《清一統志臺灣府》嘉慶二十五年（1820 年）〈番民〉

> 臺灣縣熟番：臺灣番民，有生、熟二種，聚居各社，如內地之村落，
> 不設土司，眾推一人約束。〔註61〕

11. 鄧傳安：道光十年（1830 年）《蠡測彙鈔》〈臺灣番社紀略〉

> 臺灣四面皆海，而大山亙其南北。山以西民番雜居，山以東有番無
> 民。番所聚處曰社，於東西之間，分疆畫界。界內番或在平地、或
> 在近山，皆熟番也；界外番或歸化、或未歸化，皆生番也。幸沾皇
> 化，維有歷年，地益闢、民益集、番益馴。猶恐番黎有不得輸之情，
> 爰設南、北路理番兩同知以撫之。〔註62〕

鄧傳安以中央山脈作爲界線，中央山脈以西的地區漢民與番人雜居，以東的地區是番人居住的地方，漢人勢力還未到達。政府爲漢人番人劃定了界線，彼此區隔，互不侵犯，但在漢人界內的番人稱作「熟番」，在界線以外的番人，有的已歸化，有的還未歸化，這些番人就稱爲「生番」。

　　根據以上諸家對臺灣番民的定義，可以做一個大概的界定：臺灣原有的土著就叫「土番」，「土番」中可分爲兩類，其一是已經歸附官府，願受管轄，且按時納稅的，這類番人稱爲「熟番」或「平埔番」、「歸化番」，這類番人大多居住在平原地區或濱海地區。其二是「生番」，這類番人還未接受政府的管轄，未向政府納稅繳糧，與熟番或漢人經常發生衝突，動輒「出草」，不受約束，所居之地，自成一個世界。這類番人又稱爲「野番」。「生番」在受到政府的「招撫」或「剿撫」後，很快的脫離「野蠻」的階段，成爲「熟番」，在成爲「熟番」之後，放棄原有的宗教、文化、語言、姓氏、生活方式，接受

〔註60〕朱景英：《海東札記》〈記社屬〉，（台北市：臺灣銀行經濟研究室編印，臺灣文獻叢刊第 19 種，1959 年 8 月），頁 57。

〔註61〕《清一統志臺灣府》（嘉慶二十五年）〈番民〉，（台北市：臺灣銀行經濟研究室編印，臺灣文獻叢刊第 68 種，1960 年 2 月），頁 45。

〔註62〕鄧傳安：《蠡測彙鈔》〈臺灣番社紀略〉，（台北市：臺灣銀行經濟研究室編印，臺灣文獻叢刊第 9 種，1958 年 1 月），頁 1。

漢人的文化，同化於漢人，由於書同文、語同音、生活習俗相類，便自然成爲「士庶」、「齊民」，與「漢人」沒有什麼不同。變化的過程沈葆禎的一段話很具有代表性：

> 欽差大臣沈照會：照得生番土地，隸中國者二百餘年，雖其人頑蠢無知，究係天生赤子。是以朝廷不忍據繩以法，欲其漸摩仁義，默化潛移，由生番而成熟番，由熟番而成士庶，所以仰體仁愛之天心也。〔註63〕

生番「受撫」之後，在「仁義」教化之下，會逐漸脫離野蠻的階段，變成「熟番」。成爲熟番之後，進一步改姓氏、服飾、受教育之後，便逐漸融入百姓之中，沒有什麼分別了。然而也有原爲熟番，卻因爲不堪勞役或侵擾、佔墾，逃離原有社區，進入山區而又成爲「生番」：「熟番場地，向由社棍認餉開墾。若任其日被侵削，眾番因無業可依，必至退居山地，漸淪爲生番」〔註64〕由熟番變回生番這樣的情形，其實也常常發生，所以生番、熟番是可以變動的。

臺灣的土著在中國人二百多年的經營之下，在各方面都發生重大的變化，他們最早由「生番」而成爲「熟番」，原有的社會組織，傳統文化，生產方式，宗教儀式，髮型衣飾，都逐漸改變成爲中國式的，慢慢的消失了原有的族群特色，成爲中國庶眾。這個過程便是傳統中國，數千年來對待不同種族的同化模式與觀念。以「生」、「熟」兩字來稱呼少數民族並非臺灣的特例，道光二十一年明誼、張岳松修纂的《瓊州府志》便以「生」、「熟」兩字來稱海南島的黎人，《瓊州府志》卷之二十〈海黎志五〉說：「黎分生熟，生黎居深山性獷悍，不服王化，不供賦役，足跡不履民地……熟黎，本南恩、藤梧、高化諸州人，多王、符二姓，其先世因從征至此，利其山水田地創爲村峒。」〔註65〕《貴州通志》卷三十五雍正六年（1728 年）的〈撫綏生苗諭〉，〈乾隆元年七月上諭〉：「至有與兵民、熟苗關涉之案件，隸交官者仍聽文官辦理。」

〔註63〕 屠繼善：《恆春縣志》卷十八〈邊防〉，（台北市：臺灣銀行經濟研究室編印，臺灣文獻叢刊第75，1960年3月），頁283。

〔註64〕 雍正五年（1727 年）劃定原漢界線，巡台御史尹泰依據淡水同知王汧之「臺灣田良利弊疏」議。

〔註65〕 明誼、張岳松修纂的《瓊州府志》卷之二十〈海黎志五〉，中國方志叢書第四十七號，（台北市：成文出版社），頁448。不過海南島的熟黎與臺灣的熟番略有不同，臺灣的熟番爲完全異於中國的不同種族，海南島的熟番則有早期漢人移民融於其地，久之與其同化者。

〔註 66〕所謂生苗也是不服官府支配教化者，熟苗則是以繳稅納糧，納入政府行政體系，已逐漸漢化者。是以用「生」、「熟」兩字來定義少數民族，是清代撰述者通用的方式。

（二）屯番、流番、散番

文獻中有所謂的「屯番」、「流番」、「散番」之詞。所謂「屯番」是福康安率兵平定林爽文之變後，為感謝原住民的協助，奏請朝廷比照四川屯練兵丁的方法，將荒地配給番民，讓他們耕種自食其力，並且不用繳稅，這種方式一方面是獎勵番人的功勳，一方面也讓他們擁有財產，是一個相當優惠的措施。《臺灣志略》卷二〈軍政〉說：

> 屯番：番民以射獵為生者也。被化以來，咸知向義。林爽文之亂，能以鏢槍竹箭共禦王事，於是大將軍公福康安奏請如四川屯練兵丁之例，設屯駐箚，給與荒埔田地，使耕以食，而免其租稅。……計全台設大小屯凡一十二處，番千總二員、番把總四員，每屯各設番外委一員。大屯番兵四百人，小屯番兵三百人。邑無埔地而有屯番，則割近邑荒埔以給之。〔註67〕

番民獲得田地，除了開墾之外，還負有防守地方安全，緝拿盜賊的責任。在發生動亂時，也要配合政府的軍事行動，剿平亂事，這是一舉數得的政策。依《欽定平定臺灣記略》卷六十二的記述來看，當時編成的屯番人數相當的多：

> 全郡熟番通共九十三社。臺灣縣屬番社較少，淡水、彰化近山地方，番社最多，鳳山、嘉義次之。每社番民自數百戶至數十戶不等，約可挑選壯健番丁四千名，分為十二屯。大屯四處，每處四百人；小屯八處，每處三百人，作為額缺。毋庸另設屯所，即令在本社防守地方，稽查盜賊。〔註68〕

屯番總數約有四千人，共分十二屯，大屯四百人，小屯三百人，將番人納入政府組織系統，加以管理、訓練及運用，這是軍事力量在地化的做法。

〔註66〕靖道謨等撰：《貴州通志》乾隆 6 年（1741 年）刊印，。中國省志彙編之八，（台北市：臺灣華文書局印行），頁 651。

〔註67〕李元春：《臺灣志略》，（台北市：臺灣銀行經濟研究室編印，臺灣文獻叢刊第18 種，1958 年），頁 65。

〔註68〕《欽定平定臺灣紀略》，（台北市：臺灣銀行經濟研究室編印，臺灣文獻叢刊第 102 種，1961 年 6 月），頁 987。

所謂「流番」指的是流亡遷徙的番人，他們因為種種因素，離開了原來居住的故土，遷居到別的地方，在文獻上就被稱作「流番」。比較有名的例子是嘉慶年間西部的岸裡社、阿裏史社、阿束社、東螺社、北投社、大甲社、吞霄社、馬賽社等千餘人，共同跋山涉水遷移到噶瑪蘭地區，想在那兒開墾荒地。這些番人的遷徙和駐留，會造成原來居住在那兒人們的疑懼，因此產生了領域權的衝突，繼而發生爭鬥，讓主政者十分困擾。因此官府的文獻一般用「流番」兩字，都帶有負面的意思。

《岸裡社大文書》（三）：

> 護理番分府焦為飭歸社事，照得凶惡流番皆由通土約束等約束不嚴，茲查阿束社有一種流番，群聚補子社等社處界外地方，勾結生番滋事，合行飭押。〔註69〕

《噶瑪蘭廳志》卷七〈雜識上〉：

> 傳稼覆核曰：蘭地生番，只有三十六社。自三籍民人進墾之後，有彰化之阿裏史、阿束、岸裏、東螺、馬賽等社熟番，先後流入羅東沿山一帶開墾，謂之流番。其性愚質，所得皆沙礫最劣之地，不成片段。〔註70〕

《甲戌公牘抄存》卷四：

> 岸裏社熟番流番羅東地方、應另設屯弁、以資約束也。查岸裏社本系彰化縣轄熟番，因生齒日繁，原有埔地不敷糊口，陸續移居羅東地方，現在已有二十餘丁。若驅令仍回岸本社，殊覺窮乏可憫。應請即在羅東地方，限以地段，俾令犁耕自贍，仍毋許多佔荒埔，致啟爭端。〔註71〕

其實嘉慶年間阿裏史等人所率領的番人大遷徙，牽涉的層面很複雜，他們之所以離鄉背井，翻山越嶺前往「後山」佔地開墾，絕對不是因為原有埔地不敷糊口那麼單純的理由。漢人入侵造成他們生計困難，無力抵抗，才是真正的原因。他們到噶瑪蘭之後的發展也不好，在土質最不好的地方開墾，雖然勢力強過噶瑪蘭族，奪得了一些土地，但最後仍被漢人的力量所擊敗，付出

〔註69〕國立臺灣大學《岸裡社大文書》（三），1998年，頁1216。

〔註70〕陳淑均：《噶瑪蘭廳志》卷七〈雜識上〉，（台北市：臺灣銀行經濟研究室編印，臺灣文獻叢刊第160），頁356。

〔註71〕《臺案彙錄辛集》卷四，（台北市：臺灣銀行經濟研究室編印，臺灣文獻叢刊第205種，1963年11月），頁175。

慘痛的代價。

「散番」一詞，見於《甲戌公牘抄存》：

> 派同知袁聞柝由海路馳抵卑南，傳集各社頭人剴切開導，共到二十
> 五社，頭人五十一名，「散番」二三百名，均願剃髮歸順。〔註72〕

《福建臺灣奏摺》：

> 十二日，內外龜紋社、射不力社、中紋社、周武濫社，及「散番」
> 百餘人，亦請求歸化。〔註73〕

這裡的散番指的是沒有社群歸屬，散居於附近一帶的番民，因為無法確知其社屬，所以把他們稱之為「散番」。

二、其他有關原住民的名稱

除了以上對番人的各類稱呼外，還有其他命名方式：

（一）以地名連稱

水沙連番、獅頭社番、瑯嶠山生番、大肚番、木瓜番、北港番、噶瑪蘭番等，這些「番名」都是以所居地來稱呼。

清代名稱	現在族群	文 獻 出 處
水沙連番	埔里 邵族	《番俗六考》云：「水沙連番屬二十餘社，各依山築居。山谷巉巖，路徑崎嶇；惟南北兩澗沿岸堪往來，外通鬥六門。」
瑯嶠山生番	恆春 排灣族	《臺陽見聞錄》卷下： 瑯嶠山生番所居產貓，形與常貓無異；惟尾差短，自尻至末大小如一。咬鼠如神；名瑯嶠貓，又名番貓，頗難得。
大肚番	台中縣大肚鄉 拍瀑拉族	《臺灣外記》：七月，張志、黃明縱管事楊高凌削土番，大肚番阿德狗讓殺高反。
木瓜番	花蓮木瓜溪流域 泰雅族	《臺灣輿圖》：此外，如木瓜番、丹番、巒番、棍番，俱處高山，社名不一；或撫、或否，尚難悉數。
獅頭社番	屏東 排灣族	《恆春縣志》：十七日，過莿桐腳，鄉民泣訴：先後為獅頭社番戕者五人；而王開俊營長夫過者，番疑為民，亦斃其二。

〔註72〕《甲戌公牘抄存》，（台北市：臺灣銀行經濟研究室編印，臺灣文獻叢刊第39種，1960年），頁85。

〔註73〕《福建臺灣奏摺》，（台北市：臺灣銀行經濟研究室編印，臺灣文獻叢刊第29種，1959年），頁47。

北港番	北港溪上游埔里以北的泰雅族	《臺灣輿圖》：此外，尚有北港番、掉番、巒番、丹番，皆居高山。掉番、巒番、丹番性尚馴良，惟北港族類甚繁，兇殘嗜殺。
噶瑪蘭番	宜蘭噶瑪蘭族	《東瀛識略》：東瀛識略卷六噶瑪蘭番社「奇武暖」，府志作「奇武律」，臺灣總兵官武隆阿譯以滿文則爲「幾穆蠻」：似此者更僕難數。

（二）主觀判斷的名稱

所謂良番、兇番、頑番、愚番、悍番、叛番，這種稱法出自於撰述者的認知，而「良番」是配合統治命令的原住民，是順從征服者的；兇番、頑番、悍番、叛番則是具有反抗意志及行動的原住民。在許多事證上我們可以查知，番人的反抗經常都是爲了保衛家園、土地或不堪官員勒索起而反抗的，所以這種用語並非基於客觀的敘述。

如：唐贊袞《臺陽見聞錄》卷二：

> 生番種類數十，大概有三：牡丹等社恃其悍暴，劫殺爲生，瞽不畏死；若是者，曰「凶番」。卑南、埔裏一帶，居近漢民，略通人性；若是者，曰「良番」。臺北、鬥史等社，雕題鏨面，而不外通，屯聚無常，種落難悉，獵人如獸，雖社番亦懼之：若是者，曰「王字凶番」。〔註74〕

姚瑩《東槎紀略》卷二：

> 卑府竊以爲立法務其可久，而愚番尤須曲爲籌慮。〔註75〕

劉銘傳《劉壯肅公奏義》卷四：

> 竊自後山呂家旺叛番造亂，剿後投誠，大莊各番，亦咸就撫。〔註76〕

這些用詞顯現了「中國人」對「原臺灣人」主觀意識，可以發現就算「良番」這種所謂的「正面用詞」，有清一代也十分少見。兇番、頑番、悍番、叛番等則在二百餘年間的文獻中屢見不鮮。

（三）特殊的名稱

對原住民的稱呼，有一類比較特殊的用語，這些有依其外貌而得名的，

〔註74〕唐贊袞：《台陽見聞錄》卷二，（台北市：臺灣文獻叢刊第30種，臺灣銀行經濟研究室編印，1958年），頁184。
〔註75〕姚瑩：《東槎紀略》卷二，（台北市：臺灣文獻叢刊第7種，臺灣銀行經濟研究室編印，1957年11月），頁49。
〔註76〕劉銘傳：《劉壯肅公奏義》卷四，（台北市：臺灣銀行經濟研究室編印，臺灣文獻叢刊第27種，1958年），頁229。

如：額頭刺王字形青文的「王字番」，頭髮顏色火紅得名的「紅毛番」。有以訛傳訛得名的「雞爪番」、「玻璃番」等。有的則原因甚多，莫衷一是。

清代名稱	現在族群	文　獻　出　處
王字番	泰雅族	《東瀛識略》卷六： 其西南山內未化生番由東澳南接奇萊，社名均無可考；見其額刺「王」字，咸以王字番名之。 《噶瑪蘭志略》卷二： 大叭哩沙喃山，在廳治西南五十餘裏，崇巒疊嶂，鳥道紆迴，雖盛夏必襲裘而入。道光九年，總兵劉廷斌剿辦和復興夫匪（？），屯軍於此。隔界盡額刺王字番種。南去三日，則玉山矣。 《臺陽見聞錄》卷下： 北港「王字番」，死後刳大樹以屍入其中，仍以樹皮包裹；隔年膠合無縫，枝幹蒼翠勝常。子孫常以牲牢祀之。
傀儡番	魯凱族、排灣族	《番俗六考》南路鳳山傀儡番二： 傀儡生番，動輒殺人割首以去；髑髏用金飾以為寶；志言之矣。被殺之番，其子嗣於四個月釋服後，必出殺人，取首級以祭。大武、力力尤摯悍，以故無敢輕歷其境。飲食居處，傳說不一。
雞爪番	泰雅族	《臺陽筆記》附《閩海見聞錄》： 臺地內山生番，種類不一，性皆嗜殺；雞爪番為尤甚。處窮島中，菇毛飲血為活。漆髮赤體，手足三指如雞爪，陟嶺若飛。見人則取頭顱而去，以皮穿骷髏作念珠掛項間，多者為盛，雄占一社，眾番皆避其鋒；土人比之曰虎，其信然也。 范咸〈三疊臺江雜詠〉： 「『織竹為笯，約肚束腸』足爭捷（稚番利捷走，以竹束腰使細），絹芋編茆手自縫。宿樹隱藏狐兔窟（內山雞爪番宿樹上），驚沙奔及馬牛風（「番俗六考」云『社番展足矜捷，沙走風飛』）。」
散毛番	在埔里社一帶，或因頭髮散亂得名，是何族群未詳	《臺灣輿圖》：屯番中又有散毛番者，約千餘人。此外，尚有北港番、掉番、巒番、丹番，皆居高山。
紅毛番	荷蘭人	《靖海紀事》跋： 臺灣，故紅毛番耕種之所，至是鄭逐去紅毛，設為東都，恃其巢穴，益肆為患。 《臺灣志略》卷一： 荷蘭，明史作和蘭，又稱阿南，即紅毛番也；舊志暨諸書俱稱荷蘭。其人深目長鼻，髮須眉皆赤，足長尺二寸，頎偉倍常，奉天主教。
玻璃番	未詳	《臺陽筆記》〈生番歸化記〉： 又有玻璃番，聞其人甚秀美，然其地遠而莫致，彼亦不出。

白番	白番意思頗多，《噶瑪蘭志略》意為其族人穿白色衣服的番人。《清朝柔遠記選錄》意為白皮膚的「番人」。《臺灣私法物權》所錄的「白番」為清代契約中常見的用語，意源出於「白丁」一詞，為沒有官職的平埔熟番，或即言眾番之意。	1.《噶瑪蘭志略》卷十二：熟番亦仿漢人衣冠，其披以白布遮掩前身者謂之白番。 2.《清朝柔遠記選錄》：次早，淡水同知曹謹帶壯勇搜捕；至草嶼，有白番二人、紅番五人藏匿，壯勇直前擒斬。 3.《臺灣私法物權》：第二章 物權……編立賣地皮契字竹塹社白番衛珠秀媽、衛錢氏，承祖父遺下有地基一塊。
合番子	賽夏族	陳朝龍《新竹縣採訪冊》卷七〈番話〉： 合番子者，在縣東南一路竹塹堡油羅一帶各社，延及竹南堡獅禮興一帶各社。〔註77〕「合番」一詞原意相當多樣，有人名：如嘉慶年間竹塹社社番名錢合番，有地名如：台北市縣有合番坪，苗栗縣後壠社海邊捕魚的石滬名為合番。林修澈的《賽夏族史篇》第五章中引日本時代調查的說法，所謂「合蕃」是介於生番與熟番之間的一種番人，但較接近生番，〔註78〕林修澈指的是賽夏族的特色。

　　以上所舉為幾個特殊的名稱，除了「合番」是一種界於生番、熟番之間的原住民族群，「白番」定義分歧外，「王字番」、「散毛番」、「紅毛番」、「玻璃番」、「雞爪番」、「傀儡番」等可以看出名稱的由來，與其外表的形貌有很大的關係，移民以外表的視覺印象對「原臺灣人」進行稱呼、命名，形成了這些獨有名詞。其實每個原住民族群，都有自我認知的族群名稱，有清一代並沒有看到記述者曾詢問過他們的用語，也沒有出現原住民自稱其族的名稱，這種僅以視覺感官的命名方式，是具有文化獨斷的意識在內的。

　　本章主要所探討的是清代二百餘年來，相關文獻所記載的臺灣原住民名稱。以「番」來稱臺灣土著的用語淵遠流長，非常多樣，是以本文追述歷代

〔註77〕「合番」一詞的原意頗分歧，且與「合歡」一詞有相混用的情形。乾隆時代中港社的土目名為林合歡，另有母舅合番、合番毛毛、合番阿包等人名。中部地區有番社名為合歡社，故「合番」在清代包含的意義甚多，然而以「合番」為賽夏族的族名，定義上有不夠準確的現象。《新竹縣採訪冊》的編撰者在使用此詞時僅取其意中的一點，即「介於生番與熟番之間的一種番人，但較接近生番」來為其定名，日據後，日人的調查者及研究者便依其定名，遂以「合蕃」來稱賽夏族。使得「合番」一詞變成賽夏族專有的族名。

〔註78〕林修澈：《臺灣原住民史賽夏族史篇》第五章，（南投縣：臺灣省文獻會編印，2000年5月），頁197。

文獻中對臺灣原住人民的記載，嘗試做一討論及辨正。由以上各節的討論可以做以下的結論：所謂「東番」一詞出現於元末明初，其義所指爲東方海島上的「番人」，包含臺灣在內，此詞正式被使用爲專屬一地的記錄爲陳第的〈東番記〉。在明代中葉以後，以迄荷、鄭、清領初期，「東番」、「土番」、「野番」等詞指的都是在臺灣的原住民。清領之後，最爲常見的「生番」、「熟番」兩類，簡單的說所謂「熟番」是歸附清朝政府統治，交出土地、主權以及向地方政府納稅的番人，「生番」則屬不受清朝統治，擁有自主的領域，不接受管轄，不納稅，與清人處於敵對狀態的原住民。此外有隸屬官府系統以屯田協防地方軍務的「屯番」，遷居流亡的「流番」，爲標誌屬於哪個地區的番人而與地名相結合的番名，如：水沙連番、瑯嶠山生番、北港番等，亦有以傳奇筆法記述的玻璃番、散毛番、雞爪番等。至於如：良番、悍番、兇番等主觀性的稱呼語，則顯示的是一個外來的統治政權並不公允的用詞。這些「番」名用詞頗顯紛亂，使用者亦不夠謹嚴，主要原因來自撰述者未加明辨便加摘錄，雖然如此，仍有其一定的模式與邏輯在，足以在不斷的分析探討下，得見其眉目。

第三章　漢原異文化記述溯源

　　由於國家力量的擴展，臺灣在元、明之後走向了被觀察、描述、圖繪的境地。將大陸東南外海的臺灣「命名定位」，以中國的方式將之描述與紀錄，基本上就是一種「文化納編」的工作，這種工作之後便容易發展到「政治納編」。《漢書》以降的「他方異國」記述，除了有著知己知彼的備患思想外，事實上也可能轉變爲侵略性的佔領企圖。薩依德認爲十七、十八世紀以來西方列強法國、英國等對「東方」以旅行筆記、風俗描述、歷史敘述、語言翻譯、名著選讀、辭典編輯、小說創作等等進行的大量文字記述，其目的並不只是介紹異域風情那麼單純，至少他們藉由這些文字，將這個區域進行了「我族化」的工作：

> 因此就西方人而言，把東方當成整體加以了解，就等於已把東方當
> 成臣屬的受保護國。〔註1〕

將「他方異國」以我族觀點的文化編寫，就等於將其「臣屬化」了。他談到一位知名的東方學學者沙錫（Sacy，Antoine-Isaac，Baron Silvestre de），他在法國翻遍了東方文獻，只要一看到相關的資料便立即加以「注釋、編碼、安排並加以眉批」〔註2〕努力將之標準化、標籤化、經典化。他的後學雷南（Renan，Ernest）更進一步的「鞏固東方主義的官方論述，系統化其洞見和建立知識和世俗機構」〔註3〕這些學者專家，非常努力的將「東方」，消化、編排在他們

〔註1〕 薩依德（Edward Said），王志弘等譯：《東方主義》〈現代英、法東方主義的極盛時期〉（Orientalism），頁375。

〔註2〕 薩依德（Edward Said），王志弘等譯：《東方主義》（Orientalism）〈沙錫和雷南：理性人類學與語源實驗室〉，頁194。

〔註3〕 薩依德（Edward Said），王志弘等譯：《東方主義》（Orientalism）〈沙錫和雷

的論述之中；建構一個他們認知的、刻板式的「東方世界」。中國傳統的撰述，可以看到非常多這樣的寫作模式，撰述者對東夷、西戎、南蠻、北狄的命名定位、風俗記載、語言翻譯、歷史敘述等等，都具有文化納編、政治納編的意識。而這種寫作，基本上被記述者是不存在的，沒有發聲的機會，只是按照撰述者的主觀意念「被呈現」、「被編排」而已。清代的國力在康熙年間達到極盛的狀態，對內削平三藩之亂，對外平定了鄭成功三代的反清復明之舉，戡滅了西北回疆之亂。臺灣成為大清帝國的新領域，這個一直缺乏正確記述的島嶼，隨著政治力量的來到，開始了正式的文化納編工作，官方的、私人的記載逐步增加。而從事這些工作的人，所受的訓練淵源自《史記》、《漢書》以降的撰述模式，對「他方異國」、「非我族類」的觀點，也承襲傳統一貫的寫法。其實中國傳統式的文化領導統御的論述（cultural leadership），或者稱為霸權式論述（hegemony），實際上都未曾被仔細討論過，未曾進行過反省式的批判，本章整理並分析這段書寫歷史，並討論這個命題。

第一節　異文化記述的淵源

一、「我族」的確立

　　中國古代古籍對「異國」或「他族」的記述方式，一向有其固有的模式，其「持續性」與「穩定性」，歷經兩千餘年未有太大的變化。尤其在所謂「蠻邦異族」的記載更是如此，不論是國史、地方志、個人著作等。以時序縱貫（diachronic）為基礎的討論，〔註4〕仍是較符合中國傳統文獻的分析。由於中國這個國族觀念的形成，迄今已有三千年以上的歷史，中國既是一個國族的統稱，也是一種普遍的文化認知，中國自古建構有獨特而龐雜的文化體系，雖然歷朝各代的名號不同，主政者亦非「漢族」，然而獲得有政權者，仍願意接受自己是中國之主，對傳統的中國文化樂於繼承。實際上中國文獻史料撰述上最大的特色即在於：「祖先崇拜」以及「家族相承」，崇古之風由孔子的

　　南：理性人類學與語源實驗室〉，頁197。

〔註4〕米歇・傅柯著，王德威翻譯、導讀：《知識的考掘》，（台北市：麥田出版社，2001年），頁36。傅柯認為應該拋棄這種（diachronic）傳統論述的方式，而以空間橫斷面為基準（synchronic）來探討，事實上西方並無中國長達數千年不間斷的史學撰述傳統，也沒有那麼明顯的「崇古」思想背景。

言論「好古敏求」、「述而不作，信而好古」〔註5〕，孟子「古之君子，過則改之，今之君子，過則順之。」〔註6〕、「取之而燕民悅則取之，古之人有行之者，武王是也。」〔註7〕可以見出。春秋時代史官本即爲家傳官職，到了漢代仍是如此：《史記》撰述源於司馬談，大致成於司馬遷，《漢書》由班彪、班固、班昭、馬續等兩代人接續完成。這兩種特色形成了「以古爲尙」、「資料相承」、「雜錄拼湊」、「拘守舊規」、「轉益增補」等等的現象。章學誠《文史通義》〈黠陋〉篇指出《左傳》因襲了《百國寶書》，史記雜錄了《尙書》、《國語》、《世本》、《國策》、《楚漢春秋》等書，自己的創作不過十分之一，十分之九都是刪存他人之作；而「君子不以爲非也。」〔註8〕從漢代到清代，這樣的記述意識影響至爲深遠，歷代以來幾乎沒有什麼變動。至於漢族的構成源自何處？《中國史綱－秦漢之部》說：

> 這樣看來，所謂漢族者，並不是中國這塊歷史地盤上天生的一個支
> 配種族，而是自有史以前迄於秦族徙入，中原的諸種族之混合的構
> 成。〔註9〕

中原一帶在史前時期基本上是各種族混居的地方，所謂「漢族」並未形成，居住於此的人們，與其他群地位相當，彼此相處融洽，由於國勢相當，便稱鄰近的國爲兄弟之邦爲「兄弟方來」〔註10〕、「和恒四方民」〔註11〕、「四方小大邦」〔註12〕，這些用語表現了漢族形成前的面貌。到了春秋時期，黃河流域的文明有了高度的發展，且與周邊異國異族發生敵對的意識，或交往或爭鬥，始終不曾停止，在不斷的征戰中，比較中，產生了「我族」與「他者」的意識，這種意識的產生凝聚了一個共同國體，形成了既抽象又實際的族群

〔註5〕 兩語見朱熹集注，蔣伯潛廣解：《論語》〈述而篇〉，（台北市：啓明書局），頁
　　　　86、96。

〔註6〕 朱熹集注，蔣伯潛廣解：《孟子》〈公孫丑下〉，（台北市：啓明書局），頁99。

〔註7〕 朱熹集注，蔣伯潛廣解：《孟子》〈梁惠王下〉，頁47。

〔註8〕 章學誠：《文史通義》卷四：《四部備要·史部》，中華書局據原刻本校刊），
　　　　頁35。

〔註9〕 翦伯贊（1898年～1968年）：《中國史綱——秦漢之部》，1979年，頁11。
　　　　此書原刊於1943年，1944年重刊於重慶青年書店。民國六十八年（1979年），
　　　　臺灣大學用書出版社翻印出版，未列作者姓名。

〔註10〕 屈萬里：《尚書釋義》〈周書·梓材〉，（台北市：華岡出版社，1956年），頁
　　　　90。

〔註11〕 屈萬里：《尚書釋義》〈周書·洛誥〉，頁98。

〔註12〕 屈萬里：《尚書釋義》〈周書·多士〉，頁103。

觀念。既已自定爲「居天下之中」的大國，便以「華夏」、「諸夏」或「漢族」來界定自己的種族，來自我定位。「我」的位置既定，那麼其他之國便是所謂非「人」的南蠻、北狄、東夷、西戎了。《爾雅》第九〈釋地〉說：

> 東至於泰遠，西至於邠國，南至於濮鉛，北至於祝栗，謂之四極。
> 觚竹、北戶、西王母、日下，謂之四荒。九夷、八狄、七戎、六蠻，
> 謂之四海。〔註13〕

這段話很可以看出是以漢族中心，建構了一個自以爲是的世界版圖，在這中心之外的，即是一些非我的族類，這些「蠻夷之邦」，在文明上遠不及禮儀之國，在武力上遠非中國的對手，在血統是與禽獸相近的。所謂的「華夏」與「蠻夷」基本上是建立在領土、文化與自認優異的血統上的。

傳統裏「華夏」之人，對這些「蠻夷」的態度，基本上有兩種，其一是教化之，其二是擯斥之。中國自認文化禮儀高人一等，經常對那些缺乏教養的民族，進行教化，要求他們接受中國的模式，成爲諸夏文化的一環。如：武王分封箕子於朝鮮，朝鮮即孔子失意時所言欲乘桴浮於海的「東夷」。箕子去到了朝鮮，以中國的禮儀文化教化了這個蠻夷之邦，使他們進入了文明之境：

> 殷道衰，箕子去之朝鮮，教其民以禮義，田蠶織作。樂浪朝鮮民犯
> 禁八條：相殺以當時償殺；相傷以穀償……，其田民飲食以籩豆，
> 都邑頗放效吏及內郡賈人，往往以杯器食。……可貴哉，仁賢之化
> 也。〔註14〕

箕子在商朝衰亂後，離開故國，去到朝鮮，在那兒教導人民養蠶織布，建立八條法律制度。讓他們知道不得隨意侵犯他人，殺人要償命，犯了罪就要受處罰。改善了不良的飲食習慣，不再以手抓飯荣，懂得使用器具，使他們進入文明之境；這便是中國聖賢教導「蠻夷」的方式。中國人很確信，自己的

〔註13〕郭璞：《爾雅注疏》卷七，《四部備要‧經部》，（台北市：中華書局據明刻版校刊）。

〔註14〕班固：《漢書》〈地理志〉卷二十八下，（台北市：鼎文書局，1981 年），頁1658。這個說法其實在《朝鮮通史》中被否定，此書引《尚書》、《左氏春秋》、《國語》〈晉語〉及清人崔東璧的講法，認爲「箕子東來說」並不可靠，中國本有箕國，箕子入朝鮮，爲僞造之說。見朝鮮民主主義人民共合國科學院歷史研究所著，吉林省延吉邊朝鮮族自治州《朝鮮通史》翻譯組譯：《朝鮮通史》上卷第二章古代朝鮮諸國家第一節古朝鮮，（吉林：吉林人民出版社），頁 59。

文化將使「蠻夷」的生活更好。至於攘斥之說，在先秦典籍中是很多的，譬如說：「柔遠能邇……蠻夷率服。」、「蠻夷猾夏」〔註15〕、「戎狄是膺，荊舒是懲。則莫我敢承。」〔註16〕、「蠢爾蠻荊，大邦爲讎」〔註17〕，這些用語可以看出一種相當自我中心的觀念，中國之外的民族，是要加以排斥攻擊的，否則將危害到我們的生存。蠻夷是愚蠢的是狡猾的，可以用安撫的態度去收服，讓他們臣服於我們手下。以民族爲本位的思想，由於中國長期以來與外族的爭鬥沒有停止，所以排斥性、歧視性的文字，一直延續到清代都不曾中斷。我們可以在清代臺灣的文獻中，很輕易的找到「中國」的人以「土番蠢爾」〔註18〕、「番性愚魯」〔註19〕、「此輩雖有人形，全無人理」〔註20〕等等字眼來稱呼臺灣原住民。

除了文字上排斥性的記述外，在現實層面的政治上要求他們稱臣、納貢，在招撫他們歸服上則自稱是「以德服之」。《論語》〈季氏第十六〉：「夫如是，則遠人不服，故修文德以來之。」孔子認爲要讓遠方的夷狄降服，首先要把自己國家的內政處理好，生活安樂，修好文化教育、爲政以德，那麼遠方夷狄就自然會歸服。班固《漢書》〈匈奴傳第六十四下〉承續了這個講法：

> 故先王度土，中立封畿，分九州，列五服，物土貢，制內外，或修
> 刑政，或昭文德，遠近之勢異也。〔註21〕

從古聖王以來，中國便建立了崇高的領導地位，帝王確立了國家的領土，區分了內外，要那些臣屬之國定時的來朝見、納貢。對內修刑政，建設人民樂居的大國，對外顯示文化與道德，吸引那些小邦歸附我國。《後漢書》〈東夷傳第七十五〉：

> 自中興以後，四夷來賓，雖時有乖畔，而使驛不絕，故國俗風土，
> 可得略記。東夷率皆土著，憙飲酒歌舞，或冠弁衣錦，器用俎豆。
> 所謂中國失禮，求之四夷者也。凡蠻、夷、戎、狄總名四夷者，猶

〔註15〕屈萬里：《尚書釋義》〈虞夏書‧堯典〉，頁13、15。
〔註16〕朱熹：《詩經集註》〈魯頌‧閟宮〉（台北市：華正書局，1977年），頁241。
〔註17〕朱熹：《詩經集註》〈小雅‧采芑〉，頁116。
〔註18〕黃叔璥：《臺海使槎錄》卷六〈番俗六考〉，頁134。
〔註19〕丁紹儀：《東瀛識略》卷四〈屯隘〉，（台北市：臺灣銀行經濟研究室編印，臺灣文獻叢刊第2種，1958年2月）頁78。
〔註20〕藍鼎元：《東征集》，（台北市：臺灣銀行經濟研究室編印，臺灣文獻叢刊第12種，1958年2月），頁59。
〔註21〕班固：《漢書》〈匈奴傳第六十四下〉，頁3833～3834。

公、侯、伯、子、男皆號諸侯云。〔註22〕

漢朝經過長期的戰亂後，國事一度混亂，幾次濱於亡國，所以沒有多餘的力量去管異族的事。東漢光武帝中興以後，中原回復平靜，政府的力量再度建立起來，四境的「蠻夷」之國又紛紛前來朝貢，使者絡繹不絕。這些夷人喜好飲酒歌舞，日常生活所使用的衣飾、器皿還像中國古時所用的東西一樣，這些夷狄都是我方的屬國，都願成為漢朝的諸侯，他們尊漢皇帝為天子，分列在國境的四周，爵位好似周朝時的公、侯、伯、子、男等；這樣的狀態是中國最喜歡的。唐朝，是「中國」國家力量至為強大的另一盛世，《舊唐書》卷一百九十七上說：所謂中國是大禹所定的九州，周朝所分的六服，是王教所及之處。其他臣屬於「我朝」的四夷藩屬很多，這些非我族類，叛服不常，重要的是我們應當具備良好的風俗習慣，修好自身的道德，這樣便可以讓他們心悅誠服：

> 史臣曰：禹畫九州，周分六服，斷長補短，止方七千，國賦之所均，王教之所備，此謂華夏者也。以圓蓋方輿之廣，廣谷大川之多，民生其間，胡可勝道，此為蕃國者也。西南之蠻夷不少矣，雖言語不通，嗜欲不同，亦能候律瞻風，遠修職貢。但患己之不德，不患人之不來。何以驗之？貞觀、開元之盛，來朝者多也。
>
> 贊曰：五方異氣，所稟不同。維南極海，曰蠻與戎。惡我則叛，好我則通。不可不德，使其瞻風。〔註23〕

「中國」得以向各藩屬國徵繳賦稅，讓蠻夷能夠受到聖王教化。然而天下至大，廣谷大川之中，各種人民數量繁多，難以計算，這些王化不到，國力未及的地域就是所謂的藩國。這些國家雖然與中國人言語不通，嗜好慾望不同，但只要我國強大，道德高尚，他們便會自動的歸附中國，成為藩國。貞觀、開元年間世界各地的他方異國紛紛來朝，就是最好的例子。〔註24〕

不過中國除了武力不足，國內擾攘自顧不暇的時候以外，經常是以武力威脅，以戰爭征服那些「他方異國」。會以強大的軍事力量，要求那些夷、狄、蠻、貊臣服於中國的政令威權之下；而不服從中國命令者，不知稱臣納貢者，

〔註22〕范曄：《後漢書》〈東夷傳第七十五〉，頁2810。

〔註23〕劉昫：《舊唐書》卷一百九十七，（台北市：鼎文書局，1981年），頁5286。

〔註24〕在東亞的歷史（應加上政治舞台）是以中國為中心的「冊封體制」，在中國中心之下，結合周邊國家形成一個完整世界。見曹永和：《臺灣早期歷史研究續集》，（台北市：聯經出版社，2000年10月），頁2。

經常遭到征討與鎮壓。〔註25〕秦國統一中國之後，繼續向南征服越族，建立了五個郡（九原、南海、桂林、象郡、東海）。漢武帝好武略，東滅朝鮮設四郡（樂浪、臨屯、玄菟、眞番），西伐交趾設交趾郡，北伐匈奴設朔方郡。通西域後臣服三十六國。唐代在東北（韓國平壤）、安南（越南河內）、安北（科不多）、單于（歸綏縣）、安西（庫車縣）、北庭（迪化）各設督護府以治理各地方。宋、元、明、清各朝，亦各有統治、威服「他方異國」的策略和行動。由以上的討論可以看出，中國如何對「我族」、「異族」多方界定，如何確立敘述的核心。在長達二、三千年「他方異國」的論述，在詞語的使用上進行著「標準化」、「臣屬化」的支配性敘述，對「非我族類」進行文化規範。不論是官方或是俗的撰述者，普遍使用了「教化之」、「攘斥之」兩個概括性觀點作爲基礎，進而形成爲一種傳承的記述模式。

二、有關「他方異國」的記述

（一）《史記》建立的體例

對於「他方異國」的記述，《史記》可以說是具有承先啓後的地位，所謂承先指的是繼承漢代以前《世本》、《春秋左氏傳》、《國語》、《楚漢春秋》、《戰國策》諸子百家等先秦古籍的思想模式，〔註26〕啓後指的是他影響到《漢書》、《後漢書》、《三國志》、《晉書》以後的各類文史著作的撰述觀念。司馬遷的記述，足以顯現傳統的撰述意識。《史記》有關的記載歸類於〈列傳〉一類，分別是一百一十卷〈匈奴列傳第五十〉，一百一十三卷〈南越列傳第五十三〉，一百一十四卷〈東越列傳第五十四〉，一百一十五卷〈朝鮮列傳第五十五〉一百一十六卷，〈西南夷列傳第五十六〉等五篇。〔註27〕司馬遷之所以把這些異

〔註25〕 司馬遷：《史記》〈東越列傳第五十四〉：「餘善刻『武帝』璽自立，詐其民，爲妄言。天子遣橫海將軍韓說出句章，浮海從東方往；樓船將軍楊僕出武林：……從繇王居股謀曰：『餘善首惡，劫守吾屬。今漢兵至，眾彊，計殺餘善，自歸諸將，儻幸得脫。』乃遂俱殺餘善，以其眾降橫海將軍。」，頁2997。〈西南夷列傳第五十六〉：「上使王然于以越破及誅南夷兵威風喻滇王入朝。滇王者，其眾數萬人，其旁東北有勞寖、靡莫接同姓相扶，未肯聽。勞寖、靡莫數侵犯使者吏卒。元封二年，天子發巴蜀兵擊滅勞寖、靡莫，以兵臨滇。王始首善，以故弗誅。」，頁2983。

〔註26〕 司馬貞：〈史記索隱序〉，《史記三家注並附編二種四》，頁7。

〔註27〕 《史記》對他方異國撰述的編次有其特殊考量，匈奴爲獨立的敘述單元，「南越」「西南夷」「朝鮮」「東越」等「四夷」爲一組敘述單元。故〈匈奴列傳第

族邦國歸納於「列傳」這一項，並把他置於「世家」之後，原因在所記的主體還是人物和與他相關的事件。這種以人物為主體的撰述法，是其獨創的體例和方法。如：〈南越列傳第五十三〉：「漢既平中國，而佗能集楊越以保南藩，納貢職。」〈東越列傳第五十四〉：「吳之叛逆，甌人斬濞，葆守封禺為臣。」〈朝鮮列傳第五十五〉「燕丹散亂遼閒，滿收齊亡民，厥據海東，以集真藩，葆塞為外臣。」〈西南夷列傳第五十六〉：「唐蒙使略通夜郎，而邛笮之君請為內臣受吏。」等等的敘述法，就是以人物作為焦點，然後旁及其他，以人物代表了國家，代表整個族裔及其歷史，在風俗民情方面則沒有紀述。

與以上四篇撰述方式很不同的則是〈匈奴列傳第五十〉，做此傳的目的卻在了解其淵源，知其強弱，特別重視習俗的描寫。這個描述方式就是讓閱讀者「知己知彼」，平時作為防備，國有餘力時，便將出兵加以征討。「自三代以來，匈奴常為中國患害；欲知彊弱之時，設備征討。」〔註28〕司馬遷開創了這樣的記述體例，此後的《漢書》、《後漢書》、《晉書》等一直到《清史稿》都把這些異族國家放在「列傳」這一項。這五篇作品，在國族意識，於種族來源、征戰、討伐、臣服與否，稱制如何，著墨特多，論及其風俗民情者僅有〈匈奴列傳〉。匈奴的勢力強大，由夏商周以來一直是中國的大患，時有侵暴中國的情形，由於此族從未臣服於中國，民風習性與漢人大不相同，為了能充份掌握這個民族的特性，所以做了較多的記載。這些記述可以讓主政者作為施政設事的參考，並期望朝廷能選擇知戰善戰的將、相，領導軍隊打敗外敵，使國家安寧，百姓樂居，這種想法與做法，正是後世各類史書、政事記、方志等撰述的方向。〔註29〕

《史記》、《漢書》、《後漢書》、《三國志》有所謂「四史」之稱，是奠定中國史學重要的基礎，這四部作品中的「他方異國」記述具備了「開創」、「延續」、「拓展」的三個現象，成為後世纂修同類作品的典範，以下歸納出這些作品的幾個重點：

五十〉不與「四夷」的編次相連續。
〔註28〕 司馬遷：《史記》〈太史公自序第七十〉，頁3317。
〔註29〕 司馬遷：《史記》一百一十卷〈匈奴列傳第五十〉：「堯雖賢，興事業不成，得禹而九州寧。且欲興聖統，唯在擇任將相哉！唯在擇任將相哉！」，頁2879。司馬遷用重複了「唯在擇任將相哉！」這句話。很明顯的看出他「人治主義」的觀念。政治的好壞，是否能建立戰功，任用正確的人，是一決定一切的根本。

1. 種族來源，地理位置，居住環境，特殊物產。〔註30〕
2. 與中國的往來、戰爭、相互影響。〔註31〕
3. 其國的君王世系，政治制度與重要事件。〔註32〕
4. 其國其族的風俗民情。

這四個重點涵括了絕大部分的內容，也是後繼史書、方志、纂修的主要筆法。

《史記》對「他方異國」的記述具有開創之功，後世撰述者甚少不遵循其體例。司馬遷在《史記》中稱這些國為「藩臣」、「諸侯」、「外臣」，如此稱呼當然是因有些國家和地區，曾於秦漢之時為中國所征服，成為中國的一個郡縣。但政治情勢變化很大，「他方異國」時而稱臣，時而反叛，時而自稱為天子，與中國的關係常有變化，所以《史記》對他們的稱呼也有所不同：

> 兩越俱為藩臣，毋得擅興兵相攻擊。〔註33〕

> 然南越其居國竊如故號名，其使天子，稱王朝命如諸侯。〔註34〕

> 太史公曰：尉佗之王，本由任囂。遭漢初定，列為諸侯。〔註35〕

〔註30〕司馬遷：《史記》〈匈奴列傳第五十〉：「匈奴，其先祖夏后之苗裔也，曰淳維。唐虞以上有山戎、獫狁、葷粥，居于北蠻，隨畜牧而轉移。」。《三國志》列傳第六十七〈東夷〉：「夫餘國在玄菟北千餘里，南接鮮卑，北有弱水，地方二千里。」、「挹婁國在肅慎西北，馬行可二百日，領戶二萬。」《後漢書》〈西羌傳〉第七十七：「西羌之本，出自三苗，姜姓之別。其國近南岳。及舜流四兇，徙之三危，河關支西南羌地是也。」

〔註31〕司馬遷：《史記》一百一十三卷〈東越列傳第五十四〉：「元鼎六年秋，餘善聞樓船請誅之，漢兵臨境，且往，乃遂反，發兵距漢道。號將軍騶力等為『吞漢將軍』，入白沙、武林、梅嶺，殺漢三校尉。」，頁2982。〈南越列傳第五十三〉：「『『且南方卑濕；蠻夷中閒，其東閩越千人眾號稱王，其西甌駱裸國亦稱王。老臣妄竊帝號，聊以自娛，豈敢以聞天王哉？』乃頓首謝，願長為藩臣，奉貢職」。《宋書》卷九十七「倭國在高驪東南大海中，世修貢職。高祖永初二年，詔曰：『倭讚萬里修貢，遠誠宜甄，可賜除授。』」，頁2394。

〔註32〕陳壽：《三國志》列傳第六十七〈東夷〉：「夫餘本屬玄菟。漢末，公孫度雄張海東，威服外夷，夫餘王尉仇更屬遼東。時句麗、鮮卑強，度以夫餘在二虜之間，妻以宗女。」《後漢書》〈西羌傳〉第七十七：「戎本無君長，夏后氏末及商周之際，或從侯伯征伐有功，天子爵之，以為藩服。春秋時，陸渾、蠻氏戎稱子，戰國世，大荔、義渠稱王，及其衰亡，餘種皆反舊為酋豪云。」

〔註33〕司馬遷：《史記》一百一十三卷〈南越列傳第五十三〉，頁2970。

〔註34〕司馬遷：《史記》一百一十三卷〈南越列傳第五十三〉，頁2970。

〔註35〕司馬遷：《史記》一百一十三卷〈南越列傳第五十三〉，頁2977。

會孝惠、高后時天下初定，遼東太守即約滿爲外臣，保塞外蠻夷，無使盜邊。〔註36〕

南越王黃屋左纛，地東西萬餘里，名爲外臣，實一州主也。〔註37〕

「南越」、「東越」、「西南夷」、「朝鮮」這些地區，司馬遷時而以「藩臣」，時而以「諸侯」、「外臣」、「州主」來稱呼他們，顯示了一個宰制天下的帝國氣勢。這些小而弱的邊陲邦國，面對軍事、文化、經濟力量強大的中國，也僅能以依附的型態生存，而這正是由「文化納編」發展向「政治納編」的例證。這種以「中國」爲中心的「附庸國」，二、三千年來都沒有多少改變。《史記》之後許多不曾隸屬於中國的其他國家，也都放在〈列傳〉這個項目下來記載，但指稱其國名或族名或所在的地區名，而不用「藩臣」、「諸侯」、「外臣」等用語。如《南史》卷七十九〈列傳第六十九〉「西域波斯」、「北狄蠕蠕」，《隋書》卷八十三〈列傳第四十八〉「西域中天竺」、「師子」，《舊唐書》卷一百九十九〈列傳第一百四十九〉「東夷倭國」、「日本」。《宋史》卷四百八十五〈列傳第二百四十四〉則直接稱這些國家爲「外國」，卷四百九十三〈列傳第二百五十二〉「蠻夷」，《元史》卷二百六〈列傳九十五〉稱「外夷」，《明史》卷三百二十〈列傳第二百八〉稱「外國」等。這些置於〈列傳〉之下的「他方異國」在中國正史中，綿延了數千年，其中內容有詳有簡，但爲這些大部分沒有文字和歷史的種族和國家，留下了重要的史料，成爲日本、韓國、越南等許多亞洲國家建立國族歷史的源生資料。〔註38〕然而如前所述，這些記述是經由霸權論述下的產物，在文字之中看到的可能是中國式的「南越」、「東越」、「西南夷」、「朝鮮」，而並非「蠻夷」的本身。這種編寫方式也正是薩伊德指出的被「東方化的東方」（Orientalized Orient）〔註39〕這個概念。所謂的「東方」，完全被西方帝國主義式的論述竄改了、編寫了、呈現了，西方或世界的人們經由「文化帝國」的強勢傳播，所認知的東方，往往是改造過的東方。在中國的歷史書寫中，事實上也可以看到「南越化的越南」、「東越化的東

〔註36〕司馬遷：《史記》一百一十三卷〈朝鮮列傳第五十五〉，頁 2986。
〔註37〕司馬遷：《史記》一百一十三卷〈西南夷列傳第五十六〉，頁 2994。
〔註38〕如：朝鮮民主主義人民共合國科學院歷史研究所著，吉林省延吉邊朝鮮族自治州《朝鮮通史》翻譯組譯：《朝鮮通史》，頁 59。石井良助、井上光貞編《邪馬台國》（シンポジウム），（日本東京都創文社，昭和四十一年（1966 年）），内容述及其國古代歷史，皆引用中國的《史記》、《漢書》、《後漢書》、《三國志》等著作，以建構其古代歷史。
〔註39〕薩依德（Edward Said），王志弘等譯：《東方主義》〈導讀〉，頁 10。

越」……簡單的說便是「蠻夷化的蠻夷」，這種現象一值持續二千多年都沒有改變，有關清代臺灣的原住民記述，仍然充滿這樣的意識。

（二）區域與異國民風特色

如前所言《史記》對異族國家的記述，除了匈奴有風俗民情的描述外，其他四夷皆僅有零星數語，沒有描述出他們的獨特性。〈貨殖列傳〉則有對某些區域的民風有所描述，如說臨菑人其俗寬緩闊達，智慧高，好議論，怯於眾鬥，勇於持刺，〔註40〕鄒、魯之地，猶有周公遺風，俗好儒，對禮的要求完備，故其民「齪齪」〔註41〕所記十分片面。到了《漢書》〈地理志〉對各地的記述則較詳細，彰顯了種族與區域的特色。如〈地理志第八下〉：

> 南陽好商賈，召父富以本業；潁川好爭訟分異，黃、韓化以篤厚。
>
> 太原、上黨又多晉公族子孫，民俗慓悍，好氣爲姦，不事農商。
>
> 上谷至遼東，地廣民希，數被胡寇，俗與趙、代相類，有漁鹽棗栗之饒。北隙烏丸、扶餘，東賈眞番之利。
>
> 然東夷天性柔順，異於三方之外，故孔子悼道不行，設浮於海，欲居九夷，有 以也夫！〔註42〕

這幾段文字描述了中國領土內各地人民不同的性情與特色，也寫到了「夷」人的民族風貌。南陽地區的人喜歡做生意，召信臣治理此地時，勸其民務農，改變了做生意的習慣，因此而富有。潁川的人原本很喜歡爭鬥訟官，好分彼此，排他性強，韓延壽、黃霸當太守，以篤厚之風教導民眾，此地的民風因而變得醇厚。上谷至遼東一帶土地廣大，人口甚少，常遭胡人入侵，也有一些農漁產品，產量甚豐。這一帶北接烏丸、扶餘，向東可與眞番生意往來，外患雖多然獲利可觀。居國境東方的夷人，天性柔順，不好爭鬥，服從性強，與其他各地不同，令人嚮往，所以孔子感嘆其道不能行之於天下，曾有渡海居於九夷的想法。這些記述不僅是單純記述而已，還含有批判，內容雖簡略但直指問題核心，最重要的目的其實是給主政者做爲施政參考的。《三國志》、《後漢書》以後，編纂者便對「他方異國」進行這種模式的記述，他們廣泛的收集資料，描述異族的風土民俗，彰顯了這些區域民族邦國的特色，這些

〔註40〕司馬遷：《史記》一百二十九卷〈貨殖列傳第六十九〉，頁 3265。
〔註41〕司馬遷：《史記》一百二十九卷〈貨殖列傳第六十九〉，頁 3266。
〔註42〕班固：《漢書》〈地理志第八下〉，頁 1654～1658。

民族的生活習性，倫理觀念，社會階級，婚姻關係與中國人大不相同的。如：
《三國志》〈魏書〉卷三十〈烏丸扶餘東夷第三十〉：

> 烏丸者，……俗善騎射，隨水草放牧，居無常處，以穹廬爲宅，皆
> 向東。日弋獵禽獸，食肉引酪，以毛毳爲衣。貴少賤老，其性悍驁，
> 怒則殺父兄，而終不害其母，以母有族類，父兄以己爲種，無報復
> 者故也。〔註43〕

烏丸國人屬於游牧民族，逐水草而居，住在獸毛搭蓋的帳篷之中，日常飲食
皆取之於獸類。他們個性凶悍，發起怒來連父兄都敢殺害。看重小孩輕視老
人，他們不敢殺害母親，因爲害怕母親家族的報復。

> 韓……居處作草屋土室，形如冢，其戶在上，舉家共在中，無長幼
> 男女之別。其葬有槨無棺，不知乘牛馬，牛馬盡送於死。……常以
> 五月下種訖，祭鬼神，群聚歌舞，飲酒晝夜無休。其舞，數十人俱
> 起相隨，踏地低昂，手足相應，節奏有似鐸舞。〔註44〕

韓人的居處還如土穴式的，外貌看起來像個墳墓，還不知道要將房子蓋在地
面上，全家人都居住在其中，長幼男女沒有區別，倫理觀念還未建立。他們
不懂得馴服牛馬，協助農耕運輸，只會將牛馬宰殺來吃。五月播種完畢後，
他們便通宵達旦的歌唱跳舞。《後漢書》卷八十五〈東夷列傳第七十五〉：

> 辰韓……凡諸（貨）（貿）易，皆以鐵爲貨。俗喜歌舞飲酒鼓瑟。兒
> 生欲令其頭扁，皆壓以石。〔註45〕

辰韓人的交易，用鐵作爲貨幣，他們很喜歡唱歌跳舞、喝酒、鼓瑟。他們喜
歡小孩的頭形扁扁的，所以用石頭來壓小孩的頭顱，壓出扁平的形狀，認爲
這樣才是美好的。卷八十六〈南蠻西南夷列傳第七十六〉：

> 《禮記》稱：「南方曰蠻，雕題交趾。」其俗男女同川而浴，故曰交
> 趾。其西有啖人國，生首子輒解而食之，謂之宜弟。味旨，則以遺
> 其君，君喜而賞其父。娶妻美，則讓其兄。今烏滸人是也。〔註46〕

「交趾」國稱謂的由來，是因爲這個地方的人們男女都一起在河中沐浴，所
以有此稱呼。交趾國的西邊有一個「啖人國」，這個國家有種特異的風俗，那

〔註43〕陳壽：《三國志》〈魏書〉卷三十〈烏丸扶餘東夷第三十〉，頁832。
〔註44〕陳壽：《三國志》〈魏書〉卷三十〈烏丸扶餘東夷第三十〉，頁852。
〔註45〕范曄：《後漢書》卷八十五〈東夷列傳第七十五〉，頁2819。
〔註46〕范曄：《後漢書》卷八十六〈東夷列傳第七十六〉，頁2835。

就是生下第一個孩子後，都要把孩子殺來吃掉，這樣的做法說是可以對弟弟很好，若這個孩子的味道不錯，就拿去送給國君品嘗，國君高興還會賞賜他。自己若娶得美妻，便把她轉讓給兄長，有這種風俗的便是烏滸人。這些風俗習慣與中國民情頗有不同，所記載的是否為實錄，或是來自誇大的渲染，或是以訛傳訛，都是有待驗證的。

在這兩本史書之後，有關「他方異國」奇風異俗的記載，便比較豐富起來。宋代以後地方志書的編纂逐漸風行起來，方志的撰寫及內容，實際上即為「正史」的縮小版，由於方志撰寫者的在地性強，所述的內容常較大範圍的「正史」更為準確而詳實。〔註47〕

第二節　史傳及專著中臺灣的記述與辨正

臺灣位處中國大陸東南方大海中，與福建、廣東兩省鄰近。這個地理位置與以黃河流域為中心的「中國」政權，距離十分遙遠。由於自古非屬中國的地域，也非其文化、政治力量所及，所以生活在這偏遠地區的人民，自然是歸屬於「九夷、八狄、七戎、六蠻」之類的「他方異國」了。元代以前的史籍，對這片區域的記述主要是現在的韓國、日本諸島以及琉球等地，其中能確定為臺灣的幾無所見。或疑為臺灣的，也語焉不詳，難以判斷。歷代纂修者因大都缺乏實地考察經驗，所記往往來自前人史料，或源自口耳相傳之資罷了，所以所述往往是重抄，改寫，編造，雜錄的作品，這種「不確定史料」實際上僅具有參考輔助的性質，讓我們對史前時代臺灣有些概略性的了解，而不能做為確認臺灣的可信歷史。

由《史記》以下的史書，對「他方異國」的纂修，具有一種傳統而穩定的敘述模式，這個模式一直到明、清兩朝基本上都很相似。在探討臺灣的歷史時可以發現兩個重點。其一在臺灣的人是屬於非我族類的「蠻夷」之人，其二是她的歷史文化與韓國、日本、越南等國家一樣，是源起於「他者」即中國的記載。由於發展較慢，韓國、日本、越南等國在自己文字產生出來之

〔註47〕黃玉齋：〈我國歷代方志的發達與臺灣〉：「近人估計我國方志，以現存來說：『有五千八百三十二種，九萬三千二百三十七卷。內宋代方志二十八種，五百三十七卷。元代十一種，一百二十四卷。明代七百七十種，一萬零八十七卷。清代四千六百五十五種，七萬六千八百六十卷。民國三百六十八種，五千六百二十九卷。』」見（南投市：《臺灣文獻》第十八卷第二期，1967年），頁58。

後，才慢慢的有了書寫自我的能力，逐步的建立起屬於自己國家民族的模式。而有關臺灣的記述，最早而重要的當然是來自中國，由於對臺灣的記述最早起源於何時，何書，學者歷來爭辨甚多，詮釋的方法，所下的結論也各有主張，以下將歷代相關史籍及著述作一表列，進行分析判斷，並討論其撰述方法。

一、正史列傳

本節查考「正史」中有關臺灣的記載，由於所述混淆之處甚多，故列「疑為臺灣」、「確為臺灣」兩欄，並於其右辨析其內容。

史　書	編纂者	篇　目	疑為臺灣	確為臺灣	辨　析
《史記》	西漢·司馬遷	111卷〈匈奴列傳第50〉，113卷〈南越列傳第53〉，114卷〈東越列傳第54〉，115卷〈朝鮮列傳第55〉，116卷〈西南夷列傳第56〉			
《漢書》	東漢·班固	卷94〈匈奴傳〉第64上下、卷95〈西南夷兩粵朝鮮傳〉第65，卷69〈西域傳上下〉	〈地理志〉第8下：「會稽海外有東鯷人，分為二十餘國，以歲時來獻云。」		東鯷人應非指臺灣之人，臺灣應無二十餘國之分，亦不可能貢物於中國。其民族發展應未達如此程度
《後漢書》	劉宋·范曄	卷85〈東夷列傳〉第75，卷86〈南蠻西南夷列傳〉第76，卷87〈西羌傳〉第77，卷88〈西域傳〉第78，卷89〈南匈奴列傳〉第	卷85〈東夷列傳〉第75注引沈瑩《臨海水土志》云夷州在臨海東南，去郡二千里，近世學者疑此地即臺灣。		本書記載蠻邦異族風俗土習甚詳，與《史記》、《漢書》僅載人物、爭戰、歷史等有明顯差異。對倭百餘國之描寫，影響後世記述甚大。〔註48〕《史記》、《漢書》兩書的〈貨殖列傳〉或

〔註48〕 范曄：《後漢書》卷八十五〈東夷列傳〉第七十五：「倭在韓東南大海中，依山島為居，凡百餘國。自武帝滅朝鮮，使驛通於漢者三十許國，國皆稱王，世世傳統。其大倭王居「邪馬壹國」。……其地大較在會稽東冶之東，與朱崖、儋耳相近，故其俗多同。」此段文字為記述現在日本列島與琉球列島最早的紀錄。

		79，卷 90〈烏桓鮮卑列傳〉第 80	〔註 49〕		有些區域性民情的記述，但甚簡略。另《太平御覽》卷七八〇〈東夷條〉有較長的敘述，梁嘉彬以為此文為李昉據沈瑩之文竄增。〔註 50〕
《三國志》	晉·陳壽	魏書 30〈烏丸、鮮卑、東夷〉	吳書〈孫權傳〉、〈陸遜傳〉皆言及派兵討伐掠奪夷州、澶州事，論者以為夷州即為臺灣。〔註 51〕		魏書 30〈東夷〉一則有關倭、對馬國、末盧國、伊都國等十餘國風俗習慣描述十分詳細，與臺灣原住民有近似之處，然亦為東南沿海島民的普遍風俗。不能確定所指為臺灣。此文後世轉抄雜錄者甚多
《晉書》	唐·房玄齡奉敕傳，褚遂良、李義府、李淳風協撰	卷 97 列傳第 67〈四夷·東夷、西戎、南蠻、北狄〉			〈東夷〉一則刪錄《魏書三十》以成文
《宋書》	梁·沈約	卷 96 列傳第 56〈鮮卑、吐谷渾〉，卷 97 列傳第 57〈夷蠻〉，卷 98 列傳第 58〈氐胡〉	卷 97 列傳第 57〈夷蠻〉倭國		順帝昇明二年遣史上表謂平定海內百餘國。此百餘國未指出是哪些島國
《南齊書》	梁·蕭子顯	卷 58 列傳第 39〈東南夷〉	倭國		
《梁書》	唐·姚思廉	卷 54 列傳第	卷 54 列傳第		所記雜錄前人之作，

〔註 49〕凌純聲：〈古代閩越人與臺灣土著族〉，《臺灣文化論集》（一）1954 年，頁 4、5。凌氏主張沈瑩《臨海水土志》所述為臺灣，然就其文意看來：《後漢書》卷八十五東夷列傳第七十五：「又有夷州、澶洲。傳言秦始皇遣方士徐福將童男女數千入海，求蓬萊仙山不得，徐福畏誅不敢還，遂止此洲，世世相承，有數萬家。人民時至會稽市。」沈瑩所述之地並非臺灣，所謂有數萬家人，人民時常至會稽做生意，這樣的情況並非臺灣是很明顯的。臺灣的住民大部分到明代仍處於相當原始的部落社會狀態，原住民航海能力不強。馬端臨《文獻通考》卷三百二十四〈四裔一〉「倭（即日本）」引用《後漢書》此文以為解說，馬端臨亦以「夷州、澶洲」為倭國領土，非指臺灣。

〔註 50〕凌純聲：〈古代閩越人與臺灣土著族〉，《臺灣文化論集》（一），頁 5。個人以為梁嘉彬所論較確。

〔註 51〕凌純聲：〈古代閩越人與臺灣土著族〉，《臺灣文化論集》（一）1954 年，頁 12。

		48〈諸夷〉、〈海南諸國〉、〈東夷〉、〈西北諸戎〉	48〈東夷〉有倭、文身、大漢、扶桑		頗多訛誤誇誕之言。〔註52〕
《魏書》	北齊・魏收	卷100 列傳第88〈高句麗〉等，卷101（補列傳第89〈氐〉等，卷102（補）列傳第90〈西域〉等			卷97 列傳第85〈島夷桓玄〉、〈海夷馮跋〉、〈島夷劉裕〉，卷98 列傳第86〈島夷蕭道成〉、〈島夷蕭衍〉。以島夷稱南方民族，《南齊書》等則以「索虜」稱北方民族。〔註53〕
《周書》	唐・令狐德棻	卷49 列傳第41〈異域上〉			
《隋書》	唐・魏徵等奉敕撰	卷81 列傳第46〈東夷〉，卷82 列傳第47〈南蠻〉，卷83 列傳第48〈西	卷81 列傳第46〈東夷〉有流求國、倭國〔註54〕		〈流求國〉一則記地理位置、國王姓氏、民俗風情甚詳，論者以爲即今日之臺灣。〔註55〕然此一結論

〔註52〕《梁書》〈卷五十四列傳第四十八東夷〉：「又西南萬里有海人，身黑眼白，裸而醜。其肉美，行者或射而食之。」，「慧深又云：『扶桑東千餘里有女國，容貌端正，色甚潔白，身體有毛，髮長委地。至二、三月，競入水則任娠，六七月產子。女子胸前無乳，項後生毛，根白，毛中有汁，以乳子，一百日能行，三四年則成人矣。』」「女則如中國，而言語不可曉；男則人身而狗頭，其聲如吠。」《梁書》所述較諸史書爲誇誕不實。（台北市：鼎文書局，1980年），頁806～808。唐杜佑《通典》卷一百八十六〈邊防二〉「女國」、「文身」、「大漢」等全抄《梁書》，以訛傳訛，頁994。

〔註53〕魏收所著《魏書》有「穢史」之稱，行文頗多惡意攻訐之詞。對劉裕、蕭道成等皆以「島夷」稱之，有輕賤鄙薄之意。這裡的島夷指的劉裕、蕭道成都是江蘇一帶的人，彼時江蘇、浙江沿海的人，被認爲是「島夷」的族裔，到宋代這個稱呼還存在。另《南齊書》則以「索虜」等詞稱北方政敵如：〈本紀第一高帝上〉：「二十一年，伐索虜，至丘檻山，並破走。」此爲政權爭鬥下的產物，史家失去客觀記述的理性，爲政治需求而寫作，誠爲惡例，然可爲後世修史者鑑。

〔註54〕梁嘉彬：〈隋書琉球國逐句考證初稿〉一文考證，琉球各島由戰國以來有「瀛洲」、「沃焦」、「東鯷」、「侏儒國」、「焦僥」、「夷州」、「紵嶼」、「長洲」、「毛人國」、「龍宮」、「流求」、「留仇」、「幽仇」、「夷邪久」、「邪古」、「流虬」，《山海經》中之周饒國、小人國亦屬琉球。《中國史學論文選集第一輯》（台北市，幼獅文化出版，1976年），頁238。然「夷邪久」，現經考定爲「屋久島」，此島位於九州島的南端，與琉球距離約六百公里，島上百分之七十爲山岳地帶。

〔註55〕唐杜佑：《通典》卷一百八十六〈邊防二〉「琉球」抄錄此段文字。

		域〉，卷 84 列傳第 49〈北狄〉		有待商榷
《南史》	唐・李延壽	卷 78 列傳第 68〈夷貊上〉、〈南海諸國〉、〈西南夷〉，卷 79 列傳第 69〈夷貊下〉、〈東夷〉、〈西戎〉、〈諸蠻〉、〈西域〉、〈北狄〉	卷 79 列傳第 69〈東夷〉有倭國、文身、大漢、扶桑	〈流求國〉一則所述較北史早，然內容幾與〈北史〉同，而其內容皆出於《隋書》
《北史》	唐・李延壽	卷 94 列傳第 82，卷 95 列傳第 83，卷 96 列傳第 84，卷 97 列傳第 85，卷 97 列傳第 86，卷 98 列傳第 87	卷 94 列傳第 82 有流求、倭	所列之國及地域共達 118 個，尤以卷 97 列傳第 85「西域」所列 75 國最多。流求一則與隋書所載幾乎全同
《舊唐書》	唐・劉昫等撰	卷 194 列傳第 144 上下〈突厥上下〉，卷 195 列傳第 145〈迴紇〉，卷 196 上下列傳第 146 上下〈吐蕃〉，卷 197 列傳第 147〈南蠻〉、〈西南蠻〉，卷 198 列傳第 148 西戎，卷 199 上列傳第 149 上〈東夷〉，卷一 199 下列傳第 149 下〈北狄〉	卷 199 上列傳第 149 上〈東夷〉有倭國、日本	其書云：「倭國者，古倭奴國也。去京師一萬四千里，在新羅東南大海中。依山島而居，東西五月行，南北三月行。世與中國通。其國，居無城郭，以木爲柵，以草爲屋。四面小島五十餘國，皆附屬焉。」所記較《隋書》簡略，疑綜合流求國及倭國兩則爲文。又與《北史》倭國所記相類
《唐書》	宋・歐陽修、宋祁合撰	卷 215 上下列傳第 140 上下〈突厥〉，卷 216 上下列傳第 141 上下〈吐蕃〉，卷 217 上下列傳第 142 上下〈回鶻〉，卷 218 列傳第 143〈沙陀〉，卷 219 列傳第	卷 220 列傳第 145〈東夷〉有日本、流鬼	〈日本〉一則與《舊唐書》〈倭國〉一則頗多相襲仿處，無倭國的記述

		144〈北狄〉，卷 220 列傳第 145〈東夷〉，卷 221 上下列傳第 146 上下〈西域〉，卷 222 上列傳第 147 上〈南蠻上〉，卷 222 中列傳第 147 中〈南蠻中〉，卷二 222 下列傳第 147 下〈南蠻下〉		
《舊五代史》	唐・薛居正監修，盧多遜、扈蒙、李昉等撰	卷 137 外國列傳一〈契丹〉，卷 138 外國列傳二〈吐蕃〉等		
《新五代史》	宋・歐陽修	卷 72〈四夷附錄第一〉，卷 73〈四夷附錄第二〉，卷 74〈四夷附錄第三〉		〈四夷附錄第三〉云：「五代，四夷見中國者，遠不過于闐、占城。史之所紀，其西北頗詳，而東南尤略，蓋其遠而罕至，且不爲中國利害云。」〔註 56〕本書對東海諸島未記載，其實是較負責的做法
《宋史》	元・脫克脫	卷 485 列傳第 244〈外國一〉，卷 486 列傳第 245〈外國二〉，卷 487 列傳第 246〈外國三〉，卷 488 列傳第 247〈外國四〉，卷 489 列傳第 248〈外國五〉，卷 490 列傳第 249〈外國六〉，卷 491 列傳第 250〈外國	卷 491 列傳第 250 外國七 有流求國：「流求國在泉州之東，有海島曰澎湖，煙火相望。其國塹寨三重，環以流水，植棘爲藩，以刀矟弓矢劍鈹爲兵器，視月盈虧以紀時。……		本書分〈外國〉、〈蠻夷〉兩大部分。纂修內容頗多。這現象顯示了元朝的國力強大。較了解「中原」以外各國的情形。〈流求國・毗舍邪國〉等文字，出自宋趙汝适《諸蕃志》

〔註 56〕歐陽修：《新五代史》〈四夷附錄第三〉，（台北市：鼎文書局，1980 年），頁 922。

		七〉，卷 492 列傳第 251〈外國八〉，卷 493 列傳第 252〈蠻夷一〉，卷 494 列傳第 253〈蠻夷二〉，卷 495 列傳第 254〈蠻夷三〉	旁有毗舍邪國，語言不通，袒裸盱睢，殆非人類淳熙間，國之酋豪嘗率數百輩猝至泉之水澳、圍頭等村，肆行殺略。」		
《金史》	元・脫克脫	卷 134 列傳第 72〈外國上西夏〉，卷 135 列傳第 73〈外國下高麗〉			
《元史》	明・宋濂	卷 208 列傳第 95〈外夷一〉，卷 208 列傳第 96〈外夷二〉，卷 208 列傳第 97〈外夷三〉		〈外夷三〉瑠球	〈外夷三・瑠球〉云：「世祖曾派海船萬戶楊祥任宣慰使，吳志斗禮部員外郎，阮鑒兵部員外郎出兵瑠球，後因彼此爭執未完成任務。成宗元貞三年福建平章政事高興，派省督鎮撫張浩等往瑠球，擒一百三十餘人而返。」此處所述的瑠球應為臺灣
《新元史》	民國・柯紹忞	卷 253〈琉求〉	傳末云：「史臣曰：『琉求，今之臺灣。今之琉求，至明始與中國通。』或乃妄合為一，誤莫甚矣。」斷定琉求為今之臺灣		所述綜合《隋書》〈東夷列傳〉、〈陳稜傳〉，《元史》〈外夷三〉等記述而成，所論斷未必正確
《明史》	清・張廷玉	卷 320 列傳第 208〈外國一〉，卷 321 列傳第 209〈外國二〉，卷 322 列傳第 210〈外國三〉，卷 323 列傳第 211〈外國四〉，卷 324 列傳第 212〈外國		卷 323 列傳第 211〈外國四・雞籠〉	本則是正史中最為詳確的記載。「雞籠山在澎湖嶼東北，故名北港，又名東番，去泉州甚邇。」有關山川風俗等記載間或有訛誤之處，然所述確為臺灣。雞籠山在臺灣北端，北港應為中部地區的港口

		五〉，卷 325 列傳第 213〈外國六〉，卷 326 列傳第 214〈外國七〉，卷 327 列傳第 215〈外國八〉，卷 328 列傳第 216〈外國九〉，卷 329 列傳第 217〈西域一〉，卷 330 列傳第 218〈西域二〉，卷 331〈西域三〉，列傳第 211〈外國四〉，卷 332 列傳第 220〈西域四〉			
《清史稿》	民國·張其昀、蕭一山取舊稿略加改定。	卷 512 列傳 299 至 517 列傳 304 爲〈土司〉，卷 518 列傳 305 至卷 525 列傳 312 爲〈藩部〉，卷 526 列傳 313 至卷 529 列傳 316 爲〈屬國〉			

　　《史記》奠立了「蠻夷」的記述體例，《漢書》開始有了東南沿海的記載，《後漢書》、《三國志》則有較深入的敘述。這些紀述成爲日本、韓國、琉球、臺灣歷史之源，論述者也以這兩本書爲基礎，作長篇累牘的考辨工作。隋、唐兩代的正史，以《隋書》〈流求國〉的內容最常被論者引用，且大部分肯定所述即爲臺灣。《宋史》引用趙汝适《諸蕃志》〈流求國·毗舍邪國〉，對臺灣的位置有比較正確的描述。元代以後東南海域的航路較爲穩定，往來商賈甚多，這一帶有哪些島國與民族，逐漸明朗。明代宋濂總纂《元史》中的「瑠球」應確爲臺灣，清初張廷玉總纂的《明史》以「雞籠」稱臺灣，所記位置雖有些許訛誤，然臺灣在中國記述的位置，已然非常清楚了。

二、專　著

　　本節查考歷代以來有關臺灣記載的相關著作，並對其內容加以辨析。

書　名	編纂者	篇　目	疑為臺灣	確為臺灣	辨　析
《太平寰宇記》〔註57〕	宋・樂史	〈四夷・東夷〉			所述乃綜合《隋書》〈東夷列傳〉、〈陳稜傳〉、杜佑《通典》等而成
《太平御覽》〔註58〕	宋・李昉	卷第780〈四夷部・東夷〉	〈敘東夷〉引用〈臨海水土志〉一文〔註59〕		所述刪節自《隋書》〈東夷列傳〉
《諸蕃志》	宋・趙汝适	卷上〈志國〉卷下〈志物〉	毗舍耶		流求國、倭國（日本國）所言之流求國內容刪節自《隋書》流求國
《島夷志略》	元・汪大淵		毗舍耶、琉球		有關毗舍耶的紀錄內容甚簡略
《大明一統志》〔註60〕	明・李賢等	卷89			內容節錄《隋書》〈東夷列傳〉然判定流球國非臺灣，即今之琉球
《武備志》〔註61〕	明・茅元儀	卷236〈占度載〉	毗舍耶、小琉球		所言琉球即今之琉球，文末述及毗舍耶、小琉球，未能確知是否為臺灣
《西洋朝貢典錄》〔註62〕	明・黃省曾	共3卷，23國		〈琉球國第九〉，有述及臺灣附近島嶼者	輯錄《瀛涯勝覽》、《星槎勝覽》等書。內容包括海程、山川地理、政治制度、物產風俗等
《東西洋考》〔註63〕	明・張燮	共12卷，卷5〈東番考〉		〈東番考〉言及雞籠、淡水	內容紀述考證諸國的海程、形勝名蹟、政治制度、交易、物產風俗等，乃參酌陳第之作略做改寫

〔註57〕引見《流求與雞籠山》，（台北市：臺灣銀行經濟研究室編印，臺灣歷史文獻叢刊196種，1964年4月），頁19。
〔註58〕引見《流求與雞籠山》，頁23。
〔註59〕李昉：《太平御覽》，（台北市：商務書局（臺二版宋蜀本），1974年），頁3586。
〔註60〕李賢等撰：《大明一統志》，（台北市：三秦出版社，1990年），頁1371。
〔註61〕引見《流求與雞籠山》，頁53。
〔註62〕黃省曾著，謝方校注：《西洋朝貢典錄》，（北京：北京中華書局，2000年）。
〔註63〕張燮著，謝方校注：《東西洋考》。

〈東番記〉收錄於《閩海贈言》〔註64〕	明·沈有容	〈東番記〉		東番	〈東番記〉作者爲陳第，對臺灣地名、番俗有大略的介紹
《蓬窗日錄》〔註65〕	明·陳全之	卷1〈福建〉			文中云：「福建—濱海上下，外遏倭寇之流，近通琉球之貢。」明確指出琉球位置，與臺灣無關
《夜航船》〔註66〕	明·張岱	卷15〈外譯·琉球國〉			所載琉球國即爲今之琉球，明初來朝貢。
《潛確居類書》〔註67〕	明·陳仁錫	卷13〈區宇部〉、〈四夷〉、〈東南夷〉	毗舍耶		所言琉球即今之琉球，言及：「然號勇鬥狠，輒手刃人；度不能脫；即剖腹自斃。」爲琉球習尚。毗舍耶爲琉球旁小島，另附有漢語擬音的琉球語數字〔註68〕
《皇明世法錄》	明·陳仁錫	卷80〈琉球〉「東番」		卷80〈琉球〉「44年5月，中山王尚寧……倭造戰艦五百餘，脅取雞籠山島野夷，雞籠、淡水洋一名東番。」「水程特	此書約脫稿於崇禎5年（1632）6月以後。內容所述之東番確爲臺灣

〔註64〕沈有容：《閩海贈言》，金雲銘：《陳第年譜》。

〔註65〕陳全之：《蓬窗日錄》，《續修四庫全書》，〈子部〉，〈雜家類〉，（上海：上海古籍出版社，1995年），頁26。此書刊於明嘉靖四十四年（1563年）。

〔註66〕張岱著：《夜航船》，《續修四庫全書》，〈子部〉，〈雜家類〉，（上海：上海古籍出版社，1995年），頁730。

〔註67〕引見《流求與雞籠山》，頁57。

〔註68〕引見《流求與雞籠山》，頁58。其漢字擬音僅有四字：天爲「匋尼」，日爲「非祿」，地爲「只」，月爲「都及」。這些擬音與《諸羅縣志》卷八〈風俗志〉〈方言〉，黃叔璥《臺海使槎錄》〈番俗六考〉，朱仕玠：《小琉球漫錄》〈下淡水社寄語〉，胡傳等：《臺東州采訪冊》〈風俗附番語〉，屠繼善等：《恆春縣志》卷五〈番社〉〈番語〉的擬音作對比，發現並無相似之處，可見其應非臺灣原住民族。又蕭崇業、謝杰編：《使琉球錄三種》第二冊〈藝文 夷語附〉中有「天文門」、「時令門」、「花木門」等漢字擬音，其中天音「匋尼」，日爲「飛陸」，地爲「只尼」，月爲「都急」等，故可知陳仁錫所記乃琉球住民語言。

				數更難爲東番諸山，在彭湖東北。其人盛聚落而無君長，習標弩少舟楫。自昔不通朝貢。」	
《八紘譯史》	清・陸次雲	〈琉球〉			本書康熙 22 年出版，所述琉球即今之琉球，內容雜抄蕭崇業、謝杰編：《使琉球錄三種》
《續文獻通考》	清乾隆 12 年奉敕傳	卷 237〈四裔考・東夷〉		雞籠山	節錄明史列傳第 211 外國四〈雞籠〉

　　以上這些專著的撰述方式，頗多爲摘錄或改寫前人著述而成，如：《太平寰宇記》、《太平御覽》、《西洋朝貢典錄》、《東西洋考》、《八紘譯史》、《續文獻通考》等都有這樣的現象。然也因如此，保留了許多可能會喪失的某些記述，陳第〈東番考〉即爲這樣留存下來，流傳廣遠，且成爲明代記載臺灣最重要的史料。這些載籍中如：《蓬窗日錄》、《夜航船》、《潛確居類書》、《皇明世法錄》等對判斷臺灣的歷史，具有很高的參考價值，書中明確的記載，琉球與臺灣是兩個不同的島嶼，琉球與日本關係甚深，與中國也早有接觸，琉球與日本對中國一直都有遣使朝貢的行動；而臺灣則仍屬番人聚居之地，文明發展仍在原始階段，與中國沒有什麼往來。

三、記述內容考辨

　　清代光緒年間浙江仁和人丁謙（1875 年～1908 年）著有《蓬萊軒地理學叢書》，〔註69〕此書針對班固所撰的《漢書》到清代圖理琛所寫的《異域錄》，歷代各種史籍地理志提到邊疆異族的地理做考證。他認爲《隋書》〈四夷傳〉中〈流求國〉的流求應該就是今天的琉球，高華島爲八重山島，鼊島爲宮古島，另他對《宋史》〈外國傳〉中的〈流求國〉、《元史》〈外夷三〉中述及的「瑠球」、《明史》〈外國傳〉中的〈琉球國〉他也認爲是現在的琉球。而《宋史》〈外國傳・流求國〉中述及的「毗舍耶」，他認爲這才是臺灣。〔註70〕他

〔註69〕丁謙（1875 年～1908 年）：《蓬萊軒地理學叢書》，民國四年（1915 年）浙江圖書館校刊出版。引見《流求與雞籠山》，頁 105～108。
〔註70〕清代周煌所纂輯的《琉球國志略》卷六〈府署〉卷十二〈兵刑〉，都把《隋書》

的說法與柯紹忞在《新元史》卷二百五十三〈琉求〉傳末的說法不同：「使臣曰：『琉求，今之臺灣。今之琉求，至明使與中國通。』或乃妄合爲一，誤莫甚矣。」斷定琉求爲今之臺灣，柯紹忞的說法頗爲近代的學者接受，承其說者頗多，如凌純聲便承續這樣的說法，並參照日本學者的看法在〈古代閩越人與臺灣土著族〉一文中，引用沈瑩《臨海水土志》所述，主張流求國即爲臺灣，〔註71〕曹永和〈明鄭時期以前之臺灣〉也同意這樣的看法，且認爲已成定案。〔註72〕不過個人則較同意丁謙認爲流求應該就是今天的琉球的論點，至於高華島爲八重山島，䶄鼊島爲宮古島則爲推測之詞，不正確。〔註73〕「臨海」這個地方在浙江中部，屬於東漢時隸屬會稽郡。浙江沿海一帶的住民，在東漢、三國以迄魏晉南北朝，可能有很大一部分仍處於相當原始的生活型態。有著紋身、獵首等習俗，是以漁獵爲主的謀生方式。隋、唐之後他們逐漸脫離這樣的生活方式，不過與「漢人」的生活型態還有頗多不同之處。北宋時代的王安石曾於慶曆七年、八年（1047年、48年）到浙江鄞縣爲縣令，他在〈收鹽〉一詩中還稱沿海之民爲「島夷」，可見當時這一帶住民生活的狀態。〔註74〕這首詩感嘆浙江沿海居民生活艱困，不煎鹽販賣則無以爲生，且常淪爲盜賊劫殺商旅。《臨海水土志》一文基本上拼湊雜纂各家說法，混雜東南方少數民族習俗以爲文的情形很明顯。〔註75〕

〈煬帝記〉、陳稜傳）、〈流求國傳〉中陳稜所到之地認爲是現在的琉球。

〔註71〕 日人市村瓚次郎、和田清皆利用《臨海水土志》的資料，認爲夷州即臺灣，見曹永和《臺灣早期歷史研究》〈中華民族的擴展與臺灣的開發〉一文，曹永和認爲再經凌純聲的考訂後，夷州即臺灣「殆爲定案」，（台北：聯經出版公司，1979年），頁3、4。凌純聲以「方位」、「氣候」、「地形」、「物產」、「古蹟」等五項及獵頭、鑿齒、木鼓等習俗來證明中國夷人移居臺灣的事實，不過他的說法仍缺乏說服力。

〔註72〕 黃富三、曹永和主編：《臺灣史論叢》第一輯，頁42。

〔註73〕 丁謙對地理的考證有其詳確之處，如《宋史》〈外國傳〉中的〈流求國〉中說流求國與澎湖很近，足以「煙火相望」，他認爲這是錯誤的，琉球與澎湖距離遙遠，不可能「煙火相望」。

〔註74〕 王安石：〈收鹽〉：「州家飛符來比櫛，海中收鹽今復密。窮囚破屋正嗟欷，吏兵操舟去復出。海中諸島古不毛，島夷爲生今獨勞。不煎海水餓死耳，誰肯坐守無亡逃。邇來盜賊往往有，劫殺賈客沉其艘。一民之生重天下，君子忍與爭秋毫。」詩見：《臨川集》，（四部備要・集部）（台北市：中華書局據明刻本校刊，第一冊卷十二），頁4。

〔註75〕 陳壽：《三國志・魏書》卷三十〈倭第三十倭〉頁854。文中言及倭國有邪馬壹國，投馬國、躬臣國、烏奴國、狗奴國、支惟國等等，其中有關邪馬壹國描述較多，其女王爲卑彌呼，且曾遣使來朝貢，被封爲「親魏倭王」。所

　　至於《隋書》〈四夷傳〉中的〈流求國〉，是否就是臺灣呢？仔細比對以下四本志書的描寫，答案是否定的，因爲其中所記與臺灣西海岸的地形地貌，原住民的部落組織非常不同。

　　《後漢書》卷八十五〈東夷列傳第七十五〉：

　　倭在韓東南大海中，依山島爲居，凡百餘國。自武帝滅朝鮮，使驛通於漢者三十許國，國皆稱王，世世傳統。其大倭王居「邪馬壹國」。……其地大較在會稽東冶之東，與朱崖、儋耳相近，故其俗多同。〔註76〕

　　《三國志・魏書》卷三十〈烏丸鮮卑東夷傳第三十〉：

　　倭人在帶方東南大海之中，依山島爲國邑。舊百餘國，漢時有朝見者，今使譯所通三十國。從郡至倭，循海岸水行，……計其道里，當在會稽東冶之東。〔註77〕

　　《晉書》卷九十七〈東夷列傳第六十七〉：

　　倭人在帶方東南大海之中，依山島爲國，地多山林，無良田，食海物。舊有百餘小國相接，至魏時，有三十國通好。户有七萬，男子無大小，悉黥面文身。……計其道里，當在會稽東冶之東。〔註78〕

　　《隋書》卷八十一〈列傳第四十六東夷・倭國〉：

　　倭國，在百濟、新羅東南，水陸三千里，於大海之中依山島而居。魏時，譯通中國。三十餘國，皆自稱王。……古云去樂浪郡及帶方郡並一萬二千里，在會稽之東，與儋耳相近。〔註79〕

　　《隋書》卷八十一〈列傳第四十六東夷・流求國〉：

　　流求國，居海島之中，當建安郡東，水行五日而至。土多山洞。其王姓歡斯氏，名渴刺兜，不知其由來有國代數也。彼土人呼之爲可

謂「邪馬壹國」經多方考證，其所述位置皆難以確定，有九州説，有畿内説，在日本學界是爲一大學術難題，迄今無定論。見石井良助、井上光貞編：《邪馬壹國》（シンポジウム）。可見《三國志　魏書》的敘述不夠準確，要依其文字來做考證，一定會造成問題。這是當時中國航海技術不發達，對海外國家缺乏了解所致，是時代的限制。同樣的道理，這些史書對琉球或臺灣的描寫也有這個問題，其敘述方式皆屬大體泛論，是難以仔細驗對的。

〔註76〕班固：《後漢書》卷八十五〈東夷列傳第七十五〉，頁2820。

〔註77〕陳壽：《三國志・魏書》卷三十〈烏丸鮮卑東夷傳第三十〉，頁854。

〔註78〕房玄齡等撰：《晉書》卷九十七〈東夷列傳第六十七〉，（台北市：鼎文書局，1980年），頁2535、36。

〔註79〕魏徵等：《隋書》卷八十一〈列傳第四十六東夷・倭國〉，頁1825。

老羊,妻曰多拔茶。所居曰波羅檀洞,塹柵三重,環以流水,樹棘爲藩。王所居舍,其大一十六間,琱刻禽獸。多鬬鏤樹,似橘而葉密,條織如髮,然下垂。國有四五師,統諸洞,洞有小王。〔註80〕

以上四本志書對〈倭國〉的記載可謂同出一源,僅在文字上做了些改變,或增加一些資料而已。需要注意的是所述的地理跨距很大,由日本諸島到海南島,全長有二千公里以上,這些大小島嶼上的住民都有紋身、涅齒、獵首的習俗,屬於相似的文化圈,這個觀察整體而言還算正確。在《三國志》、〈魏書〉、〈晉書〉中記載,這些島嶼人口眾多,形成「王國」,能渡過大海與中國相通的有「三十國」,這「三十國」大概都屬發展較成熟,社會階級完整,力量較強大的「部落型國家」。而《隋書》〈流求國〉的寫法與前者較不相同,具有筆記小說的筆法,臺灣西部海岸多爲平原,原住民大多沿海岸聚居成社,所謂依山洞爲寨,各洞各有洞主,自稱爲王,所述與雲貴、廣西地區少數民族的部族形態較相近,個人以爲《隋書》之所以會認爲流求國多山洞,且有洞主山寨,相信是受《後漢書》、《三國志魏書》、《晉書》的影響,說流求國居「山島之間」,「依山島而居」故產生的聯想,既有島有山,其穴居洞處是必然的了。《舊唐書》列傳一百四十七〈南蠻・西南蠻〉:

東謝蠻,其地在黔州之西數百里,……每歲易。俗無文字,刻木爲契。散在山洞間,依樹爲層巢而居,汲流而飲。西趙蠻,在東謝之南。其界東至夷子,西至昆明,南至西洱河。山洞阻深,莫知道里。〔註81〕

韓愈〈黃家賊事宜狀〉:

人所說至精至熟,其賊並是夷獠,亦無城郭可居,依山傍險,自稱洞主,衣服言語,都不似人。〔註82〕

元稹〈送嶺南崔侍卿詩〉:

洞主參承驚豸角,島夷安集慕霜威。
黃家賊用鐮刀利,白水郎行旱地稀。〔註83〕

〔註80〕魏徵等:《隋書》卷八十一〈列傳第四十六東夷・流求國〉,頁1823。
〔註81〕劉昫:《舊唐書》列傳一百四十七〈南蠻・西南蠻〉,頁5274、75。
〔註82〕馬其昶校注:《韓昌黎文及校注》,(台北市:漢京文化事業公司,1983年),頁369。
〔註83〕元稹:《元氏長慶集》〈送嶺南崔侍御〉,(台北市:世界書局,1975年),頁4572。

「東謝蠻」爲分布於貴州一帶的「布依族」，「黃洞蠻」則爲廣西一帶的「壯族」〔註84〕。這些分布在中國西南山區的少數民族，所居之處多山，以山洞爲單位建立村寨，自稱爲洞主，以明代、荷蘭或清初所有較確實的原住民紀錄來看，臺灣原住民沒有「洞主」或「王國」存在的紀錄，也沒有到「中國」朝貢的可能。繼丁謙之後的學者梁嘉彬主張《隋書》〈流求國〉即爲現在的琉球，認爲「琉求國多洞穴」指的是流求國地質爲石灰岩，多鐘乳石洞，早期流求人以穴居爲主，故其聚落首領多稱「洞主」。〔註85〕由前文「專著」一節所列的《大明一統志》、《武備志》、《潛確居類書》、《西洋朝貢典錄》、《蓬窗日錄》等明代書籍看來，琉球主動來向中國朝貢，它的位置在那兒，國情如何，是很清楚的，不會與日本或臺灣相混淆。在明代以後，臺灣這座缺乏紀錄的島嶼，才逐漸爲人了解，島上原住民的種種才漸爲中國人所知，他們的生活型態，飲食服飾，社會組織，生命儀俗仍處於相當原始的狀態，經濟活動以漁獵爲主，尚未進入穩定的農業社會，部族發展也未達王國的階段，更重要的是沒有良好的航海技術，沿海的平埔族如凱達格蘭、道卡斯、西拉雅、巴宰等，或「生番」卑南、阿美等，所使用的船隻都非常原始，沒有製造乘坐多人的大船的技術，如泰雅、排灣、魯凱等居於山區的族群，更沒有造舟渡海的能力，甚至口傳文化中都已忘卻祖先是從海外移民入台的。〔註86〕我們以最早有紀錄的臺灣原住民：臺南一帶西拉雅族，或北臺灣的凱達格蘭族的記載來看，他們都不曾有「王國」存在的可能，也沒有穴居或「洞主」的相關紀錄，甚至連「土目」、「土官」之類的部落領導人都語焉不詳。上文《隋書》的記載與琉球實際的情形也不完全相類，明代蕭崇業與謝杰同編的《使琉球錄卷下》對此有所質疑，他引用了《嬴蟲錄》的說法：

> 琉球，當建安之東，水行五百里。山多土峒，峒有小王，各爲部隊而不相救援。國朝進貢不時，王子及陪臣之子皆入太學就讀，禮待

〔註84〕 楊渭濱、回景芳等編：《中國少數民族概觀》，（天津：天津古籍出版社，1988年），頁6。

〔註85〕 梁嘉彬：〈隋書流求國傳逐句考證（初稿）〉「中國史學論文選集第一輯」，（台北市：幼獅文化出版社，1976年），頁270。

〔註86〕 排灣族的祖先據口傳是來自大武山，泰雅族祖先源自北港溪上游大石頭的爆裂，或大霸尖山一帶，也有樹生的說法。魯凱族則以百步蛇爲祖先的源起。這幾個居住於山區的原住民族群，進入臺灣的歷史應該非常長久，因此將祖先「在地化」，渡海經驗已在口傳歷史中遺忘，海洋經驗已消失，所以沒有操舟航海的意願與能力。

甚厚。〔註87〕

然後加以整理逐項批駁：

1. 由福州到琉球順風要七晝夜，不順風的話要十天以上，水程萬里，非五百里。

2. 建安郡在福州西北，不濱海，由建安出海不正確。

3. 各王子弟雖分布在各山，但有事時彼此會相聚，有戰事時會互相支援。

〔註88〕

並另引杜佑《通典》之文加以質疑，認為琉球國王、妻子的命名有其意義，姓歡斯氏，名渴刺兜，等說法不可靠。

> 案琉球國王姓尚氏，歷世以漢字命名：祖有尚忠、尚德、尚眞，皆取義之佳者。不知何時曾姓歡斯氏也。土人稱王曰「敎那」，稱妃曰「札喇」；乃云「可老羊」、「多拔荼」，豈方言或與世更異也。〔註89〕

根據以上的記載，《隋書》〈流求國〉所記的應為琉球而非臺灣，雖然在文字上疏漏處不少，與琉球眞實的狀況相差頗多，但仍有可信之處。然與臺灣可謂距離甚遠，不符之處太多。至於述及的風土習俗有與臺灣原住民相合之處，如：男子用鳥毛為冠，用珠貝裝飾，男女相悅，即相配偶，族人依枝葉繁茂的大樹起屋，或懸骷髏於樹上，以箭射之。大王居住的地方，壁下多據髑髏以為佳。住戶的門上都會安裝獸頭骨腳，作為裝飾。這些習俗其實在中國苗猺之族，雲貴兩廣的少數民族或琉球、菲律賓、馬來西亞、印尼等國家都可以見到，各族之間大同小異而已。不同之處亦有大王出來時，隨從要抬著木獸隨行，大王坐在木獸上，旁邊有十數人隨行。族人有死亡的，同鄉之人聚而食之，這些都沒有在臺灣原住民習俗中見到。〔註90〕

賴福順於〈流中航線研究〉〔註91〕一文中認為陳稜那時在義安駐兵，接

〔註87〕蕭崇業、謝杰編：《使琉球錄三種》第二冊〈群書質疑〉，（台北市：臺灣銀行經濟研究室編印，臺灣歷史文獻叢刊287種，1970年），頁114。

〔註88〕《嬴蟲錄》引見蕭崇業、謝杰編：《使琉球錄卷下》，頁114。

〔註89〕蕭崇業與謝杰同編的《使琉球錄卷下》，頁119。蕭崇業與謝杰同引杜佑《通典》之文加以質疑，然不知其文出自《隋書》卷八十一〈列傳第四十六東夷‧流求國〉。

〔註90〕梁嘉彬：〈隋書流求國傳逐句考證（初稿）〉一文對其風俗民情考證甚詳，論述雖有待商榷之處，然《隋書》〈流求國〉為現之琉球非臺灣，應可確定。

〔註91〕賴福順：〈流中航線研究〉（南投市：《臺灣文獻》第五十四卷第一期，2003年，3月31日），頁6。

到征伐流求的命令後，在原地整軍，待準備完成後，由義安郡的潮州出發，沿海岸北上至福州，由福州出發經兩日至高華嶼，二日後到達䉴鼊嶼，再一日便到達流求國。《隋書》〈陳稜傳〉說：隋朝萬餘人的大軍到達流求國後，流求人民原以爲是要來做生意的，紛紛來與這隻龐大的艦隊貿易，沒想到隋兵發動攻擊，殺掉了國王俘虜了王子及數千人返國。陳稜因討伐有功，還加官晉爵。賴福順繼承其師梁嘉彬對這方面的研究，但不以文本的分析爲主，從另一方向以隋代到明代的航海路線，來解決這個爭議多年的公案，隋代之後的宋、元正史或專著中的琉球是否即爲臺灣，他認爲：

> 這流求國無論是在隋代，或歷唐宋元各代，即從七世紀起，迄十四
> 世紀止，皆指一地，其他任何可能的島嶼均無絲毫可能，畢竟全部
> 流中航縣目的地相同，同指流求國。〔註92〕

賴福順舉出中國到流求國由隋到元共有三條航線，其一是隋唐時代由福州經高華嶼、䉴鼊嶼再到流求國，其二是宋代泉州成爲國際港後，由泉州經高華嶼、䉴鼊嶼到流求國，其三是泉州到澎湖再北上經高華嶼、䉴鼊嶼到流求國。這三條航線都經過高華嶼、䉴鼊嶼，這兩座島高華嶼在明、清稱爲花嶼、華嶼，現稱花瓶嶼，䉴鼊嶼，䉴鼊嶼明、清稱古米島現稱久米島，高華嶼、䉴鼊嶼是中國到流求國航線上的指標島，明代以前的載籍雖有各說各話，語意混淆的現象，但都有此兩島的記載。以此推論在明代以前所有有關琉球的記載，所指的都是現在的琉球而與臺灣無關。賴福順以航線論證明《隋書》〈流求國〉所載至元代馬端臨《文獻通考》〈四裔考‧琉球〉所載琉球皆爲現今的琉球。本文則以各類相關史籍的文本，由《後漢書》、《三國志》〈魏書〉、〈晉書〉、〈隋書〉到明代蕭崇業與謝杰同編的《使琉球錄》進行比較會通，推論元代以前有關臺灣的載籍皆難以採信，有關臺灣的可靠記述仍要到明代以後，才可謂信而有徵。〔註93〕《隋書》〈流求國〉至於宋趙汝适《諸蕃志》中

〔註92〕賴福順：〈流中航線研究〉，頁44。賴文將歷來對這方面的研究歸納爲：（一）「隋代流求臺灣沖繩論」又可分爲1.「隋人抵達臺灣說」2.「隋人抵達臺灣小琉球說」3.「隋人先到臺灣後到沖繩說」4.「隋代流求七分沖繩三分臺灣說」5.「隋代流求八分沖繩二分臺灣說」。（二）「隋代流求臺灣論」（三）「隋代流求沖繩論」（四）「隋代流求屋久島論」（五）「隋代流求菲律賓臺灣沖繩日本論」（六）「隋代流求澎湖論」（七）「隋代流求菲律賓論」（八）「隋代流求無法斷定論」，論文分析討論甚爲深入，總結前人論述，並提出新的看法。
〔註93〕隋代流求即現在琉球另一實證見於《明太祖實錄》卷二十六，吳元年冬十月

記載的〈毗舍耶〉是否為臺灣，歷來有兩派說法，其一主張為臺灣，如：明茅元儀《武備志》、清黃叔璥《臺海使槎錄》，徐鼒《小腆紀年》，近代學人梁嘉彬等，〔註94〕其二主張為菲律賓人或居於臺灣南部的由菲律賓移民而來的種族，如：法人 Terriende Lacouperie 所著〈The Langnges of China before Chinese〉，伊能嘉矩所撰〈菲律賓群島與臺灣之近似〉，和田清〈明代以前華人所知之菲律賓群島〉等。〔註95〕

　　毗舍耶相關記載文字過於簡省，是以要做判斷實為難事，且自《諸蕃志》之後並無相關記載，若以陳仁錫《潛確居類書》所記的數個漢字擬音來看，與臺灣原住民語音皆不相同，所以是臺灣的可能性甚低，此島究竟所指為何，仍待更好的方法加以研究，或新的資料出土才能確知。〔註96〕

第三節　異文化記述探討

　　中國傳統史籍的編纂者，經常是將前人的資料加以整編，改寫，然後成文的。有時編纂者會加入一些主觀的意見，對史事做一番褒貶評論，有時僅為客觀的資料編述而已。孔子云：「述而不作」講的便是這種觀念，他自己一生也以編纂舊有資料，闡述古代文獻為務，並沒有獨創的述作遺世。有關蠻國異邦的記述如前所言是出自於《史記》，但《史記》、《漢書》仍以人物、事件為主，對戰爭或衝突的描寫較多，幾無觸及這些國家的風土民俗，地理物產，陳壽的《三國志》〈魏書‧烏丸鮮卑東夷傳三十〉雖已有一些民情的記載，

　　　丙寅條：「如隋煬帝妄興師旅徵討琉球，殺害夷人，焚其宮室，俘虜男女數千人。得其地不足以供給，得其民不足以使令。徒慕虛名，自弊中土，載諸史冊，為後世譏。」可見在明代初年，明政府已經清楚琉球所在位置，琉球與臺灣不同。引見張奕善〈明帝國與南海政略〉《中國史學論文選集第一輯》，頁650。

〔註94〕梁嘉彬：〈宋代「毗舍耶國」確在臺灣非在菲律賓考〉（南投市：《臺灣文獻》第二卷第三、四期，1951年），頁5。梁嘉彬認為毗舍耶國在臺灣北港（笨港）一帶，與澎湖諸島相對，故可煙火相望。

〔註95〕引見盛清沂〈宋元兩代本省開闢資料之探討〉，（南投市：《臺灣文獻》第二十二卷第四期，1971年），頁4、5。

〔註96〕黃秀政、張勝彥、吳文星：《臺灣史》第三章〈國際競爭時期〉將宋、元以前的臺灣以有爭議、無文獻可考來解說，間接否定了《史記》、《漢書》、《三國志》、《隋書》等的記載，是比較客觀的說法。（台北市：五南圖書出版公司，2002年2月），頁31、32。

但仍嫌簡陋。﹝註 97﹞《後漢書》在這方面則有很大的進展，撰述者范曄對每一族裔進行了歷史淵源的考察，對所謂「夷」、「狄」、「蠻」、「戎」的定義作深入的討論，詳載了這些民族的習性，風土地理、衣飾物產，他的纂修雖非十分正確，但可說是相當整體性的紀錄了。范曄的做法開啓了正史對「他方異國」另一種較有價值的記述模式，較諸《史記》有更深廣的拓展。《後漢書》基本上是收錄了非常多前人或當代人的著述而成的，這種方式本即爲春秋戰國以迄秦漢以來史籍的寫作法，范曄寫「東夷」、「南蠻西南夷」、「西羌」、「西域」、「南匈奴」、「烏桓鮮卑」等列傳時，參閱了哪些資料我們不能很明確的找出來，有的就算知道書名，這些書也大半亡佚不可查知了，所以他的纂修成爲難以取代的文獻了。德國史學家尼博兒（Barthold George Niebuhr,1776 年 -1831 年）曾對史料的取用提出五點看法，簡要的說第一是要問史料的來源如何？第二要問史料是否雜有後人的意見，曾否被修改。第三原手史料不存，方許用最早的副料。第四原料與副料價值的判斷，依時間、地域、親見或傳聞爲主，不以文辭優美爲依據。第五要注意記載者的動機與態度。﹝註 98﹞由第二節的史料整理、辨正之中，可以發現許多纂述的筆法是值得深究的，尼博兒的史料取用看法，是判斷這些資料很有價值的標準。有關東南海中諸島的記載，《後漢書》卷八十五〈東夷列傳〉算是最早最有條理的，這段記載成爲往後各史書的「源生史料」，後世纂修相關內容時，仍經常引用或節錄他的文字。有關臺灣史料的記述，我們大概可分爲以下數類：

一、史料記述方式

中國傳統的歷史撰述，一直有其穩定性的「規範」，這種規範使得撰述者不敢有太多的逾越，這種不敢逾越與遵守規範的寫法，在正史撰述上表現最爲明顯。因爲他代表了一種國家的典範，具有一種標準性，嚴謹性。在許多

﹝註 97﹞陳壽：《三國志 魏書》〈烏丸鮮卑東夷傳三十〉對倭、對馬國、末盧國、伊都國等十餘國風俗習慣描述不少如：「其風俗不淫，男子皆露紒，以木綿招頭。其衣橫幅，但結束相連，略無縫。婦人披髮屈紒，作衣如單被，穿其中央，貫頭衣之。」等，這些資料成爲後世撰述有關「東夷」諸國風土民俗的源頭之一，頁 855。

﹝註 98﹞引見杜維運：《中國史學史》第三冊，第二十七章〈十九世紀以後西方史學的進入黃金時期與中國史學的由極盛轉入衰微〉，（台北市：三民書局，2004 年 6 月），頁 523。

學術界具有權威性的著作裏，不論是奉命撰述的或個人苦心之作，也常會出現保守的，承繼前人著述的現象。比較突破性的觀念或撰述方式，是不容易出現的。梁啓超甚至批評說中國史學著作「陳陳相因，一邱之貉」，還有四弊二病，二病是：「能舖敘而不能別裁」、「能因襲而不能創作」〔註99〕，西方正統史學家對中國史家的「不斷的襲用舊史原文」無止境的「重複既已確定的敘述」感到非常的驚訝。〔註100〕然而這正是中國史家撰述的傳統，章學誠《文史通義》卷八說：

> 史家又有著作之史與纂輯之史，途徑不一。著作之史，宋人以還絕
> 不多見，而纂輯之史則以博雅爲事。〔註101〕

具有獨創性的「史家」以他的看法宋代以後幾乎就沒有了，纂輯之史家廣泛收集前人之著作，然後以「別識心裁」、「獨斷於心」對大量的資料加以剪裁，然後便成爲一家之作。纂輯之史家的好壞，表現在對材料的剪輯與取捨能力罷了。因爲這個緣故，許多歷史文獻中，可以看到文本裏的「統一性」、「連貫性」、「相似性」，反過來說，其實這些文本呈現的正是「侷限性」、「重複性」、「訛誤性」，由於這種傳承二千餘年的「穩定」記述方式，可以在「文獻」中歸納出幾種方式，這幾種方式在「異民族」撰寫上是很明顯的。

（一）東南異方沿海民族的源生史料

以有關臺灣的史料研究來說，論者有以《後漢書》卷八十五〈東夷列傳〉第七十五中的〈夷州〉爲臺灣最早的紀錄，並以其注引沈瑩《臨海水土志》的內容，認爲夷州在臨海東南，去郡二千里，風俗習慣皆與臺灣原住民相仿，認爲記的正是魏晉時期的臺灣。〔註102〕在記載早期臺灣歷史史料，還有兩則經常被引用的資料，一則是《三國志》〈吳書·孫權傳〉、〈吳書·陸遜傳〉中言及東吳派兵討伐掠奪夷州、澶州的事情，論者以爲夷州即爲臺灣。〔註103〕第二則是《隋書》卷八十一列傳第四十六〈東夷〉中〈流求國〉、〈倭國〉的記載，〈流求國〉一則記地理位置、國王姓氏、民俗風情甚詳，論者以爲

〔註99〕引見杜維運：《中國史學史》第三冊，第二十七章，頁528 。
〔註100〕杜維運：《與西方史家論中國史家》，（台北市，東大圖書公司印行，1981年8月），頁73、74。
〔註101〕章學誠：《文史通義》卷八，頁28。
〔註102〕凌純聲：〈古代閩越人與臺灣土著族〉，《臺灣文化論集》（一）頁4、5。
〔註103〕凌純聲：〈古代閩越人與臺灣土著族〉，《臺灣文化論集》（一），頁12。

即今日之臺灣。〔註104〕以上這三則可說是臺灣史料之源，這些史料有兩個共同特色，其一是臺灣屬於蠻邦異族，並非「中國人」，仍屬化外之民。其二這些著述所言皆爲東海一帶的島國，其風土民俗頗爲類似。可以確知的僅爲「倭國」及其相近島國的記述，其中所記是否確有臺灣仍待詳考，但基本上是不可信的。由於這三則資料撰成的年代相近，後世引述者甚多，已成爲史料的源頭。之所以使用「源」字，其意義在於此資料爲後世敘述的基本源頭，基本文本，而非「原始資料」，沈瑩《臨海水土志》就其內容及撰述結構來看，也應非第一位撰稿者。其後的史書、類書如《晉書》、《南史》、《北史》、《舊唐書》、《唐書》、《新元史》，《太平寰宇記》、《太平御覽》、《諸蕃志》、《大明一統志》、《文獻通考》等的記載大多本於這三則史料，內容上沒有太多差異。事實上我們發現，在「正史」中對臺灣明確可信的記載，要遲至清初編纂的《明史》，此書始撰於康熙十七年（1678 年）雖然明代中葉以後，中國對臺灣已甚清楚，但在一般史料載集中，述及此島的仍非常有限，這點由《明史》卷三百二十三列傳第二百十一外國四，〈雞籠〉的記載可以看出。這篇文字雜錄前人之作，雖所述確爲臺灣，但訛誤之處甚多，《明史》遲至乾隆年間方才刊行，彼時清廷已領有臺灣六七十年，對臺灣已十分了解，然對《明史》有關臺灣的記載未加更動，這種做法保存了明代對臺灣的看法，其實是有其時代因素的。

（二）衍生史料

在傳統中國的歷史記述方法上，常可看到承襲前人著述，重加纂錄以爲己作的現象，中國傳統觀念中以崇古、好古爲尚，轉承前人之作，基本上並無不可。然而這種只有編述，而無創作的寫作法，是有其限制的。缺乏創新的記述精神，沒有獨特的見解，人云亦云，只是重複前人之見，是難以進步的。這種重述現象在敘寫「他方異國」方面十分明顯，這種輯錄與重述前人作品的撰述情形，又有一些不同的地方，我們可以把它分爲幾類。

1. 原文照錄

《北史》卷九十四列傳第八十二〈流求國〉一則，內容皆出於《隋書》列傳第四十六〈東夷‧流求國〉。《南史》卷七十九列傳第六十九〈東夷〉也有類似現象。

〔註104〕唐杜佑：《通典》卷一百八十六〈邊防二〉「琉球」抄錄此段文字。

《梁書》卷五十四列傳第四十八〈東夷〉有「女國」、「文身」、「大漢」。杜佑《通典》卷一百八十六〈邊防二〉「女國」、「文身」、「大漢」等全抄《梁書》，另〈琉球〉一則亦錄自《隋書》列傳第四十六〈東夷·流求國〉。

2. 刪錄前作

《晉書》卷九十七列傳第六十七〈東夷〉一則，刪錄《魏書 三十》〈東夷〉以成文。

《宋史》列傳第二百五十〈外國列傳·流求國〉，出自於宋趙汝适《諸蕃志》〈流求國·毗舍耶〉。

《太平御覽》〈四夷部·東夷〉所述，刪節自《隋書》〈東夷列傳〉。

這些記載除刪節文字以外，沒有增添任何新的資料。

3. 襲仿改述

《舊唐書》：卷一百九十九上 列傳第一百四十九上〈東夷〉：

> 倭國者，古倭奴國也。去京師一萬四千里，在新羅東南大海中。依
> 山島而居，東西五月行，南北三月行。世與中國通。其國，居無城
> 郭，以木爲柵，以草爲屋。四面小島五十餘國，皆附屬焉。

所記較《隋書》列傳第四十六〈東夷·流求國〉簡略，爲綜合其書的〈流求國〉及〈倭國〉兩則爲文；又與《北史》〈倭國〉所記相類。

《新唐書》卷二百二十列傳第一百四十五〈日本〉一則，與《舊唐書》卷一百九十九上列傳第一百四十九上〈倭國〉頗多相襲仿處。

《太平寰宇記》〈四夷 東夷〉一則，所述乃綜合《隋書》〈東夷列傳〉、〈陳稜傳〉、杜佑《通典》等作，並刪節更改段落，增加標題。

以上這三類纂修法甚不可取，章學誠《文史通義》卷四〈釋通〉說：

> 剿襲講義，沿習久而本旨已非；摘比典故，原書出而舛訛莫掩；記
> 誦之陋，漫無家法，易爲剿竊也。〔註105〕

卷五〈浙東學術〉又說：

> 整輯排比，謂之史纂；參互搜討，謂之史考。皆非史學。〔註106〕

認爲這樣的史傳寫法很容易變成剿竊，原書若記載錯誤，抄書者也會跟著犯錯，沒有自己的判斷和方法，這是非常糟糕的。只是整理前人之作，將資料

〔註105〕章學誠：《文史通義》卷四，頁16。
〔註106〕章學誠：《文史通義》卷五，頁25。

重新排比，參雜的舖寫出來，這樣叫做歷史資料的抄錄，也不算是眞正的史學。其實這樣的寫法不僅中國有之，西方的史學界也屢見不鮮。余英時曾引用柯靈烏（R.G.Collingwood）對西方史學界的批評說：這種「剪貼」（scissors and paste）派的史學：「祇是集合各種權威的見證而已，根本不符合科學的必須條件。」〔註107〕柯靈烏認爲由希臘、羅馬時期以迄於中古時代，以這種方式處理歷史，是非常不負責任也不科學的做法。

（三）增補史料

有關琉球一帶的文獻，經過數百年的累積，宋元以後各書有所增補，其做法爲綜合前人著述，增加新的資料，或對舊有資料進行綜合判斷。章學誠：《校讎通義》卷一說若覺得想補足記載的不足，求之於古籍但無所獲，無可奈何，但若同代的人有所記述，則可以加以增補，這方法稱爲：「采輯補緝之法」〔註108〕依其論點，可舉以下的數則爲例：

《諸蕃志》卷上〈志國・流求國〉所言之流求國內容刪節自《隋書》〈流求國〉，文後增加：

> 無他奇貨，尤好剽掠，故商賈不通。土人間以所產黃蠟、土金、氂尾、豹脯往售三嶼。旁有毗舍耶、談馬顏等國。

此段所言流求島民好剽掠，故商賈不通，尚有可能，然後段所言之物產「黃蠟、土金、氂尾、豹脯」等可知此地非臺灣，趙汝适補述之處是否爲今之琉球，亦有待商榷。

馬端臨《文獻通考》卷三百二十四〈四裔一琉球〉爲綜合《隋書》〈東夷傳〉、趙汝适《諸蕃志》〈流求國・毗舍耶〉等而成。首段云：

> 琉球國，居海島，在泉州之東。有島曰彭湖，煙火相望；水行五日而至。土多山洞。

此段源出自《隋書》〈東夷傳・流求國〉，然其原文爲：

> 流求國，居海島之中，當建安郡東。水行五日而至。土多山洞。

趙汝适《諸蕃志》〈流求國・毗舍耶〉則云：

> 流求國，當泉州之東，舟行約五、六日程。

可見馬端臨乃綜合兩書之文而成。兩書皆無：「有島曰彭湖，煙火相望」兩句，

〔註107〕余英時：《歷史與思想》〈一個人文主義的歷史觀〉（台北：聯經出版社，1976年），頁238。
〔註108〕章學誠：《校讎通義》卷一，頁13。

此兩句出自《隋書》〈東夷傳・流求國〉：

> 大業元年，海師何蠻等每春秋二時天清風靜東望，依稀似有煙霧之
> 氣，亦不知幾千里。

馬端臨將「春秋二時天清風靜東望，依稀似有煙霧之氣」濃縮爲「煙火相望」
一句，另插入「有島曰彭湖」將彭湖與琉球同置，大概是認爲彭湖即爲琉球；
這段增補的敘述應是纂修者的論斷。

此外《新元史》卷二百五十三〈琉求〉所述，綜合《隋書》〈東夷列傳〉、
〈陳稜傳〉，趙汝适《諸蕃志》〈流求國・毗舍耶〉、《元史》〈外夷三〉等紀述
而成，並加上個人推斷，〈琉求〉一文最後說：「史臣曰：『琉求，今之臺灣。
今之琉求，至明始與中國通。』或乃妄合爲一，誤莫甚矣。」斷定琉求爲今
之臺灣，然所論未必正確。

（四）信而可徵的文獻出處

有關臺灣的記載要到明代中葉以後，才眞正的出現。如：黃省曾《西洋
朝貢典錄》，張燮《東西洋考》，陳第〈東番記〉，楊英《從征實錄》，鄭舜功
《日本一鑑》〔註 109〕，《籌海圖編》〔註 110〕，顧炎武《天下郡國利病書》
〔註 111〕，張廷玉等編的《明史》，荷蘭文的部分則有《巴達維亞城日記》，《巴
達維亞城決議錄》，《臺灣述略》（*Discours ende cort verhael van ,t eyland
Formosa*），《被遺誤之臺灣》（*'t Verwaer loosed Formosa*）等等。不過這些資
料，對臺灣的記載仍是相當模糊的，因爲當時他們對臺灣的接觸大半仍爲片
面的、點的往來，如陳第只到過臺南一帶，鄭舜功所述爲基隆、台北一帶，
荷蘭人主要活動空間在南臺灣，他們雖做過全臺的探查，但所知仍屬於線的
知解，對這座「番人」所居的大島，仍缺乏完整的了解。鄭成功入臺，因其
政權屬於流亡、戰備的狀態，對全島的探查，是有著掌控局勢，掠奪物資的
目的，在兵馬倥傯的狀態下，有關臺灣的人文記述當然是缺乏的。所以對此
地的文史記載還是要等到清朝統治這裡以後，才逐步的開展起來。清領之後
因爲中國移民的大量移入，原來泰半仍處於原始狀態的山林、野地，不斷的
受到開墾，原有的住民逐步的讓出土地，移民逐漸的在此地獲有大批的田

〔註 109〕引見曹永和：《臺灣早期歷史研究》1985 年第三版，頁 137。鄭舜功於明嘉靖
三十四年（1555 年）至日本，返國後著此書。並有圖繪，圖上繪有雞籠山，
及噴硫磺氣情形。
〔註 110〕引見曹永和：《臺灣早期歷史研究》，頁 138。
〔註 111〕顧炎武：《天下郡國利病書》卷九十三。

產，清朝的統治建構日漸穩定，臺灣成為中國人的世界，有關此地的漢文記述也不斷的累積，二百餘年間，不論是官式文書、個人著作都有非常可觀的數量，而臺灣的種種面貌，就在這樣的記述中逐漸的呈現出來。有清一代大量的記述，也是脫去荒蠻，走入文明重要的基礎，此地因此被世人知曉，不再是面貌模糊，僅是番人、海盜、亡命者、漁獵者暫棲之島。

　　綜合以上有關臺灣史料的撰述分析，基本上是對舊有文獻的分類討論，與比較考辨，並期望在其中作更多的「考掘」，以發現更多前人未見的觀點或「證據」，以建立一個突破性的思考觀點及論述。並嘗試整理出其寫作「源流系列」，找出跨越二千餘年史料裏對臺灣撰述的「連續性」或「不連續性」、「相關性」或「針對性」，對其資料進行判讀，「區隔」何者為「源生資料」、「衍生史料」、何者為「增補史料」、「信而可徵的文獻」。在諸多文字間做判讀，尋找其「確切性」，質疑其可疑之處，以試圖確定臺灣在清代以前比較正確的「文獻位置」。事實上中國的史料文獻紀述存在著一種穩定性，承續性與甚或循環性，崇古戀舊變相式的「祖先崇拜」表現在文化中的各個部分，因此重複、抄錄、拼湊等從不認真的被認為是種錯誤，甚或是種美德，亦即章學誠所言的「纂輯之史」、「采輯補綴之成法」。這種「子承父業」式的撰述法，呈現一種穩定的，依照時間前後順序的，代代相承，改變有限的敘述規則。大至一個朝代的史書，小至一個縣的方志，都有這種現象。後人如有些進步，超出前人之處，通常僅以「增補」的方式表現。這種「穩定」大大限制了撰述者的眼光與能力，只能在有限的空間中承襲、打轉。然而就是因為穩定性，讓研究者很容易的便掌握其寫作的方式，也很容易便上溯到「古人」的撰述方式與心靈，了解到與古人同行的奇妙感受。

　　臺灣的種種屬於中國歷史記述範疇中的一支，如同韓國、日本、越南等國一般，「原臺灣人」的面貌，仍是依靠「他者」的紀錄，才得以被看見，得以被解讀。以「現在」的眼光來看清代或清代以前的文獻，當然有其極大的限制，這些資料所呈現的往往是片段的，殘存的，甚或訛誤的，就算有出現了不少資料佐證，我們仍然僅能看到很支離破碎的一面或被「番人化的番人」。僅能在論述者的預設空間中，盡量去填滿需要的部分。不過清代原住民的漢文記述，本即為「被遺忘、被忽略」的部分，日據以後到光復的研究者，幾乎沒有專門的研究者，也以為那是不必重視殘舊史料，所以在使用資料上錯誤、未之見的頗多，甚或重複了許多早已有所研究與記載的論述；這始終是一種欠缺與遺憾。

總之，臺灣與「原臺灣人」的歷史，別無選擇的必須在這些漢文記述中去建構，去鋪陳，回到文本、回到原始撰述者的寫作中，是比較好的方式，雖然清代原住者從不曾發聲，清代秉筆之士的敘述常很浮面，然而「過往的歷史」除了建構在建築、器物等遺物外，文獻仍是最具代表性的「證物」。

二、文化地理的記述內容

（一）人群與空間

中國傳統記述中以「我族」為中心，疆域位置居於世界的核心，其他種族則分散於四方。中國理所當然的位居世界最「中心」的位置，其他次要的民族則圍繞在他的東、西、南、北四周。這個地理位置是無可取代的，是世界與宇宙最重要的位置。在思想觀念及文字敘述上，都是以他為主體，為核心的。在種族上中國為「華夏」為「漢族」，其餘則為「蠻邦異族」，《爾雅》第九〈釋地〉說的很清楚：

> 東至於泰遠，西至於邠國，南至於濮鉛，北至於祝栗，謂之四極。
>
> 觚竹、北戶、西王母、日下，為之四荒。九夷、八狄、七戎、六蠻，謂之四海。〔註112〕

「四極」、「四荒」、「四海」指的都是距離中國遼遠之地，這些地方各有其國，各有其君，種族上與漢人不同，所謂「夷、狄、戎、蠻」指的是種類繁多的非我族類。這些人居住在四面八方，文化、語言、習俗皆與中土之人不相類。中國為漢人居住的領土，是不容許其他族類的人入侵的，這塊土地只有漢人可生養孳息。

以這個觀點看來臺灣位在「中國」的東方，臺灣之人未受「聖賢教化」的沾溉，是「夷、狄、戎、蠻」一類近於禽獸的非我族類。臺灣之人在還不被中國人確認時，被籠統的稱為「東夷」中的一支，「東夷」自古由山東、江蘇、浙江沿海一帶，到舟山群島、日本、琉球等大小島嶼都歸屬其類。宋代以後，山東、江蘇、浙江一帶已成為「中國」的一部分，但沿海一帶以東的列島如舟山群島，仍被視為「東夷」的一種。〔註113〕在元代海運逐漸開通後，「東番」之名成為臺灣最早的名字，此詞既代表這座島，也代表島上的人民。

〔註112〕郭璞：《爾雅注疏》第九〈釋地〉卷七，《四部備要·經部》，（台北市：中華書局據明刻版校刊）。

〔註113〕王安石：〈收鹽〉詩，《臨川集》，頁4。

「東番」一詞非常符合傳統文化的修辭，在「空間與人群」的定位上，有其一貫性。這個名稱持續了四五百年，直到清領中期，「臺灣」之名才眞正取代了「東番」一詞。〔註 114〕中國的移民取代了原先的住民，成爲大多數的「臺灣人」，大多數的「番人」也蒙受教化，成爲「中國人」，臺灣不再是在中國東方的異類，「東番」一詞的消失，也是理所當然的了。

（二）風俗民情

對異族風土民情的描寫，《史記》〈匈奴列傳〉最爲明顯，說匈奴人平日以射獵維生，吃禽獸的肉，穿他們的皮，如果有利益所在，就棄禮義而不顧。沒有姓氏只有名字。重視強健者，輕視老弱者。這是記載異族風俗的源生之作。《史記》〈匈奴列傳〉第五十：

> 匈奴……其俗，寬則隨畜，因射獵禽獸爲生業，急則人習戰攻以伐，其天性也。……苟利所在，不知禮義。自君王以下，咸食畜肉，衣其皮革，披旃裘。壯者食肥美，老者食其餘。貴健壯，賤老弱。父死，妻其後母；兄弟死，皆娶其妻妻之。其俗有名不諱，而無姓字。〔註 115〕

因爲既是非我族類之人，他們的風俗、習性、服飾、人倫關係必然與我族有異。這些民眾並不知曉中國的聖人之教，缺乏文明禮儀。記載那些奇風異俗，一方面是爲了了解這個區域的民風，一方面也可以作爲施政的參考。明代開始了對東南海外異國的記述，「東番」也成爲一個被述及的對象，如同《史記》、《後漢書》、《三國志》的纂修方式一樣，這個島上的居民，長相如何，服飾、居處、有何不同，有何奇風異俗，都是他們所好奇，所想紀錄的內容。《東西洋考》中的〈東番考〉摘錄了陳第等人的紀錄，寫下了當時北臺灣一帶原住民（凱達格蘭族）的風俗：

> 雞籠山，淡水洋在彭湖與之東北，故名北港，又名東番云。深山大澤，聚落星散，凡十五社。無長君、徭賦，以子女多者爲雄，聽其號令。性好勇，暇時習走，足蹋皮厚數分，履棘刺如平地，不讓奔馬，終日

〔註 114〕臺灣在明代就有「雞籠」、「北港」等以一地、一隅之名代稱全島的現象，臺灣原來亦爲臺南附近海域一隅之名「大員」。後來移民由南部登陸的較多，發展較快，成爲政治。經濟的中心，因此「臺灣」一詞便逐漸較「雞籠」、「北港」爲人熟知，也變成整座島的代表名稱。

〔註 115〕司馬遷：《史記》〈匈奴列傳〉第五十，頁 2879。

不息，縱之，度可數百里。男女椎髻於腦後，裸逐無所避。……男子

穿耳，女子斷齒（女年十五，斷脣兩旁二齒），以此為飾。〔註116〕

雞籠山之人，沒有君長制度，不必繳稅，誰家人多便可以稱雄。他們裸體不以為恥，好勇、善跑，仍然非常原始。周鍾瑄的名作《諸羅縣志》，在卷八〈風俗志〉裏，針對治下的「臺灣人」做了詳細的撰述，內容上分為七類：狀貌、服飾、飲食、廬舍、器物、雜俗，方言，將這個非我族類居民的特性充分的表達出來。比如說「狀貌」一類，說他們外表「醜怪髹黑」，皮膚黑，容貌醜陋，因為沒有衣服，天氣寒冷時便「塗鹿脂以禦風雨」。上身經常是赤裸的，只用一塊布遮住陰部，他們有紋身的習俗，但文的範圍在胸膛及兩臂，沒有紋在臉孔：

文其身，遍刺蝌蚪文字及蟲魚之狀，或但於胸堂兩臂，惟不施於面。

跣足；上體常裸，以幅布稍蔽下體前後，曰遮陰。〔註117〕

丁紹儀的《東瀛志略》卷六〈番俗〉也記錄了很多原住民的民俗特色，首先在臉孔上就有不同：「臺地諸番，多深目瞠視，鼻隆而銳」，原住民的眼眶很深，眼經常有瞠視的模樣，鼻子隆起而高，看起來很尖銳。這與丹鳳眼，扁鼻子的「中國人」顯然有所不同。母親生下小孩後，就把他帶到溪流中沐浴，一般人有病時也會走入溪中洗浴，認為這樣可以治病。小孩常用放在布做的搖籃中，懸掛在樹枝間搖晃，所以長大以後不怕寒冷，也很會爬樹。

生子則母攜娩嬰同浴於溪；有疾亦往溪中盥濯，以身熱為度，不熱

再濯，熱則病癒。小兒多以幅布懸置樹杈，任其簸颺；故既長不畏

風寒，終年赤裸，攀緣嶺樹，若素習然。〔註118〕

傳統的史書載集中對於異民族的記載，風俗民情是非常主要的內容，清代的臺灣方志及個人著作，如《裨海記遊》、《諸羅縣志》、《臺海使槎錄》、《東瀛志略》等，這方面的內容都是非常豐富的。

（三）異域物產

異族他邦所出產的物資，也是主要的記述項目。這些地方的產物大多是中國所沒有的，或少見的。這些物資除了是特產以外，具有很高的經濟價值，懂得經商之道的人，可以藉由互通有無的販售，賺取高額的利益。更有甚者，

〔註116〕張燮著，謝方校注：《東西洋考》，頁104～105。

〔註117〕周鍾瑄：《諸羅縣志》，卷八〈風俗志〉，頁155。

〔註118〕丁紹儀：《東瀛志略》卷六〈番俗〉，頁74。

記載這些「奇貨」可以鼓勵有雄心壯志的英雄或帝王，將這些地區征服、收納，讓這些珍奇異寶成為自己的財產。《漢書》〈地理志〉第八下說到蒼梧、鬱林、合浦、交趾、九眞、南海、日南這些地方出產了犀、象、瑇冒、珠璣、銀、銅、果、布，中國的商人前去拓展都發了財：「中國往商賈者，多取富焉。」〔註119〕臺灣這座島嶼上有何特異的物產呢？這也是許多人非常想知道的事情。對來臺的秉筆之士來說，此地的物產自然是重要主題。《臺海使槎錄》〈番俗六考〉就有一則專門記載：

物產（百穀花果竹木鳥獸蟲魚鹽硫磺）

> 鳳山採捕烏魚；內山之番，不拘月日，捕鹿為常；平埔諸社，至此
> 燒埔入山，捕捉獐鹿，剝取鹿皮，煎角為膠、漬肉為脯及鹿茸筋舌
> 等物，交付贌社，運赴郡中，鬻以完餉。十二月，臺、鳳進貢西瓜
> 及王瓜，匏茄熟。〔註120〕

鳳山縣沿海出產烏魚，內山的番人「出草」捕捉鹿隻，取鹿皮，煎鹿角膠，將鹿茸鹿肉醃漬，賣給商人，以鹿製品底交稅賦。十二月時臺灣縣、鳳山縣出產西瓜及王瓜，這些瓜都是可以進貢的好東西。烏魚、鹿、西瓜、王瓜都是臺灣南部的特產，品質好數量多。「達（卓）戈紋」是臺灣原住民的織成的布料，是他們有名的特產，這種布料是由苧麻、樹皮、夾雜狗毛所編織而成，非常堅固耐用。以樹皮、苧麻等為原料來製作衣服，是東南亞地區住民常見的現象。會製作這種布料的原住民族群很多，新港社、蕭壟社、麻豆社的西拉雅族，水沙連社的鄒族，噶瑪蘭一帶的噶瑪蘭族都有這樣的手藝。沈光文來臺時就看見南部西拉雅族人穿著這樣的衣服。〔註121〕有關這個原住民特殊的產物，《小琉球漫錄》卷八〈海東謄語〉（下）記載很詳細：

> 達戈紋，一名卓戈紋；鳳山邑誌分以為二，非也。瀛壖百詠云：「番
> 婦以狗毛、苧麻為線，織成布，染以茜草，錯雜成文，朱殷奪目；
> 或云係取樹皮細搗擦為線，以織成布」。予所見系褐色、藍色，方闊
> 三尺餘，質類布毯，土人又名番包袱。番人織以為衣；土人買之，

〔註119〕班固：《漢書》〈地理志〉，頁1670。

〔註120〕黃叔璥：《臺海使槎錄》卷一〈赤嵌筆談〉，頁52。

〔註121〕周鍾瑄：《諸羅縣志》卷八〈風俗志〉：「沈文開「雜記」：『土番初以鹿皮為
衣，夏月結麻枲縷縷掛於下體；後乃漸易幅布，或以達戈紋（見下）為之』。
數年來，新港、蕭壟、麻豆、目加溜灣諸番衣褲，半如漢人；冬裝棉。」，
頁137。

以爲衣袄。〔註122〕

由於這種布料很具特色，織成後以茜草染色，有紅色、褐色、藍色等。原住民用它來製成衣服或包袄，成爲本島特產，施鴻保《閩雜記》〈卓戈紋〉一則說：「卓戈紋，臺灣所出番布也，閩人極重之。」〔註123〕福建一帶的人對這個布料非常看重，認爲是價值高，經濟又耐用的好東西。可見在當時商人渡海進口的不少，所以福建人知道這種布的特性。

撰述性質相同的丁紹儀的《東瀛志略》卷五〈物產〉，細述了幾項此地果物「軟霧」（蓮霧）、「西螺柑」、「麻豆柚」等，這些果物其實大陸南方也有，但因隔一海峽，滋味及外貌多少有不同的變化：

軟霧，一名翦霧，大如蒜，蒂銳頭圓，形似石榴，花蕊色白微紅，瑩潤可愛，味清甘略同蘋婆。……西螺柑，產彰化之西螺，蒂如梅花，色紅微黃，大者如缽，味甘而鮮。臺地果品，推柑爲最，產他處者即不逮。近又有麻豆柚，獨嘉義縣屬麻豆堡有之；大不逾甌，皮青蒂尖，摘後月餘乃可食，味甘芳，核細如黍。〔註124〕

朱仕玠的《小琉球漫誌》在物產方面也有記載，他以散文或詠物詩的形式，將所聞所見臺灣特產的草木蟲魚一一舖寫。散文是單純的記事，詩歌則有文學的價值。由於詩歌有字數、押韻的限制，在表達上受到拘束，是以常有註解附在後面加以說明。在卷四〈瀛涯漁唱〉（上）我們可以舉出幾個例子來看：

番疆物類信難齊，炎帝圖經失考稽。頗怪草名三腳鱉，爭傳人畜五鳴雞。

三腳鱉，藥名。五鳴雞，大如鶴鶉，每漏下一鼓，則一鳴。

疑移海底潤猶濡，接幹交柯色自殊。四尺翻嗤石衛尉，遠籬盈丈綠珊瑚。

綠珊瑚，木名，一名綠玉，種出呂宋，無花，葉高可丈餘，色深碧，宛似珊瑚；民居多種之。

鳴螿幾日弔秋菰，出網鮮鱗腹正腴。頓頓飽餐麻虱目，臺人不羨四腮鱸。

〔註122〕朱仕玠：《小琉球漫錄》卷八〈海東賸語〉（下），頁87。
〔註123〕施鴻保：《閩雜記》（全一冊）（台北市：閩粵書局，1968年），頁122、123。
〔註124〕丁紹儀：《東瀛志略》卷五，頁57。

　　麻虱目，魚名。狀如鯔魚，細鱗。產陂澤中，夏秋盛出。臺人以爲

　　貴品。〔註125〕

「三腳鱉」、「綠珊瑚」、「麻虱目」這幾樣都是臺灣特有的產物，朱仕玠在〈瀛涯漁唱〉中選錄百種臺灣的產物加以吟詠。將實物賦以文學趣味，以文學技巧加以表現，使只有現實意義的物品，轉化成具有藝術性的東西，使它變成值得細細品味的文學作品。詩人將天地間萬事萬物，與予詩化、美化這種做法是傳統文學中很有特色的部分。臺灣出產有烏魚、虱目魚、西螺柑、軟霧、麻豆柚等特產，原住民捕捉島上的野鹿，生產鹿皮、鹿肉、鹿茸等，這些皆是高經濟價值的物產，也是記述者經常述及的內容。

（四）文學地景

　　清朝領有臺灣後，官員文士的渡海經驗，海洋風貌，成爲他們記述的重點。這些記述中有一些獨特的、標籤化的「臺灣經驗」，這些特有的地理景觀，具有很強的代表性。如「黑水溝」這個臺灣海峽的地理現象，是許多文獻及詩文作品中經常提及的，「黑水溝」因而成爲的獨特地理景觀的記述符號。《裨海紀遊》卷上便記載了渡過黑水溝的歷程：

　　二十二日，平旦，渡黑水溝。臺灣海道，惟黑水溝最險。自北流南，

　　不知源出何所。海水正碧，溝水獨黑如墨，勢又稍窊，故謂之溝。

　　廣約百里，湍流迅駛，時覺腥穢襲人。〔註126〕

文中說黑水溝的洋流由北流向南，不知源頭來自何處。在一片碧綠的大海上，獨自成爲一條黑色的區域，水流湍急，腥味撲鼻，最是危險。

　　孫元衡的《赤嵌集》〈黑水溝〉：

　　……惟臺與廈藏岸七百里，號曰橫洋，中有黑水溝，色如墨，曰黑

　　洋，廣百餘里，驚濤鼎沸，勢若連山，險冠諸海。

　　氣勢不容陳茂罵，奔騰難著謝安吟。十洲遍歷橫洋險，百谷同歸弱

　　水沉。

　　黔浪隱檣天在白，神光湧櫂日當心。方知渾沌無終極，不省人間變

　　古今。〔註127〕

〔註125〕朱仕玠：《小琉球漫志》卷四〈瀛涯漁唱〉（上），頁36。

〔註126〕郁永河：《裨海紀遊》卷上，頁36。

〔註127〕孫元衡：《赤嵌集》卷一，頁6。

孫詩以善罵的漢人陳茂、善吟詩的晉人謝安來形容黑水溝之危殆，以《十洲記》中記載「弱水」的可怕，來說明臺灣海域的致命。孫元衡的譬喻雖並不貼切，但橫渡臺灣海峽具有的危險性卻是眾所周知的，尤其是黑水溝之險，郁永河說它水色如墨，寬有百里，海水帶有腥臭味，孫元衡則說它水勢驚濤駭浪，像連綿不斷的山，如沸騰的鍋水一般，危險的程度是諸海之冠。《小琉球漫志》卷一〈泛海紀程〉記載這段歷程：

> 飯後，北風乍作。渡海占驗：凡六七月北風，則颶立作，舵工欲退
> 泊澎湖，待颶定；商諸出海，出海以淹滯日久，且恃颶未即作，下
> 午渡黑水溝。海水橫流，為渡臺最險處，水益深黑，必藉風而過。
> 〔註128〕

黑水溝是渡海最險之處。有清一代凡述及渡海的載籍，都會提到這個險殆的水域，它成為反覆被記述、被強調、被誇寫的地理景觀。

地理景觀裏不論是自然的或人工建造的，都有可能被拿來做一個國家或文化的象徵，前者如長江、黃河，後者如長城、故宮博物館。有些城市或地區也會有這種現象，如「泰山」代表山東地區，「湘水」代表楚文化區域，「大雁塔」代表長安城，「紫禁城」代表北京。清代臺灣有一些知名的建築也有這樣的代表性，如「赤嵌城」、「紅毛城」、「五妃廟」、「鹿耳門」等。「赤嵌城」、「紅毛城」代表的是荷蘭佔據臺灣時的殘蹟，代表的是鄭成功收復臺灣的象徵，更代表的是具有異國情調的臺灣，每當出現這兩個詞彙時，便可讓人們浮現具有獨特歷史背景的臺灣意象。

至於原住民最明顯的地景便是「番社」，原住民聚居的地區，在外來者的視覺裏是較容易辨識的標地物。因此對「番社」的描述非常多如：孫元衡〈過他里霧〉詩云：

> 翠竹陰陰散犬羊，蠻兒結屋小如霜。
> 年年不用愁兵馬，海外青山盡大唐。〔註129〕

宋永清〈過他里霧〉：

> 百里長征山徑紆，溪邊竹裏走番奴。
> 蠻音雜沓聞鴃鴃，茅屋參插入畫圖。〔註130〕

〔註128〕朱仕玠：《小琉球漫志》卷一，頁12。
〔註129〕孫元衡：《赤嵌集》卷一，頁16。
〔註130〕范咸：《重修臺灣府志》卷十〈藝文志〉，頁414。

黃叔璥〈詠半線〉：

　　重岡如迴抱，澗溪清一泓。

　　里社數百家，對宇復望衡。〔註131〕

夏之芳〈臺灣雜詠〉：

　　負喧童叟愛冬溫，紅稻成堆擁華門。

　　桐竹週遭雞犬靜，教人歷歷任花村。〔註132〕

這些作品顯示一種美好寧靜的風貌，在他們的筆下「番社」恍如一幅幅田園山水畫，有翠竹、茅屋、溪水，牛羊、雞、犬悠然的生活在其間，他們的眼光中，原住民的居處，顯得那麼的純然與祥和。原住民生活富足，週遭環境優美，令人神往。黃叔璥〈詠水沙連社〉甚至說：「此境若非番社異，武陵洞口認花谿。」〔註133〕這裡若不是異族的番社，他還真覺得此處應該是陶淵明筆下的桃花源才是。

　　綜合的看來「黑水溝」、「赤嵌城」、「紅毛城」、「五妃廟」、「鹿耳門」這些帶有很強「臺灣象徵」的地景，給人的感覺是危險的、悲劇的、滄桑的，這種悲傷感其實與臺灣的整體形象頗為一致。移民來臺的人拋妻別子，渡海時冒很大的風險，來臺後又必須奮力開墾，與瘴癘之氣搏鬥，因侵占原住民土地，之間又彼此爭戰不休。荷蘭人、鄭成功、殉節的妃子，滅亡的漢人之國，偏遠的島嶼，在在給予臺灣矛盾、苦悶的面貌。有趣的是原住民所居的「番社」在許多記述中，反而表現出是寧靜祥和的樣貌，也可能是寫這些作品的官員，刻意要表現在他們治下民眾，是過著幸福安詳的生活的。事實上原住民的遭遇並不如此幸福，或許他們曾過著如此樸實寧靜的生活，後來的移民逐漸改變了他們的型態罷了。不過至少在許多詩文、撰述中我們曾看到這樣的描寫，也了解到他們曾這樣的生活著。這些文學地景（literary landscapes）記述，傳遞一種地方的感覺，〔註134〕給與世人對此地印象式的觀點。

　　以上「人群空間」、「民俗風情」、「物產」、「地景」等內容，都是史傳及專著中對臺灣原住民記述的重要特點。臺灣自古為中國東方的異族之一，有著不同的風俗民情，出產有甚不相同的物產，海洋包圍著這座島嶼，渡海者

〔註131〕黃叔璥：《臺海使槎錄》卷六〈番俗六考〉，頁124。

〔註132〕劉良璧：《重修福建臺灣府志》卷二十〈藝文〉，頁590。

〔註133〕黃叔璥：《臺海使槎錄》卷六〈番俗六考〉，頁124。

〔註134〕原著：Mike Crang，譯者：王志弘、余佳玲、方淑惠：《文化地理學》，頁57。

必須歷經海浪的侵襲，黑水溝的驚險，臺灣有著不同的歷史經驗，複雜而矛盾的政治現象，不同的地物景貌，而這些特點正是記述著力的地方。

　　總之，薩伊德（Edward Said）認為在一個被帝國文化所審視、所入侵的「他方異國」是「絕對無法脫離征服、移民、旅行和人種混合的歷史」〔註135〕有關清代臺灣原住民的相關記述，無法必避免的可以看見「中國式」的帝國論述模式，將臺灣透過一系列的「正史列傳」、「官式文書」、「個人著作」、「文學創作」，使其「文本化」為中國的一部份。然而不可避免的記述中有著強烈的「臺灣化的臺灣」、「番人化的番人」〔註136〕的寫作意識，這種模式出現在「移動」型的宦遊之士的筆下，也出現在「移入」、「地著」型的臺灣文士的文章中，〔註137〕事實上以現代的眼光回溯這些文獻，省視這些記述觀點時，是必須知所警覺的。

〔註135〕薩依德（Edward Said），王志弘等譯：《東方主義》（Orientalism）〈後記〉，頁520。

〔註136〕此句源自薩伊德「東方化的東方」（Orientalized Orient）一詞，中國對非我族類的描述事實上充滿了「蠻夷化的蠻夷」、「臺灣化的臺灣」、「番人化的番人」的情形。

〔註137〕詳見第六章〈文學中的原住民〉第一節，頁 139、140。

第四章　清代文獻中漢字擬音的運用

　　中國由於國力的強大，漢文化的影響廣大，周邊諸國沒有不籠罩在其勢力範圍之中，他們學習漢字，研讀中國的古籍，主動或被動地消納中國的歷史文化。漢文化系統直接或間接地促成了日本、越南、韓國發明了本身的記述系統及表音系統，日文的「假名」，越南的「字喃」，韓國的「鄉札」（*Hyangka*）、「史讀」（*I-du*）kap「吐」（*To*）等都是由漢文中演化出一套較適合自己民族的讀、寫符號，在此之前中國對這些國家的語言，便是以「漢字擬音」的方式來譯讀的。清朝領有臺灣之後，需要對轄下的子民進行管理的工作，但原住民的語言與中國語言有很大的不同，來臺的官員無法與之有效的溝通，官員無法聽懂子民的語言，必須經過第三者「通事」、「番割」的轉述，這中間很容易發生溝通問題。因此在志書的修撰中，對轄區內原住民的語言做一紀錄整理是很必要的。這些紀錄可以給有心親近治下民眾，了解他們心意的人使用，這是很有用的參考資料。當然中國來的人們是居於「文化主位」（emic）的位置，擬音的做法為當下之便而已。對原住民語言的取代，文化的改造才是長遠的目標。

　　以漢語去擬其他民族語言的做法，有非常長久的歷史，至少在春秋戰國時代即已出現，且成為一種歷代相承的模式，歷代的文史撰述者率多用這種方式，去紀錄、譯寫非我族類的語言。以漢字擬音的方式，當然會發生許多訛誤的現象，中國的文字雖有其穩定性，然而在讀音上準確度卻不夠，加上發音者所操的語音南北東西各省、各縣都有不同，所以同樣一個字，每個人讀起來都有或多或少的差異。雖然清代有以官話作為標準語的運作模式，但仍無法全面的標準化。這種差異性一直到清代末期都無法解決，民國成立後，

因為西方語言學的標音方式引入，中國的語言學才起了革命性的影響，經過許多學者的努力，整個中國的語言學系統進行各方面的調整，其準確度才有所提高。〔註1〕

第一節　清代臺灣原住民語擬音

所謂「漢字擬音」，基本上就是以漢字去標示對方的語音，將對方的話語轉換為音近的漢字。有清一代來臺的官員學者，承襲了傳統中國的「擬音」方式，對臺灣島民所操的語言做了許多記音的工作。試舉例如下：

現代漢語	清《臺東州採訪冊》〔註2〕	現代卑南語〔註3〕
媽媽	乙乃（因拿）	ina
火	阿坯	apuy
風	嗎哩	baLi
雞	獨樂國	turekuk
檳榔	波那	puran

上表第一欄是現代漢語，第二欄是清末卑南族的漢字擬音，如：媽媽一詞卑南語讀作「乙乃」或「因拿」。《臺東州採訪冊》是清光緒二十年（1894年）完成的調查，以漢字去標記卑南族的語音。第三欄是公元二千年，由黃美金所採錄標記的現代卑南族語音，黃美金所標之音自然較接近卑南族語音，準確度較高。然而就漢字擬音來說，相隔一百年左右，所標記的音差異不大，亦可見到漢字擬音的功能性。

二百多年來臺灣原住民語言的紀錄，都是以漢字擬音的方式留存下來的，這種方法雖然有其侷限，但也具有非常重要的價值。其價值可分兩方面來說：

〔註1〕 羅馬音標的注音也未必全然準確，翁佳音在〈西拉雅族羅馬字的成立與衰亡〉一文中說：「但是如果再仔細討論，我們還是可以發現由於荷蘭語羅馬拼音無法完全表現西拉雅與特色，因而有另創標記方式出現。」2004年10月9日，「臺灣羅馬字國際研討會論文」，頁7。

〔註2〕 胡傳：《臺東州採訪冊》，〈風俗附番語〉，（台北市：臺灣銀行經濟研究室，臺灣文獻叢刊第81種，1961年），頁54～58。

〔註3〕 黃美金：《卑南語參考語法》，第六章〈卑南語的基本詞彙〉，（台北市：遠流出版社，2000年），頁211～222。

其一、內容豐富

這些語音在內容上有生活器用、人倫關係、動物植物、數字、歌謠、食物、天地自然等的用語，數量甚多。在詞性上有名詞、動詞、形容詞、副詞等，非常多樣。這些語詞相當程度的反應了當時原住民生活的面貌，可以從這些詞語作多樣的分析。〔註4〕

其二、族群廣泛

所記的內容包括西拉雅族、巴布薩族、道卡斯族、排灣族、阿美族、卑南族、賽夏族、泰雅族等，所謂「生番」與「熟番」的語言都有紀錄。目前研究臺灣原住民語言文化的學者，大多引用日據時期人類學者以羅馬音標記音，或自行調查的實查記音，用這些資料來推斷或還原清代以前原住民的語言，卻忽略了這些以漢字擬音方式記下的資料，事實上是非常可惜的。這些雖不甚準確的擬音，在仔細的比對後，是可以找出非常多有意義的語音的。有些已經完全喪失族群記憶與語言的族群，這些擬音更是彌足珍貴。漢字擬音是唯一能證明某些族群曾經生活在臺灣的紀錄。

漢字擬音在二百餘年間有幾本比較重要的著作，第一本是周鍾瑄康熙五十六年的《諸羅縣志》，第二本是黃叔璥《臺海使槎錄》，第三本是六十七、范咸乾隆十二年纂輯的《重修臺灣府志》。第四本是乾隆二十八（1763）年入臺的朱仕玠所著的《小琉球漫誌》。黃叔璥《臺海使槎錄》內的卅四首番民歌謠擬音，更具有獨特的價值。〔註5〕《小琉球漫誌》之後有關原住民漢字擬音的記述變少了，有的也僅為零星的單詞片語，各種方志及個人載籍大部分都是雜錄前面四本著作，沒有實際進行調查紀錄。到了光緒二十年左右，因為主政者唐景崧準備編纂《臺灣通誌》，於是各府各縣展開了另一波方志的撰述風潮，這一波風潮中有幾本十分優異採訪作品，撰稿者十分用心，許多資料進行了確實的調查，不再是雜鈔前人之作。其中在漢字擬音方面成果甚佳，超出前人之作的地方甚多，如：光緒二十年屠繼善、吳廷光、劉子鑫等編纂的《恆春縣志》，光緒二十年胡傳等的《臺東州采訪冊》，以及同年由陳朝龍等完成的《新竹縣采訪冊》。完成於光緒二十年前後的這三本採訪冊，可說是

〔註4〕 另一種擬音便是臺灣各處的地名，有非常多是用原住民語直接對譯的，如：嘉義縣的民雄鄉原名「打貓」（taneaw），這是洪雅族對此地的稱呼，宜蘭縣原名噶瑪蘭（kavalan），這個名稱來自當地族群的名稱。南投市的南投（Ramtau）也是洪雅族對此地的稱呼，這樣的例子非常的多。

〔註5〕 詳見第五章〈三種番民歌謠考釋〉第一節，頁104～121。

非常用心之作，在內容上、記音方法上都有長足的進步，是了解日據以前原住民語言最具代表性的記述。本章第一節先將前述各書有關漢字擬音的章節作一表列，並將其內容作一舉要及說明。〔註6〕

清代臺灣漢語文獻中漢字擬音的內容，頗有相類處，大致有天地、人類稱謂、數目、飲食、禽獸、器用、衣飾、婚嫁、居處等。以下就其內容表列說明。

清代臺灣原住民語擬音表

說明：1. 《諸羅縣志》、《恆春縣志》、《臺東州采訪冊》中收錄之詞原無分類，依《新竹縣採訪冊》方式給予歸類。

2. 諸書中對漢字擬音記述的方式各有不同，現原文照錄，以免失其原意。

3. 黃叔璥《臺海使槎錄》〈番俗六考〉，六十七、范咸《重修臺灣府志》所記，依其原文不分類。

4. 漢字擬音中有許多是以清代「臺語」的發音來擬讀的，所謂「臺語」又有泉州、漳州、粵音、京音的差異，本文暫不細論。

（一）《諸羅縣志》，主修：周鍾瑄，編纂：陳夢林，康熙五十六年（1717年）完成。出處卷八〈風俗志・方言〉。

內　　容　　舉　　要	說　　明
天地類： 天爲務臨。日爲咿喇哈。月爲咿達。夕爲務闌。星爲薩哈闌、爲曖薩挐夕。風爲麻哩。雨爲唎麻挐、爲烏達。雲爲喇漢。雷爲臨薩哈。電爲力吧力吧。虹爲打利包該。霜爲烏弗打。露爲喇漢哈。霧爲薩喇嗎、爲嗎喧。天明爲嗎喇嗎哈。 人類稱謂類： 耶媽，父也；一曰阿兼。擺奄，母也、姑也。母一曰兒喇。麻箕，祖父也。霧霧，祖母也。茅撒哩，伯也、叔也。若佳，兄也。一曰撒哩麻撒（句）。迷老，弟也。一曰撒哩麻奴喇（句）。阿己，夫也；一曰媚家。歹喇，婦也；一曰雞家奴（句）。喇補麻撒，姊也。喇補吧一，妹也。阿	這段以漢字擬音方式完成的番語單字翻譯，爲已知最早的紀錄。周鍾瑄等人很清楚番社族群有異，種屬有別，所以語音不同。（各社音多不同略舉其概） 我們由幾個單詞如：「土官曰甲必

〔註6〕 光緒十八年（1892年）蔣師轍撰有《臺遊日記》四卷，（台北市：臺灣銀行經濟研究室編印，臺灣文獻叢刊第6種，1957年），書後並附有〈番語類譯〉一卷，然此卷未見刊印，應爲出版時爲編輯者刪除。

內　　容　　舉　　要	說　　明
六江，子也、女也；子一曰阿喇、女一曰阿喇歹拏（句）。阿已阿已，男子也。女曰擺擺。土官曰甲必丹。敍麻格者謎路，土人也。曰媽仁、曰媽良、曰麻目底六，美婦也。曰麼呵、曰媽古癩，醜婦也。 **數目類：** 一曰阿打。二曰利撒。三曰直魯。四曰咿吧。五曰哩罵。六曰咿臨。七曰秘都。八曰打盧。九曰阿捨（舍依土音）。十曰貓歹矢。百曰謎阿打哈蘇。千曰謎阿打沙力。萬曰謎阿打漫。 **飲食類：** 酒謂之醹、謂之務哈、謂之打喇酥。飯謂之羅漢、謂之開生。粥謂之務拿。蔬謂之辣辛。檳榔謂之阿迷希。茗謂之阿辣噶。煙謂之打嗎嘓。 **禽獸類：** 馬謂之哈阿麻。牛謂之鸞。羊謂之優。雞謂之卓瓜、謂之孤甲。狗謂之阿都。豬謂之貓霧。豹謂之闌裏闌。鹿謂之門闌、謂之沒。魚謂之試干、謂之騰。鵝謂之打姑麻一。鴨謂之哈拿哈拿。 **人事雜類：** 捕鹿謂之麻噶阿喇哈。捕魚謂之艮米落試干。騎馬謂之沒阿吧。騎牛謂之麻吧歷。	丹」（captain）、「煙謂之打嗎嘓」（tabacco）可以看出原住民語也受外來語的影響。

（二）《重修臺灣府志》，纂輯：六十七、范咸。協輯：莊年、褚錄，乾隆十二年（1747 年）完成。出處卷十四〈番社風俗（一）〉、十五〈番社風俗（二）〉，〈番社風俗（三）〉卷十六〈番語、番曲、番俗通考〉。附：黃叔璥《臺海使槎錄》〈番俗六考〉。

內　　容　　舉　　要	說　　明
番社風俗（一） **臺灣縣** —— 大傑嶺社、新港社、卓猴社（西拉雅族群等） 酒凡二種：一舂秫米使碎，嚼米爲曲置地上，隔夜發氣，拌和藏甕中。數日發變，其味甘酸；曰「姑待」。捕鹿，名曰「出草」。臟腑醃藏甕中，名曰「膏蚌鮭」。番婦頭上珠飾，名曰「沙其落」；瑪瑙珠，名曰「卑那荅」。若遇種粟之期，群聚會飲，挽手歌唱，跳躍旋轉以爲樂；名曰「遇貓堵」。習紅毛字者，曰「教冊」；用鵝毛管削尖，注墨汁於筒，醮而橫書自左而右。婚嫁婚姻名曰「牽手」。訂盟時，男家父母遺以布。〔註 7〕喪葬番死曰「馬歹」，不論貧富，俱用棺埋厝內。 **鳳山縣（一）** —— 武洛社（一名大澤機）、搭樓社、阿猴社、上淡水社（一名大木連）、下淡水社（一名麻里麻崙）、力力社、茄藤社（一名奢連）、放索社（一名阿加）。（馬卡道族） 居處屋名曰「朗」。正屋起脊，圈竹裏草標左右如獸吻狀，名曰「律」（武	此書有關番俗與番民語言的資料十分豐富，其中大部份爲輯錄《諸羅縣志》及《臺海使槎錄》〈番俗六考〉等作品，記述方式相當仔細，不是單純的記音而已，舉凡居處、飲食、衣飾、婚嫁、喪葬、器用都一一紀錄，考察相當落實。〈番俗六考〉及以此六項做

〔註 7〕「教冊」與「牽手」是否爲原住民語的漢字擬音，或以漢字義譯，仍待考證。

洛名曰「打藍」）：示觀美也。社四圍，植竹木。將捕鹿，先聽鳥音佔吉凶。鳥色白、尾長，即華雀也（番曰「蠻在」）。

自歸版圖後，女著衣裙，裹雙脛。男用鹿皮蔽體，或氈披身，名「卓戈紋」；青布圍腰下，即桶裙也，名「抄陰」（武洛曰「阿習」）。男女喜簪野花，圍繞頭上，名「蛤網」；插雞羽，名「莫良」（武洛曰「伊習」、力力曰「馬甲奴葛」），猶漢言齊整也。又麻達用「咬根任」（即薩鼓宜）擊鐲鳴聲，另用鐵片繫腰間以助韻。穿耳，惟茄藤、放索、力力三社；或以木貫之，名「勞宇」。

謂子曰「阿郎」，婿亦同之。喪葬土官故，掛藍布旛竿，鳴鑼舁屍，遍游通社，名曰「班柔少里堂敖敖」。器用飲食用椰瓢，名「奇麟」，不用箸，以手攫取。近亦用粗碗，名「其矢」；竹箸，名「甘直」。灶支三木，泥以土或用石礙，名曰「六難」；鍋曰「巴六」。汲水用大葫蘆，曰「大蒲崙」；近亦用木桶。〈番俗六考 南路鳳山番一〉。

鳳山縣（二）——山豬毛四社、傀儡山二十七社（排灣族、魯凱族等）

山前、山後諸社，例以五年，土官暨眾番百十圍繞，各執長竹竿，一人以藤毬上擲，競以長竿刺之，中者為勝，番眾捧酒為賀，名曰「托高會」。

毛系系社女土官弟勞里阮，頭戴竹方架，四圍用紅雨纓織成，中有黃花紋，遠望如錦纏竹上，名「達拉嗎」；亦有飾以孔雀毛者。云非土官，不敢加首。〈番俗六考鳳山傀儡番二〉。

土官有戴豹皮帽者，名「力居樓大羅房」；如豹頭形，眼中嵌玻璃片，週圍飾以朱英，帽後綴以豹尾。亦有戴頭箍者，名「粵曼」；插以鳥羽十餘枝，參差排列，垂髮二縷，云系其妻之髮；衣熊豹皮，名「裯買」，內披短衣，曰「鴿覓」，下體盡露，惟於私處圍烏布一片，名曰「突勿」。〈番俗六考 鳳山傀儡番二〉。

鳳山縣（三）——瑯嶠十八社（排灣族）

居處築厝於岩洞，以石為垣，以木為椽，蓋薄石板於厝上；厝名「打包」。衣飾男婦用自織布圍繞，曰「張面」；婦短衣曰「鴿肉」，男短衣曰「瑯袍」。鏢曰「武洛」，刀曰「礁傑」，弓箭曰「木拉」，鍋曰「巴六」。

呼父曰「阿媽」，稱叔伯、母舅如之；呼母曰「惟那」，稱嬸母及妗亦如之。〈番俗六考 南路鳳山瑯嶠十八社等〉

諸羅縣（一）——目加溜灣社、蕭壟、麻豆社、諸羅山社、哆囉嘓社（一作倒咯嘓）、打貓社、他里霧社、斗六斗社（一名柴里）（西拉雅族、洪雅族等）

飲食酒二種：一用未嫁番女口嚼糯米藏三日後，略有酸味為麴；舂碎糯數日發氣，取出攪水而飲，亦名「姑待酒」。

衣飾番婦頭帶小珠，曰「賓耶產」。盤髮以青布，大如笠。頸項圍繞白螺錢，曰「貓打臘」。他里霧以上，多為大耳。其始，先用線穿耳，後用蠔殼灰漆木、或螺錢或竹圍用白紙裹之，塞於兩耳，名曰「馬卓」。

婚嫁婚姻曰「帶引那」。幼番名「搭覓蘁」，初訂姻，男家贈頭箍，以草為之，名「搭搭干」；或以車螯一盂為定。將成婚，男婦兩家各煩親屬，引男至女家婚配，通社飲酒相慶，名曰「馬女無夏」。〈北路諸羅番一〉

諸羅縣（二）——大武壠社、二社、嘮吧哖社、木岡社、芉匏社（西拉雅族群）

為調查的對象。〈番俗六考〉將番社分為

1.北路諸羅番一 2.北路諸羅番二
3.北路諸羅番三
4.北路諸羅番四
5.北路諸羅番五
6.北路諸羅番六
7.北路諸羅番七
8.北路諸羅番八
9. 北路諸羅番九
10.北路諸羅番十
11.南路鳳山番一
12.南路鳳山傀儡番二 13.南路鳳山瑯嶠十八社等。依北路、南路來分類。在各番社後並附有番曲的漢字擬音共三十四曲：〈蕭壟社種稻歌〉、〈二林、馬芝遴、貓兒干〉等。

范咸的《重修臺灣府志》分的較仔細，並將各社依行政區域加以定位：

臺灣縣
鳳山縣（一）
鳳山縣（二）
鳳山縣（三）
諸羅縣（一）
諸羅縣（二）
諸羅縣（三）
彰化縣（一）
彰化縣（二）
彰化縣（三）
彰化縣（四）
淡水廳（一）
淡水廳（二）

居處住室曰「達勞」。衣飾番男以布八尺圍身，曰「羅翁」。腰以下用四尺圍蔽，或以達戈紋緣領。番婦項帶珠串，曰「麻海譯」；手足腕俱束以銅圈，曰「堵生聲」。婚嫁娶妻曰「匏冶需」，未娶婦曰「佳老歪」，賀新婚曰「備力丌其搭學」。其俗，先通後娶。將娶，則送珠子爲定，名曰「毛里革」。喪葬番死名「麻八歹」。〈北路諸羅番二〉

彰化縣（一）── 大武郡社、西螺社、東螺社、二林社、南社、阿束社、大突社、眉里社、馬芝遴社（洪雅族、巴不薩族等）

清晨煮熟，置小藤籃內名「霞籃」。麻達頂髮分兩邊梳結兩髻，曰「對對」。

馬芝遴番，頭帶木梳，或插竹簪、或插螺簪、鹿角簪，名曰「夏基網」。

婚嫁自幼訂姻用螺錢，名「阿里捫」。

番婦用圓木挖空爲機，圍三尺許，函口如槽，名「普魯」。以苧麻捻線，緯用犬毛爲之；橫竹木桿於機內，卷舒其經，線綴爲綜，擲緯而織，名「達戈紋」。鼻簫長可二尺，亦有三尺者；截竹竅四孔，通小孔於竹節之首，用鼻橫吹之，或如簫直吹，名「獨薩里」。〈北路諸羅番三〉

彰化縣（二）── 南投社、北投社、貓羅社、半線社、柴仔坑社、水裏社 嫁婚婚姻曰「綿堵混」，未娶婦曰「打貓堵」。

半線社，多與漢人結爲「副遴」（「副遴」者，盟弟兄也）。

喪家不爲喪服，十日不出戶；眾番呼爲「馬鄰」。〈北路諸羅番六〉

彰化縣（三）── 水沙連二十五社（邵族等）

居處築室曰「濃密」。黍米爲酒，曰「老勿」；番婦衣自織達戈紋，又名「府律武」。掛青紅南把珠於項，亦漢人所制。收粟時，則通社歡飲歌唱，曰「做田」。未娶曰「胡仔轄」，亦曰「麻達」；未嫁曰「麻里氏冰」。

北港女將媒時，兩頤用針刺如網巾紋，名「刺嘴箍」；不刺，則男不娶。

彰化縣（四）── 大肚社、感恩社（舊名牛罵）、遷善社（舊名沙轆）、貓霧捒社（一作麻霧捒）、岸里社、阿里史社、樸仔籬社、掃捒社、烏牛欄社（拍瀑拉族、巴不薩族、巴宰族等）

衣飾男婦頭貫骨簪，曰「打拉」；所掛之珠曰「立項帶」，瑪瑙珠曰「牙堵」，螺牌曰「夏力什素」。婚嫁婚姻曰「三問」。男女先私通投契，男以銀錫約指贈女爲定，曰「貓六」。〈北路諸羅番八〉

淡水廳（一）── 蓬山八社、後壟社、竹塹社（道卡斯族）

以白螺殼爲方塊，可寸許，名曰「蛤達」。衣名「几轆」，長至腰；以布及達戈紋爲之。下體圍布二幅，亦名「遮陰」。間有衣鹿皮者。會飲，土官多用優人蟒衣、皁靴、漢人絨帽；番婦衣「几轆」、圍「遮陰」，耳穿五孔，飾以米珠名「鶴老卜」，頸掛瑪瑙珠名「璽忽因耶那」，數十人連手頓足，歌唱爲樂。婚嫁嫁娶曰「諸貓麻哈呢」。〈北路諸羅番九〉

淡水廳（二）── 南嵌四社、淡水十四社、大雞籠五社、山朝四社（凱達格蘭族等）

衣飾番婦頭無粧飾，烏布五尺蒙頭，曰「老鍋」。項上掛瑪瑙珠、螺錢、草珠，曰「眞仔贊」。耳鑽八、九孔，帶漢人耳環。每至力田之候，男女更新衣，曰「換年」；會眾飯酒，以示更新。婚嫁既娶曰「麻民」，未娶曰「安轆」。〈北路諸羅番十〉

范咸的分法較爲正確。這是後出轉精的現象。但在番語調查方面率皆沿用〈番俗六考〉，卷十六〈番俗四〉的番語、番曲、番俗通考也都抄錄前人著作，未有新的調查。

番語部分全錄自《諸羅縣志》卷八〈風俗志〉〈方言〉，番曲與，轉錄自〈番俗六考〉，番俗通考雜錄各家說法以成篇。

水沙連二十五社（邵族等）未列入〈北路諸羅番〉

（三）《小琉球漫誌》朱仕玠撰，朱仕玠，乾隆二十八年（1763 年）入臺，依其自序言完成於乾隆三十年（1765 年），據書前徐時作及魯仕驥序，刊刻應在三十一年後。出處〈下淡水社寄語〉。

內　　容　　舉　　要	說　明
天文類 天（文臨）日（阿易）月（務難）星（丁迓迓）風（麻例）雨（汙難）露（于納）霞（汙臨）雷（你踏）落雨（無儺）霧（方納） **時令類** 早（罵南覓）夜（覓嗌）午（特特喉嗌）晚（抹即）明（罵南滅）暗（馬畢郎）冷（罵加參）暖（罵喉爾）今日（你你後維）明日（下南埋） **地理類** 地（奈）田（于罵）水（喇零）海（芒）石（麻卓）山（無僅）塵（納本）房（爾舊）屋（芒芒）門（呵納） **方向類** 前（呵落）後（鬱即） **珍寶類** 金（文老員）銀（拜索）錢（馬例）錫（心覓） **人物類** 官（罵仁）百姓（踏）父（攬麥）母（賴臘）公（攬慕）哥（格格）伯叔父（攬慕，與公呼同）男人（安麥）女人（因納）老人（馬麼）後生（吒老歪）孩子（阿埋）兒子（馬埋）外甥（安嘓）你（馬何）我（阿要） **人事類** 要（馬論來）不要（買仁）立（株里爾）看（微踏）眠（微阿立）行（嗎訥訥難）走（藉函）來（汙掛下）去（嗎難倒）罵（嗎喝納）笑（嗎斗沽）怒（嗎喝）愁（嗎里芒）唱（巴苗鶴）死（嗎踏夕） **身體類** 耳（哈喇）口（晤和）鼻（爾旋）目（麻搭）手（林罵）舌（那吝納）腳（德感）心（呵莫）唇（蜜蜜）牙（踏墨）頸（踏甕）腰（莫引） **器用類** 大刀（治哇）小刀（治列）鏢槍（林溫）弓（舞几）箭（竹箸）紙（萬立）碗（居舌舌，又云其矢）箸（甘直）蓆（韓喇）書（冊） **衣服類** 衣（蘇麥）衫（梭木）帽（哥羅篤）褲（住雖）鞋（踏踏賓） **飲食類** 飲（羅物）鹽（嗎易）油（意嗎）穀（壓臘）禾（汙下）豆（搭婁）酒（唭鶴）煙（安卓）吃煙（打馬鼓）糖（翻落） **花木類** 柚（瓜稜）菜（納登）瓜（貓喝）地瓜（監家密）	朱仕玠乾隆中葉來臺，他對番民的語言也很有興趣，他看過《諸羅縣志》上有關的記音，拿來對照之後發現不太相合。於是便找了一位通漳州話和泉州話的原住民趙工孕，重新來記音。 為何臺灣原住民的語言有那麼多不同，他引了沈文開〈雜記〉的說法：「臺灣土番，種類各異：有土產者，有自海舶飄來者，有宋時零丁洋之敗遁亡至此者。故番語處處不同」。 但這個說法不能讓他滿意。：「今就鳳山熟番八社，其語音亦不相通，況其他乎？鳳山新修縣誌採取諸羅縣志番語，附於番俗之後，似為未協。二十八年冬，予在鳳山學署，有下淡水社樂舞生趙工孕者，能為漳、泉土音，因令其將番語譯出。」為了正確記錄鳳山縣原住民各社的語音，他模仿明代薛俊的做法，用漢字擬音做紀錄，並對「寄語」做了解釋：「昔明定州薛俊著《日本寄語》，分類十五；予亦按其類分之，名曰下淡水社寄

內　　容　　舉　　要	說　明
鳥獸類 牛（暖亂）馬（甫）羊（藥）鹿（文那）鼠（撈茅）鵝（江牙）猴（勞同）鴨（老埋）貓（祿茅）狗（馬八）雞（孤甲）豬（黑威）魚（家限） **數目類** 一（塞塞壓）二（勞勞呷）三（大哆絡）四（踏八）五（阿里麥）六（安臨）七（哆哆）八（歸伯）九（篤假）十（皆墊）百（數論那）千（圭納）	語。寄，即譯也；王制云：東方曰寄。」

（四）《恆春縣志》，屠繼善、吳廷光、劉子鑫等編纂，光緒二十年（1892年）完成。出處卷五〈番社・番語〉。

內　　容　　舉　　要	說　明
恆春一帶爲排灣族居地，亦即瑯嶠十八社。 **天地類：** 天：阿劣劣慢。地：皆茸剛安。日：隔到。月：改逆。云：阿六薄。雨：姑夾。星：朱密甘。水：渣倫。山：查里息里息。海：也密。火：殺背。 **人物稱謂類：** 人：擺郎。父：阿媽。母：矜納。伯：阿媽。叔：阿媽。兄：阿阿。弟：阿阿。夫：媽寮。妻：媽寮麻麻樣。老：南馬任。少：阿卒芒卒芒。友：定納馬。你：的損。我：爹安。 **禽獸類：** 雞：姑隔。狗：馬多。豬：里里。羊：西逆。牛：旺。貓：鳥（平聲）。馬：馬。魚：錫羔。 **器用類：** 穀：隔殺。米：八袋。吃：甘六。夜：馬所隴。椅：雙阿。碗：姐八。飯：祭那逆。酒：媽媽。肉：阿倫。銀：萬里腳。屋：答包鹽：握爹。 恆春縣另外有「阿眉」（阿美）族群居住於此，共有十八社。縣志也做了記音的工作。 「右下十八社之阿眉番話，與別社更相懸殊。爰譯數語，以備參考。」： **天地類：** 天：加加奈。日：棲辣。月：烏辣。星：勿憶。雨：無辣。風：呱笠。云：曷遏。雷：隔姑美。電：加挐別。寒：幸鬧。地：十辣。水：挐濃。溪：阿祿。田：盞。路：呼蘭。海：烈。石：挖姑祿。 **人物稱謂類：** 人：擔擾。祖：烏屋。婆：烏屋。父：阿脈：母：因逆。伯：阿脈。叔：阿脈。兄：加夏。弟：沙挖。官：爹祿。友：沙禮加隔。物：媽阿難。 **飲食類：** 米：白辣。粟：南祿。豆：加禮王。衣：履葛。 **禽獸類：** 牛：姑弄。羊：須笠。犬：呱卒。雞：阿唅。	在記音部分編者寫有一篇「按語」，這篇按語討論到記音者本身發音的問題。因爲中國各省口音不同，同樣的漢字，福建人、廣東人、湖南人、北京人發音都不相同，這是當時無法解決的問題。在審讀這些記音時必須注意。這個問題也是兩千多年前自有漢字擬音以來難以解決的問題。編纂者知道提出這樣的問題，是很有意義的： 「案臺灣番語，南北固有不同，然一天字，有譯爲嘉祿嚕囉，地譯爲嘉祿哪囉，山譯爲啞哩，水譯爲野湧者。蓋其間，閩人則譯以閩音、楚人則譯以楚音，更覺言人人殊，而莫衷一是也。地方有司，審理詞訟，不可不愼。」

（五）《臺東州采訪冊》，胡傳等編纂，光緒二十年（1892 年）三月完稿。出處〈風俗附番語〉。

內　　容　　舉　　要	說　　明
南路埤南各社番語（卑南族）： 天地類： 天：你鴨。日：奴冷。月：母覽。風：嗎哩。雲：下林月四。雷：弄。雨：毛烏臘。星：墨都恨天。夕：噶喇瞞。晴：依乃馬乃街乃。地：臘六。水：來弄。火：阿坏。土：那那。海：塔里布。山：扶然乃。 人物稱謂類： 父：阿媽。母：乙乃。妻：下冷。子：阿蠟。人：乙奴。男：媽依乃。女：媽發然。夫：都奴嗎濮。婦：因姑阿冷強。漢：馬高烏那島。伯：依歪。叔：因姑都奴社。頭目：若沃宛。鬼：迷六阿。神：丁乃打打。 形體類： 面：林顏。髮：嚇蠟烏。須：念石。手：黑哩。足：圭。心：打嘠朗。眼：八達。鼻：洪膽。耳：里額。口：烏隴。齒：歪哩。剃頭：佛里佛。 器用類： 刀：甘木。辮：烏畢。帽：夢。鞋：朱國。衣：加完。筷：嚇那的。棹：棹。椅：里拜。木：高倚。槍：管火。屋：奴買。門：阿里猛。床：煞。 草木類： 穀：羅買。豆：煖煖芝。瓜：烏乃夫甘。芋：烏黑金。萊菔：荄頭。米：木蠟。小米：來馬。稻：羅買。麥：墨。煙：打馬谷肉：阿龍。 禽獸類： 雞：獨樂國。豬：兩水。牛：甲金錦。黃牛：格火眼。狗：辣。貓：了。魚：烏老。鳥：阿養。鹿：渺。麋：馬路隴。熊：都買。羊：塔古里。山豬：馬威。鼠：篤篤。馬：馬。鴨：買買。 果物類： 檳榔：波那。柑：阿西魯。桃：阿罷巴。蕉：母里文。蔗：馬里拐。瓜：烏那喜。 南路知本、射馬干各社番語：（卑南族） 天地類： 天：路谷。地：夜納。日：加老。月：武蘭。風：化力。雲：花路鬧。雨：夫辣 人物稱謂類： 父：阿媽。母：因拿。祖父：兒慕。祖母：慕兒。兄姊：入劃。弟妹：馬也蠟。 器用類： 屋：鹵賣。衣：加橫。裘：龍袍。鞋：罵甲。襪：守翁。褲：加大吉。米：武辣。荄：姑另。飯：馬路六。酒：姑打	臺東一帶原住民以卑南族及阿美族最具代表性。《臺東州采訪冊》也以這兩個族群做為代表。 萊菔：荄頭。一詞恐為閩南語，非卑南族語。

內　　　容　　　舉　　　要	說　　明
禽獸類： 雞：武育。犬：算。鴨：買買。豬：武烈 **中路各社番語：（阿美族）** 天地類： 天：家家來燕。星：烏一。日：霽辣。月：夫辣。風：哇刀。雲：呵育。雨：呵辣。霧：蔗立滑汁。霞：羅力。雪：氈弄。電：加拿撤。地：夫沙辣。山：都骨。 人物稱謂類： 男：哇吾乃燕。女：哇哇嬡。父：脈脈。母：因那兄。姊：隔隔弟。妹：沙晝。老：馬都阿曬。少：家伯。生：馬呼立。 飲食類： 米：烏辣。粟：哇歪。芋：打力高。梁：哇力善。地瓜：菇齧。飲食：甘瞞。酒：霸。飯：呵鹿。鹽：即辣。茶：奴阿集。煙：淡巴菇。 器用類： 帽：加奉。衫：禮葛。帳：歪歪。被：烏懶。鞋：竹中。布：機拿籠。帶：沙拖隔。線：沙阿畢。枕：達達梗爛。蓆：須隔。碗：開辛。筷：阿拿畢。車：八律令。鍋：冷瓦。金：烏勞岸。銀：畢辣。 禽獸類： 牛：孤弄。雞：阿奄。狗：竹滑。貓：布息。鹿：播巷。羊：西力。熊：都買。 **北路南勢七社番語：（阿美族）** 天地類： 天：加拿來焉。地：率捺。日：只辣。月：烏辣。風：馬力雨：馬辣惰。陰：凹清只辣。晴：加八密阿。 人物稱謂類： 父：媽。母：依拿。伯：阿媽。叔：阿媽薩麥。兄：薩麥。媳：加辣沃。少年：加伯。幼童：呵呵。老人：媽都阿獅。 **北路木瓜各社番語：（阿美族）** 天地類： 天：加辣。地：黑雷。日：一辣是。月：希老。風：木誼忽。雨：谷六。陰：陳冷谷六。晴：稀老。 人物稱謂類： 父：打媽。母：慕慕。伯：打媽。叔：阿媽薩麥。兄：物數南媳：英捺少年：十禮嫂老者：魯南。幼童：辣級。	

（六）《雲林縣采訪冊》，倪贊元等編纂，光緒二十年（1892 年）完稿。 出處斗六堡〈風俗〉，西螺堡〈番話〉。

內　　　容　　　舉　　　要	說　　明
斗六堡（洪雅族） 天地呼亦干爾。吃飯呼滿允。銀呼簑。米呼得力。地瓜呼佛但。豬呼肉毋。牛呼干望。羊呼失禮。狗呼阿註。雞呼啄瓜。鴨呼主鹿國。魚	根據倪贊元編輯按語說：「多有音無義。惟就字、音之近者紀之」斗六堡與西螺堡的洪

內　容　舉　要	說　明
呼於時干。下酒呼苫吻。鹽呼加至力。手呼陰馬。足呼邁達。眼呼馬答。鼻呼五突。日呼馬麗。月呼滿星問答干。有呼伊那。無呼靡著。 **西螺堡**（洪雅族） 番話米叫打思。食叫打蠻。地瓜叫打麵麵。水叫打朒朒。	雅族平埔族在光緒二十年前後已經沒有再使用自己的語言了，調查者收錄的詞語很有限。

（七）《新竹縣采訪冊》，陳朝龍等編纂，光緒二十年（1892 年）前後纂述。出處卷七〈番話〉。

內　容　舉　要	說　明
東南路合番子番話 **天地類：** 天曰九土說瓦氏官音，日曰下奚喇，月曰一喇，星曰明官音的唵上聲，風曰貓哩，雲曰郎了官音，獅裏興一帶各社或曰凜凜，或曰巴必喇。煙霧同。煙霧多曰郎郎亞鬼，雨曰亞油喇，雷曰咪羅劃官音，獅裏興各社或曰迷劃。霜雪會來曰下厚喇亞麻土說裏伊喇，露曰南麼，虹曰亞落，地曰喇壢土說，泥土亦曰喇壢，山曰壓馬，石曰覓督，路曰喇懶，平埔曰落落凡言平坦皆同。 **番姓類：** 錢曰薩老官音宛，豆曰豆豆亞來上聲，朱曰知知泉音倫泉音上聲，夏曰夏殀灣，高曰皆買泉音茅，蟬曰敢喇喇姨，日曰噠呢奚喇，絲曰噠噠裏西入聲，蛇曰蛇古音知泉音武喇唵上聲，樟曰民上聲六土說餜土說，又有一姓曰食噠噠米喇是。 **人類稱謂類：** 後山自謂番曰西絲臘，後山謂淺山番曰謂謂欲，淺山謂後山番曰一打孽，謂漢人曰呢母幹，謂閩人曰甘小土說人土說或曰和老，父曰也覓與後山番話同，母曰謂亞，姑母曰阿塔，伯父、叔父皆曰目土說，或曰賓那亞馬。伯母、叔母皆曰因亞，兄曰民那知益，弟曰民那下的或兄弟相稱以名，夫妻皆曰六土說，獅裏興各社謂夫曰袜委鹿，妻曰明姑苓，男兒曰噠噠馬唵入聲，女子曰民姑鄰唵。 **形體類：** 身體曰馬奴，頭曰打姑雷，腮曰必益，額上刺字曰喇也是俱官音，刺面曰稟那搭撒，下脣刺字曰哦囉是耳曰沙利一兒官音，耳聾曰不人福州音，目曰嗎煞官音，瞽曰匏土說老官音，眉曰亞哩嗎煞瓦唵，口曰牙巴是，鼻曰江蘇官音嘯，齒曰律本官音，舌曰加嗎，淚曰律栗土說，手彎曰奚古，膀曰信不懶。 **人事雜類：口頭雜語附** 讀書曰噠都勒官音奇那六土說，寫字曰奇那六，嫁夫曰也姑官音海喇噠噠嘛，招贅曰西漚落土說，死曰嘛薩伊喇，活曰分分喇希喇，病曰米試米試，將死曰亞亞裏很亞麻土說薩伊喇，不會死曰亞麼拐巴使詳漳音說，葬曰赤骨麼老漳音裏乃，墓曰勒加姑奴姑奴均官音懶，有曰海喇，無曰奧甲。 **宮室類：** 屋曰踏禮安，築屋曰亞突嘛亞裏喇，竹屋曰信那箇喇臨脈，瓦曰薛無落均土說，茅曰臨喇，楹曰八鄰上聲，柱曰甲亞羅上聲，桷曰亞一鏊鏊，門曰亞也官音羅上聲，牆壁曰民鄰牙上聲，穀倉曰薩薩絞土說，廁曰噶薩伊唵，社曰緊那薩亞顂官音。	《新竹縣采訪冊》紀錄了賽夏族與泰雅族的語言，記音的方式爲有清一代最爲多樣，有官音、蘇音、土說、泉音、漳音、粵音、平埔族（道卡斯熟番）的唸法，記音者顯然對各種方音皆有了解，在音調也註明有平、上、去、入的不同。另外值得注意的是「山曰壓馬」此「壓馬」疑爲日語「やま」。

器用類：

床曰轄喇寶官音，桌曰噶西也懶，椅曰打六甲，席曰薩喇，夾被曰噶噠迷唵上聲，棉被曰杯，碗曰婆羅碗，箸曰薩衰，碇曰煞喇埋上聲，火曰下杯上聲，火刀曰八督奇懶，火石曰覓督亞八督奇懶，尺八鉎鍋曰喇裏卯南莊曰覓哩衍，鋤曰噠噠活土說。

服飾類：

衫曰加裏馬唵，褲曰噠八奚上聲，南莊曰下川。裘曰奧褒，頭布曰亞羅羅上聲，帽曰噠勃，鞋曰下厚來上聲，線曰申那裏試，巾曰臘活，珠裙曰多躲是均官音，頭箍曰甲絲散，螺錢曰刺老官音歪。

飲食類：

茶曰賣掃均土說，酒曰卑裏巴禮，吃茶曰喇石區　哩喇賣掃，飲酒曰喇卑哩喇卑裏巴禮，飯曰巴來禾亦巴來，粥曰細我我，吃飯曰食亞哩喇，鹽曰知母，豬肉曰覓謂，湯曰噶西腦，芋曰腦箇，糍曰奴雪音吻，煮曰突嘛咯奇懶，香菰曰噶亞六土說。

禽獸類：

雞曰噠噠喇，鴨曰迷迷官音，鵝曰噠覓岡，鳩曰覓老漳音，牛曰加鼎各處番社皆同，馬曰轄奴官音玩，鹿曰外厄均土說，南莊謂之馬愛，羊曰實蓋入聲，山羊同，豬曰覓謂，牡鹿曰裏喇，貓與閩音同，南莊謂之覓難。犬曰亞鶴官音，猴曰落松官音，熊曰蘇官音賣平聲。

數目類：

一曰亞哈，二曰老漳音薩，三曰多咯，四曰實叭，五曰亞六土說搜，六曰洗務洗洗，土說。務，臺音，七曰洗務洗內哈，八曰民加實叭，九曰囉來哈，十曰郎官音上聲，百曰亞哈亞百土說。

東北路後山番話

天地類：

天曰加煙，日曰謂督，月曰謂也鼎，星曰海也呀，風曰歪飛，雲曰油龍官音，煙霧亦曰油龍，雨曰瓜六土說，雷曰加音，電曰業的卑老官音，霜雪曰哈喇也官音，霞曰嘛噠喇加煙，地曰六腳六、腳，均土說，土曰務老官音，平埔曰埋亞咯，山曰喇輝。

人物稱謂類：

番曰打煙，粵人曰知母干，閩人曰加轄，父曰也覓與合番子話同，母曰也也，伯父曰那那，叔父曰嘛嘛，伯母曰也踏，叔母曰也葶，兄曰樹焉，弟曰獅土說，嫂曰伊沙，弟婦曰獅哎，夫曰打馬龍官音，妻曰加那鄰，子曰喇也官音打馬龍，女曰喇也加那鄰，老者曰烏急下入聲。

形體類：

頭曰都咯，面曰六土說悅，番男刺面曰必的也眼，番女刺面曰巴噠，耳曰巴縛土說，目曰老官音遮，眉曰打馬綠，鼻曰哦鶴，口曰嘛劃官音，齒曰唵咯，舌曰哈嘛威，頸曰鬱嚨。

人事雜類口頭雜語附

歌曰目土說月臺音，說話曰目目皆亞老官音，看曰迷官音踏上說，聽曰布官音唵，叫曰己亞撈官音，大聲曰實尾粵音，問曰加官音撈米思漳音，心事不佳曰耶也官音嘛實孤官音兜。

	東北路後山番屬於泰雅族，範圍大致爲新竹縣橫山鄉、關西鎮北到桃園縣大溪鎮一帶。

> **宮室類：**
> 屋曰沙呢，瓦屋曰沙喇瞞沙呢，茅屋曰喇眉輝沙呢，竹屋曰沙呢奴官音覓，門曰門裏渾，穀倉曰加學粵音，築屋曰朕實沙呢，牆壁曰因領粵音，社曰眞亞喇唵。
>
> **器用類：**
> 床曰巴，桌曰喇嘯，椅曰的的亞喇唵，席曰布官音薛土說，被曰打邦，碗曰貝亞獨，碟曰嘛喇希，箸曰歪，鍋曰兜覓呢，灶曰哈哈布官音煙。
>
> **服飾類：**
> 衫曰路骨，褲曰油奔，裘曰腳土說買收滑，頭布曰下下屋粵音，帽曰亞母民，馬褂曰喇當官音，珠杉曰奴滑是因喇巴唵。
>
> **禽獸類：**
> 雞曰威礐，鴨曰交涯鵝亦曰交涯，雉曰喇翁上聲，鷺曰交挨官音，牛曰加鼎各處番社皆同，馬曰埋，鹿曰嘛亞鹿，鹿角曰奴渥，鹿皮曰哈喇歸，羊曰密山羊同，豬曰埋目土說，山豬同，貓與閩音同，山貓亦同，犬曰和人，猴曰油哎，熊曰呀鹿，兔曰的來央官音。

　　以上所表列爲各類志書及專著中，以漢字擬音方式所紀錄的原住民語言，因資料甚多，僅舉其常見詞語做爲例子，以見其大要。除這七冊之外，另有蔣師轍的《臺游日記》曾有漢字擬音的收集，然其原本刊刻時就已刪除，收錄內容未可查知。推估亦爲雜錄前人之作，無實際調查的新資料。這些擬音十分有價值，如：倪贊元《雲林縣采訪冊》中斗六堡〈風俗〉，西螺堡〈番話〉所收錄的一些洪雅族的單字，是唯一可以證明這個族群曾經存在的證據，除此之外這個族群已經完全漢化或遷移他處了。斗六堡，西螺堡曾是這個族群生息之地的事實，若非這幾個詞語的留存，已完全沒有其他證據可以證明了。這些擬音有些還存活在現在的原住民語言中，仍然具有鮮活的生命力，是非常值得深入探討。

第二節　漢字擬音的紀錄及運用

　　周鍾瑄《諸羅縣志》卷八〈風俗志〉中的番俗，分爲狀貌、服飾、飲食、廬舍、器物、雜俗等項目，紀錄十分詳審。這些資料相當充分地陳述出當時臺灣西南部平埔族的社會與文化面貌，在原住民語言方面有〈方言〉一則，是以漢字擬音的方式來紀錄他們的語言。《諸羅縣志》完成於康熙五十六年（1717 年），是最早以這種方式，來記錄原住民語言的。但紀錄的究竟爲哪個番社，哪個族群的番語卻未說明，當時諸羅縣所轄的面積甚廣，包含的族群至少也有七、八種，〈方言〉一則下撰者有一行字是這樣說的：「各社音多不

同略舉其概」，所錄的究竟是哪個社，哪個族裔的語言，是比較難確定的。依據清代臺灣對原住民的分類大約有兩種，一是以漢化程度來分如：熟番、生番、野番、平埔番等，第二種是以社名來分：如新港社、武洛社、下淡水社、力力社等。從語言、服飾、風俗、外貌上，他們察覺到這些原住民的不同，但並沒有進行化分族群的工作，所以在許多方面的描述顯得籠統含糊。在記音方面的工作繼周鍾瑄《諸羅縣志》之後，黃叔璥的《臺海使槎錄》有進一步的擴展，他的撰述法是一方面敘述原住民習俗，一方面將其語言記述下來，使閱讀者可以做一對照，黃叔璥這種記音方式很詳細，是清代臺灣僅見的。朱仕玠的《小琉球漫誌》則與周鍾瑄《諸羅縣志》，屠繼善、吳廷光、劉子鑫等編纂的《恆春縣志》，胡傳等的《臺東州采訪冊》，陳朝龍等的《新竹縣采訪冊》相同，獨立成一個篇章，專記原住民語的擬音，這樣的記法優點是比較集中，讓閱讀者能一目了然。

　　朱仕玠所記的範圍僅在南部地方，所以稱之為：「下淡水社寄語」。黃叔璥開始將原住民依北路、南路來分類，將之劃分為十三個區域，北路諸羅番共九區，南路鳳山番共四區。一方面敘述各路的風俗民情，一方面紀錄語言，並採錄了三十四首各族群的歌謠。范咸在《重修臺灣府志》分的較仔細，並將各社依行政區域加以定位：臺灣縣鳳山縣（一），鳳山縣（二），鳳山縣（三），諸羅縣（一），諸羅縣（二），諸羅縣（三），彰化縣（一），彰化縣（二），彰化縣（三），彰化縣（四），淡水廳（一），淡水廳（二）。黃叔璥依北路、南路來分類，范咸依行政區域加以定位，都是依地理區域來劃分原住民而非依族群。其後的《恆春縣志》專記屏東一帶的排灣族語言，《臺東州采訪冊》的分法為：南路埤南各社番語，南路知本、射馬干各社番語，中路各社番語，北路南勢七社番語，北路木瓜各社番語，《新竹縣采訪冊》則為：東南路和番子番話，東北路後山番話兩類，也是以地理區域來劃分原住民的，記音隨著地理區來做歸類。《小琉球漫誌》、《恆春縣志》、《臺東州采訪冊》、《新竹縣采訪冊》等雖沒有族群辨識做為依據，方法上比較粗糙，但仍然可以分辨出記的是哪個族群的語言。〔註8〕

〔註 8〕以漢字擬音紀錄「異族」語言在清代並非孤例，如：道光年間廣南知府李熙齡編纂的《廣南府誌》，在卷之二〈風俗〉內記載了雲南地區各類「種人」：儂人、沙人、花土獠、白土獠、猺人、擺夷等之外，也紀錄了三個族群的語言，可惜字數相當少，如：儂人：天（發）、地（南）、田（那㤝）、園（省勒）、風（朗）、雲（磨朗）。土獠：天（窩）、地（梭）、日（宛駝）、月（論）、風

　　漢字擬音的方式紀錄「他地」語言的做法，同樣見於日本及琉球語言的翻譯工作。朱仕玠《小琉球漫誌》中的〈海東賸語・下淡水社寄語〉一篇，曾言及受到明代薛俊《日本考略》中的〈日本寄語〉的啓發，因此用了這個方法來翻譯原住民的語言。薛俊《日本考略》寫於嘉靖年間，〔註9〕全書約五萬字，內容包括〈沿革略〉、〈疆域略〉、〈州郡略〉、〈風俗略〉、〈寄語略〉等。這本書是時代的產物，正德、嘉靖年間倭寇不斷侵擾浙江沿海，地方頗以爲苦，爲了對日本有所了解，仿效《史記》〈匈奴傳〉的作法，以便知己知彼，當時的定海知縣鄭餘慶，邀請宿儒薛俊編寫了這本書，書於嘉靖二年（1523 年）完成。這本書雜輯了前人的著述以及廣徵故老而成，內容頗爲豐富，其中的〈寄語略〉最爲特殊。薛俊曾任常州司訓等教育性質的官員，本身爲浙江定海人，對渡海而來的日本人頗爲熟悉。〈寄語略〉一則以漢字擬音的方式編寫日語，內容共分：天文類、時令類、地理類、方向類、珍寶類、人物類、人事類、身體類、器用類、衣服類、飲食類、花木類、鳥獸類、數目類、通用類共十七類。比照臺灣方志及個人載籍的做法，可以看出朱仕玠《小琉球漫誌》、陳朝龍等的《新竹縣采訪冊》在分類上及內容承繼其作法。以漢字擬音這種方式來記音是否可靠，準確度如何，可以發現其實距今四百八十餘年，所擬的音仍有很多與今日的日語發音十分相近，以下擇錄其中一些例子：

對照項目	日本寄語	現代日語	日本寄語	現代日語	日本寄語	現代日語
天文類	虛落（日）	ひる	挨迷（雨）	あめ	吉利（霧）	きり
方向類	迷南來（南）	みなみ	熏加（東）	ひがし	義西（西）	にし
鳥獸類	胡水（牛）	うし	意奴（狗）	いぬ	烏馬（馬）	うま
花木類	松計（杉）	すし	去那雞（檜）	ひのき	埋止（松）	まつ
人物類	發發（母）	はは	挨尼（兄）	あに	亞尼（姊）	あね
身體類	發奈（鼻）	はな	挨身（足）	あし	骨止（口）	くち

　　由以上的整理來看，可以發現經歷了這麼長的時間，這些字的發音還是

（冷）、雲（磨）。擺夷：天（發）、地（項）、日（奈）、月（等）、風（龍）、雲（法）等，見李熙齡編纂：《廣南府誌》，卷之二〈風俗〉，中國方志叢書第二十七號，（台北市：成文出版社），頁51～53。

〔註9〕薛俊：《日本考略》，叢書集成新編第98，（台北市：新文豐出版社，1986年），頁163～170。

極爲接近。可見漢字擬音在記音方面的功能是有其價值的，還是夠將語音作一定程度的保留下來。特別值得注意的一點是，鄭餘慶邀請宿儒薛俊編訂這本書的目地是：「誠有裨於邊防也。」〔註10〕是：「其島夷土俗人情物態，靡不載諸邊陲訓典，以爲守禦之規。」〔註11〕做這個工作是爲了國防的需要，爲了了解夷狄外患的風俗語言，以便克敵制勝，這種觀念與做法正是許多方志及個人載籍撰述的目的。

　　前兩章多次談到元代以前許多有關「臺灣」的記述，實際所言應爲琉球，這樣的推斷，應較爲符合實情。琉球雖頗受中國的影響，然其文化與日本淵源較深，航海技術也遠高於「臺灣」，「原臺灣人」中也沒有以航海能力知名的族群。清代對琉球的記載始於康熙元年（1662年），此年清政府派遣張學禮、王垓前往「冊封」琉球王尚質，清代冊封琉球共有八次，康熙元年爲第一次，其後在二十二年，五十八年，乾隆二十二年，嘉慶四年，十二年，道光十九年，同治五年，各有一次，每次出史的人都撰有「使錄」，這些「使錄」體例不一，但主要都是記載琉球歷史背景，政治情況，風土民情，物產，地理位置等等。〔註12〕在語言方面亦有漢字擬音的紀錄。張學禮所撰的〈中山紀略〉云：

> 彼國人雖與中國同而言語大別：金曰額膩、銀曰喀難、爺曰安知、
> 大曰倭捕煞、小曰彌煞、紅曰呀噶煞、白曰十六煞、男曰會耕噶、
> 女曰會南宮、幼小曰蛙籃璧、父母曰倭牙、喫曰米小利、飯曰安班、
> 酒曰薩几、好曰優噠煞、不好曰挖煞、醉曰威帝、睡覺曰殷帝。人
> 名俱有四、五字者，如馬爛敏達羅、如喀難顧司姑之類，惟有阿彌
> 多、夜弗蘇二名呼喚者甚多。〔註13〕

他說琉球地方的人雖然和中國人非常相似，但在語言上卻有很大的不同，他舉了金、銀、爺、大、小等爲例，來說明其間的差距。在人名上，琉球人以四個字五個字爲多，三個字也有，且以叫「阿彌多」、「夜弗蘇」的最多。琉球語和日本語在結構上較相近，張學禮的漢字擬音與現代專家以日本五十音

〔註10〕鄭餘慶：〈日本考略引〉，《日本考略》，頁163。

〔註11〕王文光：〈日本考略序〉，《日本考略》，頁163。

〔註12〕《清代琉球紀錄集輯》〈弁言〉，（台北市：臺灣經濟研究室編印，臺灣文獻叢刊第292種，1971年5月），頁1。

〔註13〕《清代琉球紀錄集輯》張學禮：〈中山紀略〉，頁11。

注出來的「那霸」土音，也有相近之處。如：

漢語	漢字擬音	琉球語日語擬音	考　　辨
好	優噠煞	ユタサン	
不好	挖煞	ワシサン	
飯	安班	アサバー	原意爲正午吃的飯
紅	呀噶煞	アカサン	
男	會耕噶	ヰキガ	
女	會南宮	ヰナグングワ	
銀	喀難	カナグ	應爲金製品
祖父	安知	アシー	應爲白天吃的飯

　　由以上表列可知，漢字擬音有其準確度，迄今仍可對比出相近的音來，其價值不言可喻。〔註14〕

　　康熙五十八年（1719 年）朝廷派遣海寶、徐葆光前往冊封琉球王，徐葆光在此行後寫有〈中山傳信錄〉一文，此文的記載十分詳備。全文約四萬字，是一篇對琉球相當全面的記述。文中他對琉球人所用的字母，做了漢字擬音的翻譯，這些字母其實是來自日本的片假名，由此可見琉球除與日本關係的密切。

> 琉球字母四十七，名「伊魯花」，有眞、草二體。其眞體，イ（人讀如依）、ロ（類讀如魯）、ハ（波讀如花）、ニ（仁讀如義）、ホ（保讀如夫）、ヘ（飛讀如揮）、ト（登讀如都）、チ（知讀如癡）、リ（里讀如利）、ヌ（奴）、ル（留讀如祿）、ヲ（遠讀如烏）、ウ（和讀如哇）、カ（加讀如喀）、ヨ（有讀如天）、タ（太讀如達）、レ（禮讀如力）、ソ（卒讀如蘇）……〔註15〕

徐葆光並對這些字母因何而來，做了些考證的工作，他的考證及解讀，並不算準確。比如說這些字母是從何而來，他列舉了兩個可能，一是日本人的字母整個移植過來，二是他認爲這些字母原來是中國人發明的，源出於中國文字與聲韻，琉球人爲了教導民眾，所以加以省減筆劃，而成爲這樣的字形。徐葆光所說的兩種情形都是琉球文字形成的原因。不過這樣的說法，可以見

〔註14〕以上琉球語音見：沖繩言語研究所センタ：ryukyu～lang@lib.u～ryukyu.ac.ip
　　　　2002 年 12 月。
〔註15〕《清代琉球紀錄集輯》，徐葆光：〈中山傳信錄〉，頁 93。

出對日本文字產生的原因缺乏了解，對琉球歷史也不很清楚。但能注意到這個層面已是非常不容易了：

> 或云：即日本字母；或云：中國人就省筆易曉者教之爲切音色記，本非字也。古今字繁而音簡，今中國切音字母舊有三十六，後漸爲二十八。自喉、齶、齒、脣張翕輕重疾徐清濁之間，隨舉一韻，皆有二十八母。天下古今有字、無字之音，包括盡矣。今實略仿此意，有一字可作二、三字讀者，有二、三字可作一字讀者；或借以反切、或取以連書。〔註16〕

爲什麼琉球人都使用這套字母呢，「蓋其國僧皆遊學日本，歸教其本國子弟習書。」因爲此地的僧人都往日本學習，向日本僧人學習而來的。其實他不知道唐代有許多日本僧人西渡中國，從中國各體書法中整理出一套適合己用的字母，並以此開始創造本身的文字記述，讓日本開始有了拼音字母，逐漸建立起記述系統。琉球僧人到日本遊學，受教育，因此傳承了這套字母回來，也以此來記述自己的文化與歷史。〔註17〕

我們仔細驗證漢字擬音在日語與琉球與的記載，是有相當的價值的，這些擬音仍有紀錄「他者」語音的功能。在沒有更精確的記音法之前，這種沿用了數千年的方式，仍有其歷史意義。

第三節 擬音的兩階段發展

清代所謂的臺灣人，便是族群眾多的原住民，大陸來臺的官員所要統治

〔註16〕《清代琉球紀錄集輯》，徐葆光：〈中山傳信錄〉，頁93、94。此文後他引用了元末明初的代陶宗儀（1329年～1417年），字九成，號南村，浙江黃岩人。《南村輟耕錄》書中的說法：「琉球國職貢中華所上表，用木爲簡……而橫行刻字於其上，其字體蝌蚪書。」加以補敘，推測琉球國很早就有這種文字，但不知道這個「蝌蚪書」即爲他所見的日文字母。由陶宗儀的記載，間接可知，琉球人在元代或更早便已使用日文字母來讀、寫。

〔註17〕中國漢字的影響力甚大，其周邊諸國如：日本、越南、韓國等的記述系統及表音系統，莫不受其影響，日文的「假名」，越南的「字喃」，韓國的「鄉札」（Hyangka）、「史讀」（I～du）kap「吐」（To）等都是由漢文中演化出一套較適合自己民族的讀、寫系統。在西方列強以軍事力量入侵這些國後，以羅馬拼音來記、讀他們國家的語言成爲新的選擇。中國本身也有一派學者，主張以羅馬拼音來全面取代漢文記述，這個做法在「中華人民共和國」時也付諸實行；然而仍未能全面取代傳統漢文讀寫的方式。

與管理的便是這些島民。若不了解他們的習俗文化便不能深入他們的生活方式，聽不懂他們的語言，便無法溝通彼此。因此適切的記載，是非常重要的工作。我們觀察這些清代漢字擬音所收錄的內容，可以發現有不少共同性，在分類上也很類似，大多包含了食、衣、住、行、人事與自然等方面，字彙相當多樣。詞性方面有名詞、動詞、形容詞、副詞、連綿詞等，變化很多。編纂者在撰述時，應該是多所參照、承襲前人的。以下我們將紀錄方式分為兩個階段做討論，其一是康熙到乾隆時期的紀錄，此期的方法較為粗糙。其二是光緒二十年前後的幾本志書，這幾本志書所載的內容則十分詳細，內容很多樣。

一、前期的《諸羅縣志》及《小琉球漫誌》

以漢字擬音記載原住民語言的精準度常會發生問題，在音的判斷和字的選用上常常模稜兩可，在音調上的平上去入，也很難掌握。但我們仔細加以比對，發現許多字音還是有近似之處。但因為早期調查的方法較粗糙，對族群種屬的辨認能力也不足，所以會造成很大的差異。我們試以周鍾瑄《諸羅縣志》及朱仕玠《小琉球漫誌》上所錄的「番語」做一比對：

《諸羅縣志》：

天（文臨）。日（阿易）。月（務難）。星（丁迓迓）。風（麻例）。
雨（汙難）。雷（你踏）。

父（耶媽），一曰（阿兼）。母、姑（擺奄）、（兒喇）。祖父（麻箕）。
祖母（霧霧）。兄（若佳）；一曰（撒哩麻撒）。伯、叔（茅撒哩）。
伯叔母（喇由喇補）。男子（阿巳阿巳）。女子（擺擺）。

《小琉球漫誌》：

天（務臨）。日（咿喇哈）。月（咿達）。星（薩哈蘭）、（曖薩挲夕）。
風（麻哩）。雨（喇麻挲）、（烏達）。雷（臨薩哈）。

父（攬麥）。母（賴臟）。公（攬慕）。哥（格格）。伯叔父（攬慕，
與公呼同）男人（安麥）。女人（因納）。

比較《諸羅縣志》與《小琉球漫誌》上的擬音，發現有類同的詞彙，如：《諸羅縣志》的天為「文臨」《小琉球漫誌》為「務臨」，兩音僅為聲調的高低而已。《諸羅縣志》的風「麻例」，《小琉球漫誌》風為「麻哩」，兩詞只是用字

不同，音甚相近。除此之外，絕大部分的聲音都不相類。《諸羅縣志》完成於康熙五十六年（1717 年），《小琉球漫誌》約完成於乾隆三十年（1765 年）以後，兩者相差不到五十年，語音竟有百分之九十以上的不同，相信這應該是族群不同所造成的結果才對。朱仕玠標明〈下淡水社寄語〉，「下淡水社」所指應有八社，即力力社、阿猴社、上淡水社、下淡水社等等，若僅指下淡水社，據李國銘的考證，認為社址在屏東萬丹鄉下社皮以南一公里的番社「香社村」，〔註 18〕乾隆時代屬於大社，種族屬於西拉雅族。朱仕玠請趙工孕所紀錄的音，應該屬於這幾個社的語音。而諸羅縣治所在地的附近，則大部份為洪雅族的族群，如：諸羅山社（嘉義市），打貓社（嘉義民雄），大武郡社（彰化員林），哆囉國社（臺南新營）等等，所以語音不會相似。朱仕玠曾於「按語」中說《諸羅縣志》內的擬音，和他所聽到的大不相同，所以有重做的動機，其實他當時並不了解熟番有那麼多的族群，他們有一些互相影響的語言，但絕大部分還是不相同的。他在王瑛曾《重修鳳山縣志》看到編者轉錄《諸羅縣志》的語音，說是鳳山縣平埔熟番即下淡水八社的原住民語，他很不以為然，其實編志書者大多沒有對所在地的原住民語言或習俗進行調查紀錄，逕自使用前人載籍張冠李戴，這種情形可說屢見不鮮。

二、後期的《恆春縣志》、《臺東州采訪冊》、《新竹縣采訪冊》

　　看清末的《恆春縣志》及《臺東州采訪冊》調查及紀錄原住民的語言十分詳細，沒有抄錄前人的記載，在保存語言、溝通原、漢上具有很高的價值。〔註 19〕琅嶠番社有上十八社與下十八社，及枋寮七社、赤山社寮十三社。〔註 20〕光緒五年時卑南番社四十有六，光緒二十年《臺東州采訪冊》的記載有

〔註 18〕劉澤民：《平埔百社古文書》，（南投市：國史館臺灣文獻館，2002 年），頁 406。

〔註 19〕屠繼善：《恆春縣志》卷五〈招撫（番社、番語）〉：「蓋其間，閩人則譯以閩音、楚人則譯以楚音，更覺言人人殊，而莫衷一是也。地方有司，審理詞訟，不可不慎。」這段話說到在翻譯番語時，口譯的人有楚人有閩人，漢譯選字時難免各行其是，當官審案的人，必須要慎重斟酌，否則很容易誤解番民的意思，造成不便。可見漢譯番語有其必要性，對治理番民，管理番務具有參考價值，頁 112。

〔註 20〕屠繼善：《恆春縣志》卷末，〈舊說〉，頁 310～311。這些族群包括原住此地的排灣族，由康熙、道光年間由鳳山多次遷徙而來的馬卡道族（平埔番）及阿眉（美）族。

八十七社。〔註21〕《恆春縣志》上的番語分成兩部份，其一是屬於主要族群的琅嶠番上十八社、下十八社，這個族群爲排灣族，是恆春勢力較爲強大的族群。其二爲阿眉（美）族，這個族群由花蓮到臺東一直到恆春一帶都有。〔註22〕縣志上對他們的語言也做了紀錄，這個紀錄與《臺東州采訪冊》上的北路南勢七社番語，中路各社番語作一比對，可以發現有非常大的雷同性。

北路南勢七社在蔣毓英《臺灣府志》、高拱乾《臺灣府志》、周元文《重修臺灣府志》、周鍾瑄《諸羅縣志》、劉良璧《重修福建臺灣府志》等都稱爲「直腳宣五社」，後又有「崇爻」、「奇萊」諸社的名稱，這幾個番社都屬於阿美族。〔註23〕北路木瓜各社番，則屬於泰雅族東賽得克木瓜群，此群原居南投市仁愛鄉霧社一帶，十九世紀中葉遷移至木瓜溪中上游，一八八〇年左右因受太魯閣群的壓力，遷至木瓜溪中下游，光緒年間設有「歧萊南勢七社總通事」一名。中路各社番所指的應該也是屬於阿美族「秀姑巒」二十四社及「海岸」群，這一路設有「秀姑巒總通事」一名。南路埤南各社則屬於卑南族的語言，卑南分布於臺東卑南鄉及臺東市一帶，設有「埤南成廣澳等社總通事」一名。以下將這兩本志書上記錄的語音，選擇一些共同有的話語做一對照。

出處	《臺東州采訪冊》	《臺東州采訪冊》	《臺東州采訪冊》	《恆春縣志》	《恆春縣志》
番社＼單字	a.北路木瓜各社番語 b.北路南勢七社番語	中路各社番語	a.南路埤南各社番語 b.南路知本、射馬干各社番語	琅嶠番上十八社、下十八社等	阿眉族十八社
天	a.加辣 b.加拿來焉	家家來燕	a.你鴨 b.路谷	阿劣劣慢	加加奈
日	a.一辣是 b.只辣	霽竦〔註24〕（辣?）	a.奴冷 b.加老	隔到	棲辣
月	a.希老 b.烏辣	夫竦（辣?）	a.母覽 b.武蘭	改逆	烏辣

〔註21〕胡傳等：《臺東州采訪冊》〈莊社〉，頁18。

〔註22〕屠繼善：《恆春縣志》卷五〈招撫（番社、番語）〉：「右下十八社之阿眉番話，與別社更相懸殊。爰譯數語，以備參考。」，頁112。

〔註23〕康培德：《殖民接觸與帝國邊陲 花蓮地區原住民十七至十九世紀的歷史變遷》第五章〈異族建構〉，（台北縣板橋市：稻香出版社，1999年），頁132～153。

〔註24〕此處「霽竦」的「竦」與「夫竦」的「竦」，應皆爲「辣」字較爲正確。

風	a.木誼忽 b.馬力	哇刀	a.嗎哩 b.化力		呱笠
雲		阿育	a.下林月四 b.花路鬧	阿六薄	曷遏
星		烏一	a.墨都恨天	朱密甘	勿憶
父	a.打媽 b.媽	脈脈	a.阿媽 b.阿媽	阿媽	阿脈
母	a.慕慕 b.依拿	因那	a.乙乃 b.因拿	矜納	因逆
人			a.乙奴	擺郎	擔擾

　　由上表可以看出《臺東州采訪冊》中的「北路南勢七社番語」、「中路各社番語」與《恆春縣志》的「阿眉族十八社」同屬於阿眉族，紀錄者所用的漢字不相同，但音十分類似。以「天」為例：「北路南勢七社番語」用「加拿來焉」，「中路各社番語」用「家家來燕」，「阿眉族十八社」用「加加奈」；「日」，「北路南勢七社番語」用「只辣」，「中路各社番語」用「霽竦（辣？）」，「阿眉族十八社」用「棲辣」，「月」，「北路南勢七社番語」用「烏辣」，「中路各社番語」用「夫竦（辣？）」，「阿眉族十八社」用「烏辣」。至於《臺東州采訪冊》中的「北路木瓜各社番語」為泰雅族，南路埤南各社番語，南路知本、射馬干各社番語，為卑南族語。《恆春縣志》琅嶠番上十八社、下十八社等為排灣族語，則很清楚，彼此的用語是很不相同的。不過也有跨族群相通的語言，如「父」，卑南族稱「阿媽」，排灣族也叫「阿媽」。阿眉族的音也相類：「媽」、「脈脈」、「阿脈」。「母親」這個稱呼，除了泰雅族「北路木瓜各社番語」為「慕慕」外其它各社的音都頗為類似，阿眉族稱為「依拿」、「因那」、「因逆」，卑南族稱為「乙乃」、「因拿」，排灣族稱為「矜納」，這些音用字不同，其實語音應該是非常近似的。由這些相近的音來看，他們彼此間應該有互相影響的情形存在。

　　光緒年間另一本以漢文紀錄番語十分有特色的是陳朝龍、鄭鵬雲等編纂的《新竹縣采訪冊》〔註25〕，這本采訪冊在卷七〈番話〉中，他們紀錄了賽

〔註25〕《新竹縣采訪冊》約完成於光緒二十年（1894年），因乙未割臺未及刊行。次年，撰稿者陳朝龍攜稿本，內渡中國大陸，光緒二十九年（1903年）陳氏卒於福州。新竹紳士鄭如蘭以重金蒐購其遺稿，藏之於家。明治四十年（1907年），日本新竹廳長里見義正向鄭如蘭借抄，分為四冊。光復後臺灣銀行經濟研究室依藏於臺灣分館僅存的抄本，將之標點、刊印，但是仍缺書院、祠廟、

夏族與泰雅族的語言，賽夏族，志中稱為「合番子」，居住於「竹塹堡五指山一帶各社，延及竹南堡獅裏興一帶各社。」指的是新竹五峰鄉到苗栗南庄、獅潭一帶的原住民，「番共有十餘姓，曰錢，曰豆，曰朱，曰夏，曰高，曰禪，曰洪，曰絲，曰蛇，曰樟等姓，皆同一種類，俗皆統名謂之合番子，話皆相同。」所謂「合番子」指的是賽夏族，這些姓也是賽夏族特有的姓氏，另外一個族群稱為「東北路後山番」，這些番人居住在「竹塹堡油羅一帶各社，延吉竹北堡馬武督一帶各社，東接後山，北連淡水縣境大科崁一帶」，這是新竹縣橫山鄉、關西鎮北到桃園縣大溪鎮一帶的泰雅族，這些原住民種族相同，語言很相似，「各社之番話皆相同，間或偶有互異，亦不過腔吻間之輕重清濁耳， 其實話之大概不甚歧異。」

在這兩個族群的語言紀錄上，調查者發現有相當大的困難度，單用一種語言無法很準確的標出讀音，因此使用了多種中國地方語音來標示，甚至也用到平上去入四聲來注音。如：東南路合番子番話：

天曰九，土說，瓦氏。

雲曰郎了，官音，獅裏興一帶各社或曰凜凜或曰巴必喇。煙霧同。

遇人不見曰呵拐加，蘇音、泉音。

嶺上曰哥哥老，漳音。

番布曰加裏巴人，福州音。

山杉曰亞裏百，粵音。

孩兒曰孤孤鄰，上聲。不可曰伊哩，入聲。

這裡可以看到「土說」、「官音」、「蘇音、泉音」、「漳音」、「福州音」、「粵音」，等不同省份的發音方式，也有「上聲」、「入聲」的分別，這一套注音法可以說是清代漢字擬音中最詳密的一類。但除非對中國各省方音十分熟悉，否則要讀懂並非易事，然而可以看出纂修者用心的地方。日人據臺後對管轄下的子民，展開了各項調查工作，「蕃民」也是他們的重點工作之一。﹝註26﹞在「蕃

坊區、風俗及列傳等項。直到近年，臺灣省文獻委員會才發現新竹廳之抄本，乃將之與臺銀刊本以及陳培桂《淡水廳志》合校，輯為乙冊，民國八十八年（1999年）付梓，出版時為與臺銀本區別，其書名增改為《合校足本新竹縣采訪冊》。

﹝註26﹞日人治臺時代「番」字，皆寫作「蕃」與中國人所用不同，然較接近「蕃」字原義。

語」的調查方面，他們使用的是羅馬拼音的方式來注音，留下了相當豐碩的成果。《新竹縣采訪冊》完成於光緒二十年（1894 年）前後，其注音方式若與日人來臺後帶入的羅馬拼音注音方式作一比較，可以發現相似處仍不少，以下即是一些例子：

內容	出處	《新竹縣采訪冊》（1894 年）	小島由道（1917 年）〔註27〕	黑澤隆朝（1943 年）〔註28〕	南庄賽夏族日繁雄口述賽夏族（2002 年）〔註29〕
姓氏	絲	噠噠裏西入聲	Tataisi		
	錢	薩老宛官音	Shawan	Sharawan 或 Shawan	
	豆	豆豆亞來上聲	Tautauwazai	Tautauwazai	
天文	天（空）	九土說瓦氏			Gou-wash
	星	明官音的唵上聲			Min-der-an
	雨	亞油喇			Ai-er-lav
人體	頭	打姑雷			Ta-oe-loeh*
	耳	沙利一兒			Sa-le`e*
	口	牙巴是			Nga-bas*

　　分布在新竹縣到苗栗縣淺山區一帶的賽夏族群，他們的語言，一百餘年來，很多詞語變化並不太大，漢字擬音的功能由上表也可看得出來。最後還有一個很特殊的例子，「風」這個字，我們發現許多族群都使用相類的發音，時空跨越度甚之大，令人驚訝：

《諸羅縣志》：風（麻例）西拉雅族

《小琉球漫誌》：風（麻哩）西拉雅族

《臺東州采訪冊》南路埤南各社番語：風（嗎哩）卑南族

《新竹縣采訪冊》：風（貓哩）道卡斯族〔註30〕

《恆春縣志》：風（瓜笠）排灣族

《諸羅縣志》成書最早，刊刻於康熙五十六年（1717 年），《新竹縣采訪

〔註27〕引自張致遠：《苗栗縣賽夏文化史》，（苗栗縣：張致遠文工作室，2002 年），頁 43。

〔註28〕引自林修澈：《臺灣原住民史賽夏族史篇》第三章，頁 65。

〔註29〕張致遠：《苗栗縣賽夏文化史》，頁 220、252。

〔註30〕清代漢字擬音中的「貓」字，在發音上應該唸成「麻」較正確，因為閩南語的「貓」字即唸成「麻」。

冊》成書於光緒二十年（1892年）左右，前後差距約一百七十五年。《諸羅縣志》、《小琉球漫誌》所記爲南臺灣西拉雅族群的語言，《臺東州釆訪冊》爲東南部卑南族的語言，《新竹縣釆訪冊》爲道卡斯族的語言，《恆春縣志》爲排灣族的語言，記載的時代不同，族群不同，地域不同，而使用的聲音非常類似，這個現象應可以說明原住民中彼此往來，互有影響的情形。

第四節　擬音用字的異體化現象

　　以漢字擬音方式來記述原住民的種種，在「歌謠」、「社名」、「地名」、「姓名」上，出現許多特殊的「漢字」。這種漢字字體與原字體頗有差異，通常是在原字左側加了「口」字，形成了許多獨特的新造字。如：

歌謠：

〈蕭壟社種稻歌〉

　　呵搭啁其礁（同伴在此），加朱馬池喇唭麻如（即時播種）。

〈二林、馬芝遴、貓兒干、大突四社納餉歌〉

　　甘換溜沙麻力歧甘換（易餉銀得早完餉），馬尤唯嘮唯其喇印唯（可邀老爺愛惜）；圍含呵煞平萬唯嚎其喃買逸（我等回來快樂，飲酒酣歌）！

地名：叭哩坔，嘛吧哖，哆囉嘛，知母嘮。

姓氏：加吶晞，貓六達，遠嚕劮令，喇喇哈喇嚕，貓喏吧須。

社名：哆囉里遠社，嗄勝別社，哆囉嘓社，株嗊烟社，干也貓喵社。

　　加口部爲偏旁之意，據洪敏麟《臺灣舊地名之沿革》說是有兩個作用，其一是「叫你讀旁」〔註31〕，口的意思是開口讀旁邊的字音，如：叭，即讀爲八，哆即讀爲多，吶即讀爲六。這種字的起因，是因爲當時來臺移民普遍知識水準較低，對有音無字的原住民語，便想出用簡單的字加以擬出，在其旁加口部，以方便讀唸。其二是「區隔」加了口部的「社名」、「地名」即爲番人所居之地，即爲番人的領域，在「姓名」上加了口部，很明顯與漢人姓名不同，如此便一望可知彼此的差異。這個雖是當時因地制宜變通的方法，然而如叭、哆、嚕、嘮、喏等卻是前已有之的字，吶、嘛、喙、啁等則爲新造字。

〔註31〕洪敏麟：《臺灣舊地名之沿革》第一冊，（南投市：台灣省文獻委員會編印，1984年再版），頁9。

　　另外一個特色便是或體字、同音異字的現象很多，如：苗栗縣的「苗栗」一詞為「猫裏」漢字擬音的雅化，而「猫裏社」的由來，源於此社居於「猫里山」下不遠處。〔註32〕光緒十五年（1889年）苗栗準備設縣，縣治設於原道卡斯族居地「猫裏社」，因「猫裏」欠雅馴，所以改為「苗栗」。然由《諸羅縣志》以來「猫裏」便有許多不同的寫法，整理如下：

出　　　處	篇　目　用　語
康熙五十六年（1717年）《諸羅縣志》	卷一〈封域志山川〉：猫裏山。 卷二〈規制志社〉：猫裏社。 另〈番俗圖〉：猫里山。
乾隆十二年（1747年）《重修臺灣府志》	卷一〈封域山川〉：猫裏山。 卷二〈規制番社〉：猫裏社。 另（臺灣府總圖）：猫里山。（淡水廳全圖）：猫裡山。〔註33〕
乾隆三十八年（1773年）《海東札記》	卷四〈記社屬〉：貓裏社。
同治十年（1871年）《淡水廳志》	卷一〈封域志　山川〉：貓里山、貓裏街。 卷三志二〈建置志　倉廒〉：猫裏社。 卷三志二〈建置志　番社〉：猫裏社。 另〈淡水廳全圖〉：猫里。
光緒二十年（1894年）《苗栗縣志》	卷二〈封域志　沿革〉：猫裏社。 卷二〈封域志　山川〉：猫裏山（在貓裏街西二里）。〔註34〕 卷三〈建置志街市〉：猫裏街。 另〈苗栗一堡圖〉：猫裡街。
光緒二十四年（1898年）《新竹縣志初稿》	卷一〈建置志番社〉：貓裏社。

　　由以上表列可以看出有「猫裏」、「猫里」、「貓里」、「猫裡」、「貓裏」等不

〔註32〕「猫裏」一詞的意義，根據各書的漢字擬音：《諸羅縣志》：風（麻例），《小琉球漫誌》：風（麻哩），《臺東州采訪冊》南路埤南各社番語：風（嗎哩），《新竹縣采訪冊》：風（貓哩），等可證明，其意為「風」。

〔註33〕六十七、范咸：《重修臺灣府志》卷二〈規制‧番社〉，頁12。

〔註34〕沈茂陰：《苗栗縣志》卷二〈封域志‧山川〉，頁26。

同寫法，就算在同一本書中，前後寫法也有出入。

恆春地區的原住民居住地最早有「郎嬌」之名，其後有「瑯嶠」、「瑯嬌」、「琅嬌」等名，記述並不一致。

出　　　處	篇　目　用　語
《臺灣府志》	卷一〈封域志・形勝〉：郎嬌。
《臺海使槎錄》	卷七〈南路鳳山瑯嶠十八社三〉。
《東征集》	覆制軍臺疆經理書：「鳳山縣令宋永清有議棄郎嬌之詳」。
《海東札記》	〈海東贅語下〉：瑯嬌番十八社。
《重修臺灣府志》	卷二〈規制・番社〉：瑯嶠社。另〈臺灣府總圖〉：瑯嶠山。
《鳳山縣志》	卷之二〈規制・坊里〉：琅嬌社
《重修鳳山縣志》	卷一〈建置沿革〉：瑯嶠山。
《恆春縣志》	卷二〈建置〉：琅嶠

其他如岸裡社又寫作「岸裏社」，里荖社寫作「里腦社」，毛少翁社寫作「麻少翁社」、山朝社寫作「山貂社」。煙草或吃煙，《諸羅縣志》寫做「打嗎嘓」，《小琉球漫誌》寫作「打馬鼓」，《臺東州采訪冊》寫作「打馬谷肉」、「淡巴菰」等不一而足。這些都是清代文獻中常見的現象，這種不統一的用語，缺乏標準化的現象，基本上可以看到記載者方法粗疏，不講究擬音規範的態度。

綜合看來以漢字擬音來標記異族語言的做法，基本上有幾個特點：

其一、音與義有所距離。

不論是用漢字擬音或羅馬拼音、國際音標等來注音，都不可能避免產生差異，也無法完全符合異族語言的原意，這種距離是必須正視的，我們可以看到原住民語同樣的詞，卻有非常多以不同的音注，同樣的名詞卻有不同的解釋。

其二、弱勢文化的掙扎。

強勢國家的力量，往往將自己的文化系統，以各種方式侵入弱勢國家與民族，這些不論是樂於接受，或被迫接受的「非我族類」，都必須有一段很長的掙扎期，必須在原有文化與移入文化之間，做調整與適應的行動。我們可以見到許多為教導原住民而開設的「社學」，成效並不好，政府雖然有很多獎勵措施，但原住民仍不樂於學習。而樂於接受漢化，學習漢字者，便很容易成為族群中的領導者。

其三、用字的歧異。

我們看到清領時期，許多記術語原住民相關的漢字，都缺乏標準化，異體字、或體字、訛字特別多，甚至刻意製造歧視的文字，用來區別漢番。

其四、詞語的混雜。

移入的文化勢必與在地的文化產生混雜的現象，外來語與在地語的相互影響，使得語言變得豐富而多樣。而強勢的移入文化，以政治力量推動「他們」的語言，將使大部分語言逐步的統一化，標準化。但再強制的力量，也難以完全消除原有語言的存在，臺灣現在仍保有許多原住民語，如：牽手、秀朗、麻豆、太麻里、苗栗等，事實上如日據時期的詞語如：運將、壽司、脫線、歐巴桑等等仍出現在常民的口語之中。

其五、棄用（abrogation）、挪用（appropriation）或轉構〔註35〕。

臺灣原住民基本上放棄了自己造字的企圖，全面接受漢字系統，並藉以書寫歷史、傳達訊息、表達情感，同樣受漢字影響的「他方異國」如韓國、日本、越南等，則以挪用語轉構的方式，建立起一套屬於自己國族的語言系統。雖然他們仍然不能脫離漢字的影響，仍有著「詞語的混雜」的現象，但畢竟建構了有別於漢字文化的系統。

以漢字擬音方式去翻譯異族語言的做法，從春秋戰國時代開始已有三千年左右的歷史，在文化交流，彼此認知上起了很大作用。清代在臺的文士也運用這個傳統方式，紀錄異族的語言，這項工作由康熙年間即已開始，一直到清朝末年，持續了兩百多年之久。留下了相當多的語音資料，但一直未被重視及使用，這是一件十分可惜的事。李壬癸曾說：

> 從清領時代開始，或當一六六一年鄭成功到臺灣，幾百年來他們從
> 不關心原住民語言，幾乎沒做什麼事。要等到一八五九年日本學者
> 到臺灣後才開始做研究。〔註36〕

李壬癸的說法或不算周延，若以上所整理論述的資料來看，清代兩百餘年來，在原住民語的紀錄上，資料是非常豐富可觀的。事實上我們也幾乎沒有看到相關學者，曾經對「漢字擬音」做過全面性的研究，幾把這些資料視為無用

〔註35〕棄用（abrogation）、挪用（appropriation）兩詞引用自比爾·阿希克洛夫特，嘉雷斯·格里菲斯，凱倫·蒂芬（Bill ashcorft, Gareth Griffith, &Helen Tiffin）著，劉自荃譯：《逆寫帝國──後殖民文學的理論與實踐》，頁41、83。
〔註36〕李壬癸：《臺灣平埔族的歷史與互動》，頁229。

的、過時的東西。漢字擬音的做法，也已不再被使用。不過在研究及整理原住民語言上，如前所述，中國傳統記音方式仍有其不可取代的價值。

第五章　漢字原住民歌謠考釋

　　清代臺灣平埔族如同所有原始人類一般，用歌謠來崇隆祖先，傳承歷史，慶祝節日，抒發情感。明代以前，由於外在環境的封閉，缺乏文化刺激，使他們仍處在十分原始的生活型態裏。這種封閉的狀態在荷、鄭時代才真正地打破，而有清統治的二百餘年間，全島是以緩慢的速度，由南至北，由西向東，逐漸地完成「漢化」的工程。由於原住民沒有文字，所以清領初期一切都處於「他者紀錄」的狀態，這種情況到道光、同治年間以後才逐漸有了變化，原住者由統治者帶來的文化中，學習到文字運用的技巧，開始模擬中國傳統文化的方式，建構自己的族群歷史，轉化了往昔的口述傳統。清領末期的光緒年間，移居埔里的巴布薩族，以生澀的漢語文字，書寫、紀錄屬於自己族群的文化和聲音。

　　清領初期，雍正年間黃叔璥所編纂的《臺海使槎錄》一書，〔註1〕這是最典型的「他者紀錄」之作，此書收錄有三十四首歌謠，完全是以漢字擬音的方式，紀錄全島由屏東到淡水各地平埔番社的歌謠。清代中葉與統治者關係密切的巴宰族，有意識的綜合了中國與西方傳教士傳授的書寫方式，將族群中傳唱的歌謠寫定下來，使它成為崇隆、讚美祖先的嚴肅文字。光緒年間由臺中移居埔里的巴布薩族，則以生澀的漢字寫下了自己族群的歌謠，這就有名的〈貓霧捒番曲〉，巴布薩族中的長老費力地將族群自古流傳下來的歌謠，以文字書寫的方式，轉化為可以流傳、教唱的曲詞，希望成為「紀錄者」而非「被紀錄者」，自覺的期望保存自己的文化，抵拒外來同化的力量。這個過程即第四章所言：「弱勢文化的掙扎」、「用字的歧異」、「詞語的混雜」的階段，也經歷了「挪用或轉構」而終至「棄用」的境況。嚴格說來這些跨

〔註1〕黃叔璥，康熙61年（1722）年入臺。編寫有《臺海使槎錄》八卷等。

越近兩百年的歌謠，並不能算是文學作品，是由歌謠過渡向詩歌的書寫文字，是一種「前詩歌時代的謠曲」。不過可以察覺到，這些謠曲可以說是《詩經》、《楚辭》之前的書寫狀態，《詩經》、《楚辭》這兩大韻文系統，正是中國文學的源頭、濫觴，清代臺灣平埔番曲中的內容與書寫方式與之比較，可以參照、對論的地方非常多。這正是在中國已失去的、不可查知的時代的再現，其價值自然不言而可喻。〔註 2〕本節嘗試多方引論，進行文學性的探討及詮釋，期望為這些長久以來失去聲音與傳唱者的歌謠，找回一些原來的溫熱。

第一節　〈番俗六考〉卅四首番民歌謠

一、歌謠採錄及地區分佈

　　黃叔璥於康熙六十一年（1722 年）來臺任巡臺御史時年四十三歲，雍正二年（1724 年）八月離臺，《臺海使槎錄》大約寫成於雍正二年（1724 年），其後數年內陸續有所增補。此書中的〈番俗六考〉是臺灣最重要的原住民載記之一，在此之前郁永河的《裨海紀遊》〔註 3〕、周鍾瑄、陳夢林編撰的《諸羅縣志》〔註 4〕，記述了相當豐富的資料，黃叔璥則在這兩書的基礎之下，有更深入的探討。此書採錄的平埔族歌謠三十四首，是清代相關書寫中最完整的紀錄，這些歌謠的內容包羅甚廣，反映了臺灣西海岸由南到北原住者的生活面貌，此書之後沒有一本方志或個人撰述有這麼全面的收錄和記載，益可見其重要性。這些歌謠記載的方式是以漢字直擬其音，然後再將歌謠的大意翻譯於後，在保存原住民歌謠及語言有很大的貢獻。陳子艾在〈粵風續九與粵風研究三題〉〔註 5〕一文中提到清初詩人吳淇、吳代等人編輯了《粵風

〔註 2〕以臺灣原住民有中國「上古」遺風者甚多，如藍鼎元〈黃玉甫先生索臺灣近詠〉詩：「番黎素無知，渾噩近太古。」，鄭宵〈番俗〉：「混沌初開似葛懷，人間甲子欠安排。」等等，鄧傳安《蠡測彙鈔》中〈番俗近古說〉一文則以服裝、髮式、婚姻之俗與秦漢之俗最為相近，以證明臺灣原住民與中國先民風俗相似。

〔註 3〕郁永河，康熙 36 年（1697 年）入臺。

〔註 4〕周鍾瑄，康熙 53 年（1714 年）入臺。

〔註 5〕陳子艾：〈粵風續九與粵風研究三題〉，苑利主編：《二十世紀中國民族學經典》〈史詩歌謠卷〉，（北京：社會科學文獻出版社，2002 年），頁 157。

續九》一書，收集了漢、傜、琅各族民歌，是我國第一部「較多民族的以情歌為主的民歌集」，之後便敘及黃叔璥〈番俗六考〉中採錄的的平埔族歌謠，對他的工作給予相當大的肯定。以漢字記音的方法最早在漢代劉向的《說苑》一書〈善說〉卷中使用過，劉向用漢字擬音的方式，記錄了一首〈越人歌〉，他先紀錄下越人的聲音，然後再將其意譯為漢語歌謠，這首歌謠帶有很強的吳、越地域色彩，文詞意境皆甚美（詳見第二節）〔註6〕。《後漢書》〈南蠻西南夷列傳第六十七〉記載，當時益州刺史朱輔亦曾漢譯四川夷人歌謠，編為〈遠夷樂德歌〉、〈遠夷慕德歌〉、〈遠夷懷德歌〉三首，每首歌後亦附有漢字擬音〔註7〕。黃叔璥承襲了這種做法，但在修辭上沒有進行加工及美化，僅直譯其意而已。〈番俗六考〉中收錄的平埔族歌謠三十四首，具有開創之功，這些資料在往後清代臺灣的方志及載籍中不斷地被轉錄。如：

1. 范咸〔註8〕《重修臺灣府志》（1747年）引33曲。（缺〈灣裏社誡婦歌〉）
2. 余文儀〔註9〕《續修臺灣府志》（1764年）引33曲。
3. 王瑛曾〔註10〕《重修鳳山縣志》（1764年）引9曲
4. 朱景英〔註11〕《海東札記》（1772年）〈口簧琴成婚嫁〉一則。
5. 陳培桂〔註12〕《淡水廳志》（1871年）引4曲。
6. 沈茂蔭〔註13〕《苗栗縣志》（1893年）引2曲。

范咸《重修臺灣府志》不知何故，漏了〈灣裏社誡婦歌〉而成為三十三首，余文儀《續修臺灣府志》大半為因襲范咸之作，收錄時未查原典所以也為三十三首。王瑛曾《重修鳳山縣志》，陳培桂《淡水廳志》，沈茂蔭《苗栗縣志》等皆節錄其行政區域內的番社的歌謠，並未對其轄內做更進一步的收集與調查。這些歌謠，研究清代平埔族歷史、文化、種族的學者引用的人非

〔註6〕劉向（西元前77年～6年）：《說苑》卷十一〈善說〉，《四部備要‧史部》，（台北市：中華書局），頁7。

〔註7〕范曄（398年～446年）：《後漢書》，〈南蠻西南夷列傳第六十七〉，頁2856。

〔註8〕范咸，乾隆10年（1745年）入臺，任巡臺御史，在臺二年。

〔註9〕余文儀，乾隆26年（1761年）入臺，任臺灣知府，29年升臺灣道，同年升任福建按察使。

〔註10〕王瑛曾，乾隆25年（1760年）入臺，任鳳山縣令。

〔註11〕朱景英，乾隆34年（1769年）入臺，任臺灣海防同知，37年任南路理番同知。

〔註12〕陳培桂，同治8年（1869年）入臺，任淡水同知。

〔註13〕沈茂蔭，光緒9年（1883年）入臺，臺北府經歷，17年任苗栗知縣。

常多，但都不曾對其內容做仔細的分析。

這三十四首歌謠，由採錄的範圍上來看，最南在屏東縣的恆春一帶，最北到臺北縣的淡水，但黃叔璥本身巡行的地方並沒有這麼廣泛，據其書載，走的路線大概是由臺南府出發，經笨港（雲林北港），至斗六門（雲林斗六），然後到半線（彰化市一帶），再北上到達臺中縣沙鹿，之後返回臺南府城。真正親自到過的番社，大概是臺南、雲林、彰化、臺中這一帶，其它地區如屏東、高雄、嘉義、苗栗以北的番社，並沒有親自到達。以下將這三十四首歌謠分布的範圍依據《裨海紀遊》、《諸羅縣志》、《臺海使槎錄》、〈臺灣番社圖〉〔註14〕及張耀錡所編〈平埔族社名對照表〉、〔註15〕李壬癸《臺灣平埔族的歷史與互動》〔註16〕等資料，整理表列如下：

〈番俗六考〉所載平埔族歌謠地區表〔註17〕

族　名	社　　　名	現在大概位置	歌謠名稱
Siraya 西拉雅	新港社	臺南市	別婦歌
	蕭壠社	臺南縣北門	種稻歌
	麻豆社	臺南縣麻豆	思春歌
	灣里社	臺南縣新化	誡婦歌
	大傑嶺社	高雄縣岡山	祝年歌
	大武壠社	臺南縣大內	捕鹿會飲歌
	上澹水社	屏東縣萬丹	力田歌
	下澹水社	屏東縣萬丹	頌祖歌
	阿猴社	屏東市	頌祖歌
	搭樓社	屏東縣里港	念祖被水歌
	茄藤社	屏東縣東港	飲酒歌
	放索社	屏東縣林邊	種薑歌
	武洛社	屏東縣里港	頌祖歌
	力力社	屏東縣東港	飲酒捕鹿歌

〔註14〕黃叔璥：〈臺灣番社圖〉，六十七〈番社采風圖考〉附錄二，。
〔註15〕張耀錡：〈平埔族社名對照表〉，《文獻專刊》第二卷一、二期另冊，（南投市：臺灣省文獻委員會刊行，1951年）。
〔註16〕李壬癸：《臺灣平埔族的歷史與互動》。
〔註17〕本表亦參照林淑慧：《黃叔璥及其《臺海使槎錄》研究》第四章表五編製、補充，（台北市：國立台灣師範大學碩士論文，1999年），頁77、78。

	哆囉國社	臺南縣新營	麻達送公文歌
	打貓社	嘉義縣民雄	番童夜遊歌
	諸羅山社	嘉義市	豐年歌
	大武郡社	彰化縣員林	捕鹿歌
Hoanya 洪雅	二林、馬芝遴、貓兒干、大突社	彰化縣北斗	納餉歌
	南社	雲林縣崙背	會飲歌
	他里霧社	雲林縣斗南	土官認餉歌
	斗六門社	雲林縣斗六	娶妻自頌歌
	南、北投社	南投市、南投縣草屯	賀新婚歌
Babuza 巴布薩 （貓霧）	東螺社、西螺社	彰化縣埤頭、雲林縣西螺	度年歌
	阿束社	彰化市	頌祖歌
	貓霧捒社	臺中市南屯	男婦會飲應答歌
	半線社	彰化市	聚飲歌
Papora 拍瀑拉 （巴布拉）	大肚社	臺中縣大肚	祀祖歌
	牛罵社、沙轆社	臺中縣清水、沙鹿	思歸歌
Taokas〔註18〕 道卡斯	崩山八社	臺中縣大甲、 苗栗縣苑裡、通霄	情歌
	後壠社	苗栗縣後龍	思子歌
	竹塹社	新竹市	土官勸番歌
Ketagalan 凱達格蘭	澹水各社	臺北縣淡水一帶	祭祀歌

　　黃叔璥在採錄資料上的方法，大約可分為文獻輯錄、親自觀察與委託他人採集等三種。有關平埔族歌謠的收集用的是後兩種方式。如前所述，許多番社他並未親訪，歌謠的收錄自然是有他人協助完成的。另外在三十四首曲詞裏，發現有許多同音異字的情形，也就是說同樣的發音，卻有不同字的寫法，可見採錄者不只一人，且黃叔璥在編輯抄錄這些曲詞時，沒有很仔細檢

〔註18〕李壬癸：《臺灣平埔族的歷史與互動》〈來到福爾摩沙 —— 臺灣平埔族的種類及其相互關係〉一文，認為道卡斯與貓霧捒，巴布拉與洪雅關係密切，這四族與巴則海都屬於中部地區的族群，互相之間在語言上關聯性很多，頁50、51。

驗和校對。比如說：「文蘭」一詞，其意爲捕鹿，在新港社別婦歌（臺南市）、
二林、馬芝遴、貓兒干、大突納餉歌（彰化北斗）、南社會飲歌（雲林崙背）
都這樣寫，但在半線社聚飲歌（彰化市）裏卻寫作「文南」。「我」，這個詞在
以上這些歌謠裏分別寫成「馬、麻、嗎」三個不同的字。「音那」一詞可能爲
唱歌時的發聲詞，麻豆社思春歌（臺南麻豆）、大武郡捕鹿歌（彰化員林）等
都這樣寫，但哆囉國社麻達送公文歌（臺南新營）卻寫成「因那」，這兩詞音
意其實都應該是相同的。至於「咳呵呵」這個發聲詞，也有幾個社使用。這
些歌謠用語相同之處不少，似乎可以看出彼此間某些關係，以下先將相似的
詞語整理如下：

　　「鹿」，書寫爲：「文蘭」、「文南」
　　1.〈力力社飲酒捕鹿歌〉（屏東東港）（西拉雅族）
　　2.〈新港社別婦歌〉（臺南市）（西拉雅族）
　　3.〈二林、馬芝遴、貓兒干、大突納餉歌〉（彰化北斗）（洪雅族）
　　4.〈東西螺社度年歌〉（彰化埤頭、雲林西螺）（巴布薩族）
　　5.〈阿束社頌祖歌〉（彰化市）（巴布薩族）
　　6.〈半線社聚飲歌〉（彰化市）（巴布薩族）
　　7.〈南社會飲歌〉（雲林崙背）（洪雅族）
另《諸羅縣志》稱鹿爲「門闌」，音義近似，用字不同。諸羅縣爲洪雅族平埔
族人領域。

　　「我」，書寫爲：「麻」、「馬」、「嗎」
　　1.〈新港社別婦歌〉（臺南市）（西拉雅族）
　　2.〈打貓社番童夜遊歌〉（嘉義民雄）（洪雅族）
　　3.〈阿束社頌祖歌〉（彰化市）（巴布薩族）

　　歌謠發聲詞：「音那」或「因那」
　　1.〈麻豆社思春歌〉（臺南麻豆）（西拉雅族）
　　2.〈哆囉國社麻達送公文歌〉（臺南新營）（洪雅族）
　　3.〈大武郡捕鹿歌〉（彰化員林）（洪雅族）
　　4.〈打貓社番童夜遊歌〉（嘉義民雄）（洪雅族）

　　「咳呵呵」
　　1.〈搭樓社念祖被水歌〉：「咳呵呵咳呵嘎」

2.〈上澹水力田歌〉：「咳呵呵里慢里慢」

3.〈阿猴社頌祖歌〉：「咳呵呵咳仔滴嗼老」

4.〈武洛社頌祖歌〉類似的起音：「嘻呵浩孩耶嗄」

「音那（因那）」及「咳呵呵」，這些都是歌謠中的虛字，如同閩南語歌謠「六月田水」中的「嘿嘿嘿都，偶的偶的偶咧」，阿美族歌謠的「依那那路灣」、「咽嗨洋」〔註19〕，或中國大陸土家族〈梯瑪神歌〉中的「嗬耶嗬」，江華縣瑤族民歌〈十二月花歌〉中的「分呃，衣唷哪，唄分，分唷呃，衣！」〔註20〕等。根據顏文雄〈臺灣山胞民謠與平地歌謠之比較〉一文的研究，認爲歌謠中這些虛字（發聲詞）有幾點意義，其一是直接表示音節的美，其二是補充歌詞的簡短，其三是作爲民謠的「序音及尾音」，其四做爲某地民謠的特徵，其五代替語言無法表現的特殊感情，其六作爲樂句停頓的符號〔註21〕。聞一多在〈歌與詩〉一文中，對這類詞語做了非常貼切的解說：

> 想像原始人最初因情感的激盪而發出有如「啊」「哦」「唉」或「嗚呼」「噫唏」一類的聲音，那便是音樂的萌芽，也是孕而未化的語言。
> 〔註22〕

最原始的人類大概只會用啊、哦、唉等字眼表達情感，後來逐漸將他拉長或縮短，演進成歌謠，成爲抒發情感的重要形式，黃叔璥採錄的歌謠就是這一階段的東西，而這些發聲詞還未演進到文字書寫的階段，這些發聲詞中正包含了許多「孕而未化的語言」。

由捕鹿一詞來看，由遠至屏東的力力社，到中臺灣雲林的南社、阿束社等用語竟然都相同。歌謠發聲詞，「音那」（因那）以及「我」寫成「麻」、「馬」、「嗎」等的用法，許多社都有相似之處，可以看出清代初期這些熟番們之間互相來往，互相影響的痕跡〔註23〕。

〔註19〕顏文雄：〈臺灣山胞民謠與平地歌謠之比較〉，（南投市：《臺灣文獻》第十七卷四期，1966 年），頁 25。

〔註20〕林河：《九歌與沅湘民俗》（上海：上海三聯書店，1990 年），頁 17～21。

〔註21〕顏文雄：〈臺灣山胞民謠與平地歌謠之比較〉，頁 25。余國雄：《天籟之音》解釋「那依路灣」說「歌詞是虛詞，大意是表現豐年祭歡樂的氣氛。」「那魯灣，依呀那呀喂」則認爲「除了好唱外，更加強了舞蹈的節奏感。」（台北市：財團法人臺北愛樂文教基金會，2001 年），頁 89。

〔註22〕聞一多（1899 年～1946 年）：《聞一多全集》（一）〈詩與神話〉，（台北市：里仁書局，1990 年），頁 181、189。

〔註23〕臺灣原住民之間並不是孤立的存在，數千年之間各族群頗有往來，彼此影響。

二、歌謠內容析論

這三十四首歌謠，由內容上來看大致可分為如下的七類：

1. 耕獵

（1）族人耕獵：a.〈蕭壠社種稻歌〉b.〈上澹水社力田歌〉c.〈放索社種薑歌〉d.〈大武壠社捕鹿會飲歌〉e.〈力力社飲酒捕鹿歌〉

（2）官員勸耕獵：a.〈二林、馬芝遴、貓兒干、大突納餉歌〉b.〈他里霧社土官認餉歌〉c.〈竹塹社土官勸番歌〉d.〈大武郡社捕鹿歌〉

2. 會飲

（1）慶豐年：a.〈諸羅山社豐年歌〉b.〈南社會飲歌〉

（2）過年：a.〈東西螺社度年歌〉b.〈大傑巔社祝年歌〉

（3）聚飲：a.〈半線社聚飲歌〉b.〈瑯嶠待客歌〉c.〈茄藤社飲酒歌〉

3. 祭祖：a.〈阿束社頌祖歌〉b.〈大肚社祀祖歌〉c.〈澹水各社祭祀歌〉d.〈下澹水社頌祖歌〉e.〈阿猴社頌祖歌〉f.〈武洛社頌祖歌〉

4. 愛情：a.〈新港社別婦歌〉b.〈麻豆社思春歌〉c.〈打貓社番童夜遊歌〉d.〈崩山八社情歌〉e.〈貓霧栜社男婦會飲應答歌〉

5. 婚禮：a.〈斗六門社娶妻自頌歌〉b.〈南、北投社賀新婚歌〉c.〈灣里社誡婦歌〉

6. 思親：a.〈後壠社思子歌〉b.〈牛罵、沙轆社思歸歌〉

7. 其他：a.〈搭樓社念祖被水歌〉b.〈哆囉國社麻達送公文歌〉

（一）耕　獵

清代初期臺灣的原住民社會，還處在半耕半漁獵的生產狀態，他們的歌謠反映的正是他們的生活圖像。「耕獵」歌謠可分為兩個小類，第一小類是大部分初民歌謠中都有的。中國最早的韻文總集《詩經》中就有一些與耕種相關的詩歌，如〈載芟〉、〈良耜〉、〈臣工〉、〈七月〉等，只不過《詩經》的形式及內容，已然經過儒者多次的改造和編寫，成為一種形式齊整、內容婉深、技巧豐富的

「這段期間山佳人並不孤單，他們除了和鄰近相同人群往來之外，也和臺北盆地植物園文化早期的人群、臺中地區營埔文化的人群往來，交換日用品，山佳遺址中就留有這些地區的陶器。也可能透過這兩個文化和東部地區聯繫，取得西部罕有的玉器。」劉益昌：〈古老的竹南人 —— 話說山佳遺址〉《八十六年全國文藝季·戀戀中港·活動成果專輯》，（苗栗市：苗栗文化中心出版，1997年），頁95。

文學作品，距離歌謠的原始面貌很遠。臺灣原住民中各族群裡都有狩獵、農耕、漁撈的歌謠〔註24〕。若以保持樸質面貌的臺灣原住民歌謠來推斷，三、四千年前，春秋時代中原人的歌謠，其內容及數量應遠遠超過「三百首」。周朝本有以「行人之官」，到各邦國采風錄俗、以觀民情的做法，相信在長期累積下，中國數百個邦國所創造的歌謠數量，應是非常龐大的。〔註25〕所謂孔子「刪詩」的說法，是說孔子將這些詩歌加以編定甚或改寫，去其繁蕪、重出之作，以爲教授學生的「教本」，這應是可相信的事實。〔註26〕然而《詩經》中純粹講捕獵、耕種的詩不多，或僅出現在詩中片段，這也是因編輯者爲儒者所導致的結果，儒者本身爲文化與學術的傳承者執行者，耕獵行爲屬於平民階級，他們所服侍的貴族與統治階層，更不可能親身去做這樣的事，「耕獵」在統治者的眼光中，只是讚美農耕的重要，祈求豐年及鼓勵人民做好這些事罷了。所以在內容上與「質樸」的原住民歌謠不同。屬於耕獵的四首歌謠都很簡短，內容單純、親切，面貌非常原始。〔註27〕舉兩首爲例：

〈蕭壟社種稻歌〉

> 呵搭哃其礁（同伴在此），加朱馬池喇哄麻如（即時播種）。包烏頭烏達（要求降雨），符加量其斗逸（保佑好年冬）。知葉搭著礁斗逸

〔註24〕田哲益：《臺灣原住民歌謠與舞蹈》〈緒論〉中將原住民歌謠分爲〈勞動歌、〈生活歌、〈祭典歌三類，勞動中狩獵中包括〈獵鹿歌〉、〈獵豬歌〉、〈信號歌〉、〈打獵歌〉等，農耕則有〈水芋歌〉、〈種粟歌〉、〈除草歌〉、〈收穫歌〉、〈飼牛歌〉等（台北市：武陵出版社，2002年），頁28。

〔註25〕班固（32年～92年）：《漢書》〈藝文志〉：「古有采詩之官，王者所以觀風俗得失，自考正也。」〈食貨志〉：「孟春之月，群居者將散，行人振木鐸徇於路以采詩，獻之太師，比其音律，以聞於天子。」揚雄《方言》載〈劉歆與揚雄書〉云：「三代周秦軒車使者道人使者，以歲八月巡路求代語童謠歌戲。」。

〔註26〕屈萬里的〈論國風非民間歌謠的本來面目〉一文中主張〈國風〉諸詩大部分非歌謠的本來面目，是經過改寫整齊過的。見《書傭論學集》，（台北市：臺灣開明書店，1980年二月再版），頁211。徐季子：《中國古代文學》（上冊）說：「有一種說法認爲，孔子曾經『刪詩』，是《詩經》的整理者和編訂者。此說不足信。事實上，《詩經》在孔子之前就基本編訂成型了。然而，孔子重視《詩》，並以之教學生，對《詩》做過一些整理工作是可能的。」（上海：華東師範大學出版社，1990年），頁9。此段話前後有些語病，但大致的論點仍爲孔子之前《詩》已經過整編，孔子教學時另做過一番改訂整編的工作。

〔註27〕另一原因應爲周代已進入農業發達的階段，脫離了以捕獵及粗放耕種爲主的部落社會。

（到冬熟後），投滿生唄迎僉藍（都須備祭品），被離離帶明音免單
（到田間謝田神）。

〈大武壠社耕捕會飲歌〉

毛務麻亮其斗寅（耕種勝往年），過投嗎口彖務那其壠（同去打鹿莫
遇生番）。嗎毛買仍艾奇打碌（社眾呼釀美酒）。美樂唄密嗒奇打碌
嗎萌（齊來乘興飲酒至醉）！

〈蕭壠社種稻歌〉、〈大武壠社捕鹿會飲歌〉兩歌帶有祈願的味道，〈蕭壠社種
稻歌〉希望能有及時雨，到冬天時能豐收，若能如此，便會帶祭品到田間祭
神。〈大武壠社捕鹿會飲歌〉則希望耕種收穫勝往年，打獵時也不會遇見生番，
若如此順利，大家可要好好的喝美酒慶祝。

第二類則為「官員勸耕」，這幾首歌謠的內容具有很強的統治者的意志，
原住民成為清朝的子民後，必須努力耕種或打獵，才可有足夠的收入，這些
收入除了溫飽外，很重要的是必須向政府納糧納稅。原住民是否能提供夠多
的錢糧米穀，是官員們非常在意的事情。官員們將這樣的期望表達得很明白，
番人們也努力地編成這樣的歌詞，唱給他們和同伴聽。推想這些歌謠本來即
存在幾種基本的調子，這些調子可以及時應情應景改變歌詞唱出，歌詞則是
應官員期望而編的，負責採錄的人非常樂意看到這樣的內容。黃叔璥等人採
錄時沒有記下樂譜，所以無法舉出實證來，這是十分可惜的事〔註 28〕。王瑛
曾《續修鳳山縣志》卷三〈風土志〉（附）番曲摘錄了三十四首中屬於鳳山縣
的九首歌謠，並在曲前有一段說明：

按八社番曲，雖紀歌詞，其實無常調。每一人歌，群拍手而和；就
現在景結撰作曼聲，非有一定歌曲也。〔註29〕

他認為原住民之歌沒有一定的調子，每次唱歌都由一人開始，然後眾人拍手
唱和，這個說法是有問題的。因為根據日據時期以來對原住民音樂的研究，
雖主要集中在阿美、泰雅、布農、排灣、邵族等族群的音樂，但都足以歸納
出其音樂的主要種類和基本調子，不論是熟番或生番，幾乎都有〈勞動歌〉、

〔註28〕《詩經》〈豳風七月〉中有「饁彼南畝，田畯至喜。」一句，這是農民耕種時，
看到「田官」來到田間巡視，感到非常歡喜的記述。但臺灣番民是否對官員
來到，會如此真心歡迎是值得存疑的，康熙、雍正年間番民所要繳交的梁穀
與稅金都高於在臺漢人一、二倍，這種情形到乾隆元年才改善，朝廷下令讓
番民稅收與內地相等。見謝金鑾：《續修臺灣縣志》〈戶口〉篇。

〔註29〕王瑛曾：《重修鳳山縣志》，頁89。

〈生活歌〉、〈祭典歌〉這三類的歌謠。〔註30〕《續修鳳山縣志》的說法是較
缺乏整體研究比較所下的結論，但「就現在景結撰作曼聲」則說的十分正確，
〈二林、馬芝遴、貓兒干、大突納餉歌〉、〈他里霧社土官認餉歌〉、〈竹塹社
土官勸番歌〉、〈大武郡社捕鹿歌〉等，基本上應該是由耕種歌謠的調子來的，
他們爲採錄的官員改變歌詞，用族群中鼓勵耕獵的調子唱出這樣的曲子，這
樣的講法或許比較客觀。

　　茲舉以下兩首爲例：

〈大武郡社捕鹿歌〉

　　覺夫麻熙蠻乙丹（今日歡會飲酒），麻覺音那麻嚕斗六府嗎（明日及
　　早捕鹿）。麻熙棉達仔斗描（回到社中），描音那阿隴仔斗六府嗎（人
　　人都要得鹿）。斗六府嗎麻力擺鄰隨（將鹿易完餉），嗄隨窪頑蠻乙
　　（餉完再來會飲）。

〈二林、馬芝遴、貓兒干、大突四社納餉歌〉

　　吧圓吧達敘每鄰（耕田園），其嗎耶珍那（愛好年景）；夫甲馬溜文
　　蘭（捕鹿去），其文蘭株屢（鹿不得逸）。甘換溜沙麻力歧甘換（易
　　餉銀得早完餉），馬尤口耶嘮口耶其唎印口耶（可邀老爺愛惜）；圍含
　　呵煞平萬口耶嚎其喃買逸（我等回來快樂，飲酒酣歌）！

這兩首歌唱的內容，是希望眾民努力於耕田、捕鹿的事，抓到鹿後就可抵換
官府的稅收，納完官餉之後再來飲酒歡聚。大家努力捕鹿耕種，才會受到官
員們的喜愛，大家同聚歡飲時也可邀長官一起同樂。

（二）會　飲

　　「會飲」的歌謠可分爲三類，其一是慶祝豐收之年，其二是過年或祈求
豐年，歌謠都具有歡愉溫馨的氣氛。第三則爲接待客人，同歡聚飲的歌謠。
這一類的歌謠內容十分簡短，最長的不過六、七句而已，〈瑯嶠待客歌〉、〈半

〔註30〕日人做原住民音樂採集最早的是伊能嘉矩（1867 年～1925 年），他的〈臺灣
　　　　土番之歌謠與固有樂器〉一文 1907 年發表於《東京人類學會雜誌第二五二
　　　　號》，其次是「臺灣舊慣習調查會」編撰的《番族調查報告書》（1913 年～1921
　　　　年）第十章〈歌謠跳躍附樂器〉，1921 年臺灣人張福興奉總督府之命，前往日
　　　　月潭採集邵族歌謠及杵音。1922 年音樂學者田邊尚雄來臺調查泰雅族、排灣
　　　　族、邵族的音樂。1925 年條慎三郎撰寫了《排灣、布農、泰雅族的歌謠》及
　　　　《阿美族番謠歌曲》，1943 年黑澤隆朝收集了「高山十族」的歌謠近千首，於
　　　　1973 年出版了《臺灣高砂族的音樂》一書。

線社聚飲歌〉，僅有四句。整首看來雖很完整，但感覺上似乎意猶未盡，其原曲歌謠長度應該不僅於此，應是收錄者節錄其中片段而已。其中值得注意的是〈茄藤社飲酒歌〉，這首歌謠具有問答的形式。

> 近呵款其歪（請同來飲酒）！礁年臨萬臨萬其歪（同坐同飲），描呵那哆描呵款（不醉無歸）！代來那其歪（答曰：多謝汝）！嘻哆萬那呵款其歪（如今好去遊戲），龜描呵滿礁呵款其歪（若不同去遊戲便回家去）。

這首歌謠的主唱者邀請朋友坐下來一齊喝酒，且發出豪語要不醉不歸，受邀的人回答了一句「多謝汝」。主人又邀客人一起遊玩，若不能同樂便要他回去，這樣的邀請法看似不太客氣，實際上表達的是一種強烈的熱情，非要客人同醉盡興不可，很有特色。這首歌謠除了第三句外，其他各句都以「其歪」字做為結尾，明顯具有押韻的現象。六十七《番社采風圖考》〈會飲〉一則記載了原住民邀飲的熱鬧情況，是一種酣暢淋漓，至為盡興的場面，可以為原住民會飲的情形做一註解：

> 農事既畢，各番社互相邀飲；必令酒多，不拘肴核。男女雜坐謹呼；
> 其最相親愛者，亞肩並唇，取酒從上瀉下，雙入於口，傾流滿地，
> 以為快樂。若有漢人闖入，便拉同飲，不醉不止〔註31〕。

原住民不注重吃的食物，重點在喝酒同樂，喝起酒來十分豪爽，男女雜坐，同杯共飲，酒流瀉滿地也毫不在意，只要喝醉就好。如有漢人闖入，他們也會毫不見外地拉著一起喝，不到客人盡興是不會停止的，客人也要「入境隨俗」與之共醉，否則會讓主人不高興的。〈番俗六考〉中收錄了黃吳祚詠〈上澹水八社〉詩二首，〔註32〕其中一首記述說：

> 社中留客勸銜杯，諸婦相將送酒來。誤進一杯須盡飲，漫分辭受起嫌猜。

漢人參加番社迎賓的宴會，來勸酒時，一定要一飲而盡，若不能體會對方的熱情，盡興喝酒，很容易引起紛爭和誤會的。

（三）祭　祖

比較各番社的「祭祖歌」，可以發現除了請求祖先的保佑和賜福外，他們都會讚美祖先的英勇雄武，歌詠祖先的偉大令人敬畏。對祖先的崇拜與信仰

〔註31〕六十七，乾隆 8 年（1743 年）入臺。《番社采風圖考》〈會飲〉，頁 14。
〔註32〕黃叔璥：《臺海使槎錄》〈番俗六考〉，頁 150。

是人類演進至「氏族公社後，才產生的現象。」〔註33〕〈阿束社頌祖歌〉說：
「我祖翁最勇猛，遇鹿能活捉，鬥走直同於馬，遇酒縱飲不醉。」〈大肚社祀
祖歌〉「想祖上何等英雄，願子孫一如祖上英雄。」〈下澹水社頌祖歌〉「論我
祖先如同大魚，凡走必在前。何等英雄，如今我輩何等不肖。」〈阿猴社頌祖
歌〉「論我祖，實是好漢，眾番無敵，誰敢相爭！」〈武洛社頌祖歌〉「我祖先
能敵傀儡，聞風可畏，如今傀儡尚懼，不敢侵越我界。」歌詞中說祖先能活
捉鹿，跑起來速度快得不得了，不輸給馬匹，喝起酒來非常豪邁，怎麼都不
會醉。如果在水中，祖先就像一尾大魚，領先群倫，沒有其它魚敢游在前面。
祖先是個好漢，其他番人都不是敵手，無人敢與之相爭。這些歌詞用生動的
譬喻，讚美祖先的英雄行徑，對祖先充滿嚮慕之情，這種祖先崇拜是共有的
習俗。〈番俗六考〉〈南路鳳山番一〉中曾說明〈武洛社頌祖歌〉歌的由來，
是因為從前武洛社雖社少人微，傀儡番一直想消滅他們，但在土官的主導下，
社眾主動進行攻擊，殺戮甚多，使素負惡名的傀儡番甚為驚恐，於是社人便
作此歌來歌誦祖先的勇武，武洛社的歌聲「群歌相和，音極亢烈」〔註34〕，
使敵人聞之喪膽。

（四）愛　情

「愛情」是人類文學中永恆的主題之一，這三十四首歌謠中有五首是有
關愛情的。這些作品表達的感情有的很直接，有的含蓄委婉，如：〈打貓社番
童夜遊歌〉「我想汝愛汝，我實心待汝！汝如何愛我？我今回家，可將何物贈
我！」。〈新港社別婦歌〉「我愛汝美貌，不能忘，實實想念。我今去捕鹿，心
中輾轉愈不能忘；待捕得鹿，回來便相贈。」都是情感十分直接的歌謠。其
中技巧性較高的為〈崩山八社情歌〉：

> 沈口耶嘮葉嘆賓呀離乃嘮（夜間聽歌聲），末力口天戈達些（我獨
> 臥心悶）；末里流希馬砌獨夏噫嘅喃（又聽烏聲鳴，想是舊人來訪），
> 達各犁目歇馬交嘅斗哩（走起去看，卻是風吹竹聲），嘆下遙宵臨
> 律嘆口番噫嘅喃呀微（總是懷人心切，故爾）。

歌謠敘述一位聽到夜間有人唱歌的相思者，心裏覺得苦悶，又聽到鳥叫的聲
音，心想是不是情人來找了。起身向前去查看，才發現原來是風吹動竹子所
發出的聲音，思念的人並沒有來到。自己怎麼會做這樣的事了？想想是因為

〔註33〕徐季子：《中國古代文學》（上冊），頁3。
〔註34〕黃叔璥：《臺海使槎錄》〈番俗六考·南路鳳山番一〉，頁149。

太期望那人出現，才會這樣疑神疑鬼的吧！歌詞描述期待有情人來臨的心理，非常生動貼切。這樣的歌謠很容易令人想到《西廂記》中的名句「隔牆花影動，疑似玉人來」〔註 35〕，及臺灣流行歌曲「望春風」：「外面有人來，開門該看覓。月娘笑阮憨大呆，被風騙不知。」〔註 36〕另一首則是三十四首中最長的一首，它是以男女對唱的方式呈現的。這首歌謠開始是年輕番人請女子先唱，但女子要年輕男子先唱，於是男子便唱出讚美女子既美麗又能幹的歌詞，女子也回應男子會打獵又會耕田，互相的褒揚讚美，最後是社眾們都很高興，歡聚在一起飲酒作樂。這首歌謠據詞意看來，也非全曲，應只錄及了其中一部份而已。

〈貓霧棟社男婦會飲應答歌〉

> 爾貓呻嘆（幼番請番婦先歌），爾達惹巫腦（番婦請幼番先歌）。爾貓力邁邁由系引呂乞麻口甬（番曰，汝婦人賢而且美），爾達惹麻達馬鱗唭什格（婦曰，汝男人英雄兼能捷走），爾貓立邁邁符馬乞打老末輾引奴薩（番曰，汝婦人在家能養雞豬、並能釀酒）。爾達惹達赫赫麻允倒叮文南乞網果嗎（婦曰，汝男人上山能捕鹿、又能耕田園）。美什果孩口耶灣哩勺根嘆巫腦歧引奴薩（今眾社皆大歡喜和歌飲酒）。

男女番人以對唱方式，互相讚美的方式來抒發對彼此的感情，《詩經》中的〈女曰雞鳴〉也有這樣的對唱形式，十分有趣。此外〈新港社別婦歌〉是個男子迷戀一位女子，這女子讓他朝思暮想，魂不守舍，打獵時心中輾轉反覆，不得安寧，希望捕到鹿後趕緊去送給心上人。

（五）婚　禮

有關婚禮的歌謠有〈斗六門社娶妻自頌歌〉、〈南北投社賀新婚歌〉、〈灣里社誡婦歌〉三首，這三首都有著比較嚴肅的內容，可見婚禮在原住民風俗裏是一件莊嚴的事情。第一首〈南北投社賀新婚歌〉是客人參加婚禮的賀詞，歌謠大意是說你娶新媳婦，我穿著貴重的珠貝裝飾的衣服來參加，恭賀大喜，主人可要留下我，好好請我喝頓酒。這個討酒喝的口氣，既蠻橫又有趣，是

〔註 35〕王實甫（1279 年～1368 年）：《西廂記》第三本第二折，（台北市：里仁書局，1980 年），頁 108。

〔註 36〕李臨秋（1909 年～1979 年）：〈望春風〉寫於 1933 年，據其自稱是受《西廂記》那兩句詩的影響。

婚禮中常有的趣味。

〈南北投社賀新婚歌〉

　　引老綸堵混（爾新娶妻），其一堵眉打喇（我裝珠飾貝）；蠻乙丹倫
　　堵混（慶賀新婚），引老覺夫麻熙蠻乙丹（爾須留我飲賀酒）。

第二首則是結婚的主角主動的歌唱，他今天娶妻，希望大家都來喝酒同樂。
將來生了兒子、兒子生了孫子，或者兒子娶妻子的時候，大家都要再來讓我
請客暢飲一番。此歌可以看出主人的豪爽與快樂。

〈斗六門社娶妻自頌歌〉

　　夜描拔屢描下女（今日我娶妻），別言毛哈口耶呼（請來飲酒）！尤
　　口耶描咿林尤林（日後我生子、生孫），由拔屢別言毛哈口耶呼（再
　　娶妻又請來飲酒）！

第三首也是將結婚的男人，對新婚妻子講的話。話中帶有警誡勉勵的口吻，
缺少情愛的成份。這歌謠應該是在結婚時正式場合所唱的，因要面對族中長
老、雙方家長、親朋好友，所以內容較嚴肅。歌詞中說：男女結婚最主要的
目的在傳宗接代，結婚後夫妻相處也要表現得很好，要有好名聲，千萬不可
做出壞事，彼此才能和睦相處受人尊重。

　　由此歌可見「西拉雅」族群對婚姻的看法，是相當謹慎的。

〈灣裏社誡婦歌〉

　　朱連麼吱鉋裏乞（娶汝眾人皆知），加直老巴綿煙（原爲傳代）；加
　　年呀嗄加犁蠻（須要好名聲），拙年巴恩勞勞呀（切勿做出壞事），
　　車加犁末礁嘮描（彼此便覺好看）

（六）思　親

　　思親之作有兩首：〈後壠社思子歌〉、〈牛罵、沙轆社思歸歌〉，這兩首內
容相似，都是說思念家人的作品，〈後壠社思子歌〉前兩句由眼前景物起興：

　　曳底高毛白（怪鳥飛去），嗄目口天甘宰老描崙（飛倦了宿在樹上）。

一隻不知名的怪鳥，在眼前飛過，牠飛倦了便停在樹上休息，看到這鳥的行
止，我的心不禁也苦悶起來，「末力希呂口天（見景心悶）」，他想起了家裏的
兒子，於是決定回家，並請諸親友來喝酒解悶。

　　毛嗄嗄嘆幽耶林嘮（想起我兒子）！目歇口天越耶（回家去看），仔
　　者麼飲呂嗄（請諸親飲酒釋悶）。

這種由外在事物引起內心的觸動，是詩詞中「興」的方法。《詩經》中的〈蓼莪〉、〈燕燕〉等，用的都是這種藉物起興，婉曲入題的手法。

〈牛罵、沙轆社思歸歌〉則為直敘法。一個男子自訴前往山中捕鹿，在山中忽想起家中的兒子及妻子，便快快的回家，捕鹿的事以後再說吧，以免妻子在家想念。

> 嚅嗎嘎起武力（往山中捕鹿），蘇多喃任須歧散文（忽想起我而並我
> 妻）！買捷嚅離嗎嘎起武力（速還家再來捕鹿），葛買蘇散文喃任歧
> 引吱（得免妻子在家盼望）！

（七）其　他

〈搭樓社念祖被水歌〉是以歌謠來講述族群的歷史，此歌說的是居住在屏東里港一帶西拉雅族人遭到洪水為患的經歷。自古以來初民的神話、歌謠、傳說中敘述遭遇洪水、疾病、旱災、戰禍的口傳文學相當多，《詩經》中的〈長發〉記述的即為洪水為禍的作品。這首是記載族人遭受水災的經歷。

> 咳呵呵咳呵嘎（此係起曲之調），加斗寅（祖公時），嗎摶唭嘮濃（被
> 水沖擊），搭學唭施仔捧（眾番就起）；磨葛多務根（走上山內），佳
> 史其加顯加幽（無有柴米），佳史唭唹嗎（也無田園），麻踏崛其搭
> 學（眾番好艱苦）。

這首歌謠與幾個番社同樣的有一個起首段，搭樓社是「咳呵呵咳呵嘎」，上澹水力田歌：「咳呵呵里慢里慢」，阿猴社頌祖歌：「咳呵呵咳仔滴唹老」，武洛社是「嘻呵浩孩耶嘎」，這幾首歌謠就其漢字擬音來看大同小異。此歌謠內容訴說在祖先時代，曾遭受洪水之患，大水來時眾人只好逃向山上，在山上生活很艱苦，沒有柴火生火煮飯，田園也被沖失了，眾人的日子很難過。

清代福建地方因為地形崎嶇，所以負責傳遞公文的驛站與驛站之間，無法使用馬匹，因此必須運用人力來傳遞。這些負責的人稱做「驛遞」，這些人身上背著背包，背包外側繫著一個鈴鐺，走路時會發出聲音。這些人視公文快慢的需要，跋山涉水以達成任務。〔註37〕清領之後的臺灣，官府傳送公文，也用這個做法，大概是因為番人較為熟悉地形，也體健善跑，官員很喜歡用年輕的原住民做傳送的事情。〈哆囉國社麻達送公文歌〉所歌詠的即是這件事情。

〔註37〕陳盛韶：《問俗錄》卷一〈建陽縣〉，（北京：書目文獻出版社，1983年），頁
56。陳盛韶，道光13年（1833年）來臺，任臺灣北路理番同知。

喝逞哄蘇力（我遞送公文），麻什速哄什速（須當緊到）；沙迷哄呵奄（走如飛鳥），因忍其描林（不敢失落）；因那哄嚀包通事哄洪喝兜（若有遲誤，便爲通事所罰）。

歌中敘述看到一位「麻達」（年輕原住民），接受了官員的命令，一路上飛快跑著，趕緊將公文送到目的地，沿途小心謹慎地保護著公文不敢失落，在要求的時間內把公文送到，要是遲誤的話，將會受到「通事」的懲罰。夏之芳有一組〈臺灣雜詠〉詩，也說到這種情形：

臂插文書任所之，飛行麻達好男兒；雙懸薩鼓聲聲應，描得蠻娘競說奇。〔註38〕

註：番未娶者曰麻達，專遞公文，腕上多累銅釧，復置二鐵卷，如小荷葉狀，名曰薩鼓，宜疾走時反繫腰背；與銅釧擊撞聲遠，番女聞而樂之。

夏之芳的詩中描述了送公文原住民的情形，與歌謠所唱內容很相似，歌詞中未提及身繫鈴鐺之事，夏之芳詩中加以敘述，福建的「驛遞」在身上繫鈴，臺灣的番人身上本即有可以發出聲響的「薩鼓」，其作用可謂異曲同工了。

三、跳舞及歌唱情形

以上所述皆爲歌詞的部份，相關的載籍中描述歌唱、跳舞的情景不多，主要是以領唱及眾人合唱的景象爲主。由上節引錄的資料可知，平埔族歌謠唱法上有獨唱、對唱、領唱及合唱等方式。歌唱、跳舞的時機有節慶祭典、婚嫁喜慶、歡迎佳賓、朋友聚會，或出發作戰、打獵之前及男女約會的時候等等。綜合相關載籍中記載清領早期平埔族唱歌跳舞的情景，大概可以歸納出一些相類的特色。這些記述許多是以詩歌的形式表現，此即「文學紀錄化，紀錄文學化」的特點。不可忽視的一點是寫作者本身的文化背景和主觀意識，是有著「番人化番人」的製造心態存在的現象。

（一）跳舞方式

〈番俗六考〉〈北路諸羅番六　婚嫁〉〔註39〕

數十人挽手而唱，歌呼蹋蹄，音頗哀怨。

〈番俗六考〉〈北路諸羅番七　衣飾〉〔註40〕

〔註38〕陳漢光編：《臺灣詩錄》（上），第五卷。（南投市：臺灣省文獻會印行。1984年再版），頁251。
〔註39〕黃叔璥：《臺海使槎錄》〈番俗六考〉，頁116。

收粟時，則通社歡飲歌唱，曰做田；攜手環跳，進退低昂，惟意所
適。

〈番俗六考〉〈北路諸羅番八　附載〉〔註41〕

朱顏酡者絕鮮，挽手合圍，歌唱跳舞；繼復逐隊蹋地，先作退步，
後則踴躍直前，齊聲歌呼，惟聞得得之聲。

《臺灣志略》

酒酣度曲，為聯袂之歌。男居前二、三人，其下婦女連背踏歌，曲
喃喃不可曉；聲微韻遠，頗有古意。每一度，齊咻一聲，以鳴金為
起止〔註42〕。

《番社采風圖考》〈番戲〉〔註43〕

番俗成婚後三日，會諸親友飲宴。各婦女豔裝赴集，以手相挽而相對，
舉身擺蕩，以足下軒輊應之，循環不斷。此晉女子連袂踏歌意也。

《番社采風圖考》〈番戲〉引周鍾瑄詩〔註44〕：

不掄檀板不吹笙，一點鉦聲一隊行。

氣味何如初中酒，山花翠羽鬢邊橫。

《番社采風圖考》〈番戲〉引范咸詩〔註45〕：

連臂相看笑踏歌，陳詞道是感恩多。

劇憐不似弓鞋影，一曲春風奈若何。

《番社采風圖考》〈番戲〉六十七自作詩〔註46〕：

番歌歌罷共鳴金，舞翠翻紅燭影沉。

道是天家恩至渥，廑颺不近野人心。

上列這些詩文可以看到平埔族跳舞的方式，不論是婚嫁的場合、稻米收成的
祭典或是迎賓的表演，大多是手挽著手，圍成圈，身體擺蕩，頭有時向前低
俯，有時向後後仰起，兩隻腳前前後後踏跳，循環不斷，根據明、清以迄日據
時期文獻的記載來看，這種方式是大部份臺灣平埔族跳舞的方式。《臺灣志略》

〔註40〕黃叔璥：《臺海使槎錄》〈番俗六考〉，頁120。

〔註41〕黃叔璥：《臺海使槎錄》〈番俗六考〉，頁129。

〔註42〕范咸：《重修臺灣府志》卷十六〈風俗〉，引《臺灣志略》，頁474。

〔註43〕六十七：《番社采風圖考》〈番戲〉，頁15。

〔註44〕六十七：《番社采風圖考》〈番戲〉，頁15。

〔註45〕六十七：《番社采風圖考》〈番戲〉，頁15。

〔註46〕六十七：《番社采風圖考》〈番戲〉，頁15。

中描述跳舞時，有兩三個男子在隊伍前面，女子隊伍在後面，是不同的跳舞方式，可惜沒有寫明是屬於什麼性質的舞蹈。平埔族跳舞時沒有樂器伴奏，唯一出現的樂器是銅鑼，這個銅鑼用在變換隊形或結束舞曲時敲打，以提醒舞者或結束全曲。平埔族們參加婚禮或是節慶，都是懷著歡樂的態度，族人的裝扮非常隆重，衣飾極盡華麗，唱歌跳舞也非常投入。〔註47〕黃叔璥有詩云：

> 男冠毛羽女鬒鬖，衣極鮮華酒極酣。
>
> 一度齊咻金一扣，不知歌曲但喃喃。〔註48〕

男子頭上帶著鳥毛做的帽子，女子頭髮長而美，插著各色的野花，衣服也非常鮮豔，喝酒時很豪爽，不醉不休，紅著臉跳舞，氣氛熱烈。雖然外人聽不懂他們唱些什麼，但參加歡宴的人，沒有不被這種奔放的快樂感染的。黃叔璥〈沙鹿漫記〉六首中談到親身參與沙轆社，為歡迎官員來訪所準備的慶典，番人們燃起熊熊烈火唱歌跳舞，拿糯米團請他吃，要他大碗喝酒，這種歡樂的場面令人感動不已，這樣老少同歡的情況，讓遠處來的他滿懷欣然，因此寫下了「誰言異類不同群，煦嫗春溫未忍分。見說新名迴馬社，他年留記海雲東。」〔註49〕這樣的句子。番人們的真情流露，讓這位巡臺御史，感動不已。

舞蹈時是以歌聲做為主導，讓整個曲子進行，讓跳舞的人合乎節奏，因此歌詞的主題有其重要性。

（二）演唱方式及特色

《諸羅縣志》說：

> 酒酣、當場度曲。男女無定數，耦而跳。曲喃喃不可曉，無詼諧關
>
> 目；每一度，齊咻一聲。以鳴金為起止。〔註50〕

《續修鳳山縣志》說：

〔註47〕周鍾瑄：《諸羅縣志》〈雜俗〉：「以鳴金為起止，薩鼓宜琤琤若車鈴聲；腰懸大龜殼，背內向；綴木舌於龜版，跳擲令其自擊，韻如木魚。」，頁167。番人用海龜殼及木舌做跳舞時的節奏樂器，這個記載十分有趣，賽夏族矮靈祭舞導時則用鈴鐺置於臀部，前後搖擺時，亦可發出節奏聲。

〔註48〕六十七：《番社采風圖考》〈番戲〉，頁15。

〔註49〕黃叔璥：《臺海使槎錄》〈番俗六考〉，頁129。

〔註50〕周鍾瑄：《諸羅縣志》〈雜俗〉，頁166。

按八社番曲，雖紀歌詞，其實無常調。每一人歌，群拍手而和；就
現在景結撰作曼聲，非有一定歌曲也。〔註51〕

〈番俗六考〉〈南路鳳山番一〉〔註52〕記武洛社的社眾唱歌方式：

冬春捕鹿採薪，群歌相和，音極亢烈。

前者描述的是領唱、應唱的情景，後一則為合唱。前一節的詩文中也記述到
平埔族唱歌時常有「齊聲歌呼」、「齊咻一聲」的情形，指的都是歌唱時眾口
同唱的現象。合唱因為沒有樂器伴奏，聲音的變化全部來自人體的器官，如
喉嚨、鼻腔等，其間聲部的高低變化，獨唱、合唱、重唱等種種不同唱法，
非常多樣，可惜在當時的紀錄者無法察覺其中的不同，也無法有意識的加以
記載。

至於男女對唱情歌的情況敘述較少，以下這則是比較具有代表性的記
載：〈番俗六考‧南路鳳山瑯嶠十八社三〉〔註53〕：

男女於山間彈嘴琴，歌唱相合，意投則野合，各以配物相贈。

這裡說的是年輕的男子，用「口琴」〔註54〕演奏音樂，向喜歡的女子挑逗，
女孩若願意接受，便會隨聲相應，男女雙方互相唱情歌，傾訴衷腸，最後成
為夫妻。這種口琴是平埔族中不少族群都有的簡單樂器，且大都是男子用來
追求異性所用的。

在歌聲特色上有兩則記述，其一是〈番俗六考〉〈北路諸羅番六‧婚嫁〉
中所說的，雖是婚嫁的喜慶場合，所唱的曲調卻是：「音頗哀怨」，〈北路諸羅
番六〉所記的番社是中臺灣一帶彰化、嘉義、臺中的平埔番，〈南北投社之賀
新婚歌〉、〈斗六門社娶妻自頌歌〉、〈灣裏社誡婦歌〉等三首歌謠裏，確實可
感受到婚禮的嚴肅性和慎重的心情，推想這些歌謠曲調應是矜慎而非「哀
怨」，才比較合乎實際情形的。其二是〈番俗六考‧南路鳳山番一〉記武洛社
的社眾歌唱聲：

冬春捕鹿採薪，群歌相和，音極亢烈。生番聞之，知為武洛社番，
無敢出以攖其鋒者。〔註55〕

〔註51〕王瑛曾：《重修鳳山縣志》。
〔註52〕黃叔璥：《臺海使槎錄》，頁149。
〔註53〕黃叔璥：《臺海使槎錄》，頁157。
〔註54〕六十七：《番社采風圖考》〈口琴〉，「削竹為片如紙薄，長四、五寸，以鐵繫
　　　　環其端，銜於口吹之，名曰「口琴」，頁5。
〔註55〕黃叔璥：《臺海使槎錄》，頁149。

武洛社雖然是個人數不多的小型番社,「傀儡番」一直想要消滅他,但武洛社確是非常驍勇善戰的部落,經常把來犯的「生番」殺得狼狽而逃,每當武洛社眾要出門狩獵採薪時,都會群聚唱歌,他們的歌聲極其高亢,殺氣騰騰,讓敵人聞之喪膽。武洛社眾的歌聲讓黃叔璥印象深刻,甚至作了一首詩來讚嘆:

> 發聲一唱競嘻呵,不解腰眉語疊何。
>
> 傀儡深藏那敢出,爲聞武洛採薪歌。〔註56〕

黃叔璥聽不懂番人那些嘻嘻呵呵的聲音的內容是什麼,但可以感覺到他們歌聲中飽含的力量和殺氣,讓人畏懼。

這些最早期的歌謠,僅具備了文學的雛型,還未能稱得上是文學作品,雖然它已有押韻以及賦、比、興等技巧在內,但在運用上仍十分原始。吟唱者本身也沒有文學創作的意識,這些歌謠對番人來說僅止於生活的運用、感情的抒發而已,而記錄這些歌謠的黃叔璥目的在於「採風錄俗,經世備治」,不過文學的源頭事實上就是來自口頭的歌謠。《呂氏春秋》〈古樂篇〉說:「昔葛天氏之樂,三人操牛尾投足以歌八闋。」,所謂八闋即〈擊壤〉、〈康衢〉、〈卿雲〉、〈南風〉等這些歌,中國人的祖先也有拿著牛尾巴,手舞足蹈的階段,這種原始的風貌,正是中國詩歌的起源。《詩經》、《楚辭》等韻文集子,在收集成冊,寫定文字之前,也經過了這樣的階段,聞一多說:

> 我們知道三百篇有兩個源頭,一是歌,一是詩。……詩與歌合流眞
>
> 是件大事。它的結果乃是三百篇的誕生。一部最膾炙人口的國風與
>
> 小雅,也是三百篇的最精采部分,便是詩歌合作中最美滿的成績。

〔註57〕

很可惜的是,原住民的歌謠沒有繼續發展,沒有人以其體裁來創作,也沒有產生原住民的作家,使得這些歌謠只能停留在這樣的層次裏,隨著平埔番族群的消失,這些歌謠變成了僵死了的文字而已。由於歌謠與原住民的關係至爲密切,因爲本身沒有文字,無法記載自己的歷史,更遑論發展文學,而對這個島嶼有興趣的「外來」文明,爲了了解原住者的文化,當然必須對他們的歌謠進行收集和了解。除了中國人之外,清代中葉以後來到臺灣的基督教徒,對中臺灣的巴宰族歌謠做的收集、改編與中國的方法很不相同。下節討

〔註56〕黃叔璥:《臺海使槎錄》,頁149、150。
〔註57〕聞一多:《聞一多全集》(一)〈詩與神話〉,頁190、191。

論巴宰族的歌謠。

第二節　巴宰族（Pazeh）「挨焉」歌謠

一、因戰功而強大的族群

　　巴宰族主要是住在大甲溪及大安溪流域的平埔族群，〔註58〕據潘大和《平埔巴宰族滄桑史》云巴宰族世居在東勢鎮、卓蘭鄉及后里鄉之間。此族的主幹爲罩蘭黥面人（Aboun Tarranogan），爲泰雅族的一支，廖漢臣亦疑他們爲「泰耶支族」，〔註59〕乾隆末葉因粵人開墾東勢山區，巴宰族便往麻薯舊社移動。〔註60〕有清一代有所謂四大社即樸仔籬社、岸里社、阿里史社、烏牛欄社等，又有岸里九社之名：南岸、社口、岸東、岸西、岸南、西勢尾、麻裡蘭、葫蘆墩、崎子、翁仔和麻薯舊社等九社。道光八年（1828 年）及三十年（1850 年）西部熟番各社遷往埔里開墾，樸仔籬社曾兩度加入移居的行動。並在埔里愛蘭、守城份一帶定居。由於巴宰族與清廷的互動良好，曾多次協助平亂，如康熙三十八年（1699 年）的吞霄社亂，到乾隆五十九年（1794 年）的林爽文之變等等，他們都成爲官府的前驅，奮勇作戰。道光同治年間的太平天國起事（1850 年-1864 年），巴宰族成爲遠赴大陸福建協助作戰的「臺灣兵」，〔註61〕在這場戰役裏他們立下不少戰功，但犧牲至爲慘重。中臺灣一帶原來勢力較強大的是拍瀑拉族的大肚社。大肚社在荷蘭統治時期的《熱蘭遮城日誌》中曾有記載，大肚社番的首領「干仔轄（Camachat）」，曾經形式

〔註58〕巴宰另譯爲巴則海（李壬癸）、巴宰海等，本文以巴宰族後裔潘大和的用法，以巴宰族稱之。

〔註59〕臺灣省文獻委員會：《臺灣文獻》第八卷第二期，1957 年，頁 1。泰雅族（Atayal）泰耶亦有泰耶魯，阿泰雅等稱呼，現以稱泰雅族爲多。

〔註60〕潘大和：《平埔巴宰族滄桑史》，（台北市：南天出版社，1998 年），頁 17。潘大和自云對族群的追溯及考證，花費幾十年的時光，然仍然無法將巴宰族的源流做準確的判定；其族群架構仍有不少待釐清處。

〔註61〕康熙 38 年（1699 年）二月吞霄社土官卓介、卓霧、阿生，因不堪漢人侵擾、剝削，起兵殺通事黃申，八月參將常泰率巴宰族勇士平亂，擒起事者斬殺於市。第二次是雍正 10 年（1732 年）五月，貓盂、吞霄社番參加大甲西社林武力之亂。臺鎮呂瑞麟被圍於貓盂，番人焚殺村落甚多，後爲淡水同知張宏章率鄉勇平亂，巴宰族有功，蒙二次賜土。太平天國起事巴宰族隨林文察至福建作戰。潘大和：《平埔巴宰族滄桑史》，頁 45、46。

上統治中臺灣，其範圍包括彰化縣、南投縣、臺中縣市一帶，亦即大甲溪、大肚溪、大安溪流域。〔註62〕彼時的巴宰族、洪雅等族皆受其管轄。但自荷、鄭以來，不斷對其征討，造成大肚社力量的衰微，巴宰族因與清政府關係密切，屢建功勳，因此頗受優遇，勢力因此逐漸擴大，進而取代了大肚番的領袖地位，成為漢化最深，最具影響力的族群，其墾地北達苗栗三義鄉鯉魚潭一帶。

　　巴宰族是臺灣平埔族中留下歷史文獻最多的族群。在荷蘭人的《巴達維亞城日記》〔註63〕，清代黃叔璥的《臺海使槎錄》，日本人伊能嘉矩《臺灣文化志》〔註64〕等人的記載及研究，和自己保存大量的《岸裡大社文書》〔註65〕等，可以見出這個族群的種種面貌。目前我們可以看到有關巴宰族歌謠的記載有：清代的〈同族分支曲〉、〈初育人類曲〉二首〔註66〕，日據時代小川尚義、伊能嘉矩等紀錄的祭祖歌謠，〔註67〕及民國八十八年李壬癸、林清財在埔里採錄的〈根源之歌〉（巴宰海族之挨焉祭祖靈歌）、〈搖籃曲〉、〈工作歌〉、〈愛情歌〉等。〔註68〕此外還有埔里牛眠山基督教為迎接巴宰族接受福音一百週年，以〈？ayan〉曲調譜寫的讚美神恩的〈聖歌〉。〔註69〕小川尚義研究

〔註62〕梁志輝、鍾幼蘭：《臺灣原住民史・平埔族史篇》（中），第三章第三節。（南投市：臺灣省文獻委員會編印，2001年），頁55。

〔註63〕《巴達維亞城日記》，日文譯註村上直次郎、日文校註中村孝新，中文翻譯程大學，（台北市：眾文圖書公司印行，1981年9月）。

〔註64〕伊能嘉矩：《臺灣文化志》，（東京：刀江書院，昭和四十年（1965年）），覆刻本。

〔註65〕1928年臺北帝國大學設置土俗人種學研究室，廣泛收集平埔族的文字資料，這些資料主要是民間契約，官府諭示、佈告、訟狀等。臺北帝大理農學部學生張耀焜，因為撰寫學士論文的緣故，收集了千餘件岸裡社潘敦家族的文書契字，進行研究。這批文書資料於1938年捐給帝大圖書館。這些資料經過整理被稱為「岸裡大社文書」，內容有岸裡社相關的地契、碑文、輿圖等共1,131件，現藏於臺大圖書館。此外日據時期有部分岸裡社潘家古文書保存於臺中博物館，約有200件，這些文件由臺中圖書館整理並編印出一部分，這些資料現藏於國立臺灣博物館。

〔註66〕臺灣省文獻委員會：《臺灣文獻》第三十四卷第三期，〈臺灣中部地方文獻資料〉，1983年，頁169、170。此文為臺中圖書館相關人員輯錄巴宰族人之作。

〔註67〕李壬癸：《臺灣平埔族的歷史與互動》文中認為伊能佳矩約在1897年，到埔里收集到巴宰族的語言，頁143。

〔註68〕李壬癸：《臺灣平埔族的歷史與互動》，頁146～168。

〔註69〕楊德遠編著：《苗栗縣鯉魚潭開拓史》第七節，有上帝之子稱呼的巴宰族，因受馬雅各醫生的幫助，約於1871年接受基督教，其教派為「基督教長老會」。

室所藏的巴宰族歌謠，究竟爲何人所採錄的，已不可知曉。佐藤文一將這三種資料包括〈開基之歌〉、〈大水氾濫之歌〉、〈氾濫後人民分居之歌〉，加以研究註譯，發表於 1934 年《南方土俗》三卷一期，此文由葉婉奇翻譯，收錄於《重塑臺灣平埔族圖像—日本時代平埔族資料彙編（1）》。〔註70〕這三首歌謠是以「國際羅馬字」注音的，有註解，內容相當長，共九十一行，沒有附五音譜，不能確定唱法，它是一種散體有韻的敘事詩，內容爲講述巴宰族的歷史及遷移。這三首詩因爲日據中期所採集，方法上較爲進步，時代上不屬於清代範圍，本節暫不擬討論。

二、「挨焉」歌謠多階段文化記述

至於《臺灣文獻》第三十四卷第三期〈臺灣中部地方文獻資料（三）〉所載的「岸理社家訓」，據判斷應爲清代同治、光緒年間的產物，這兩首敘事性的歌謠分別有漢譯及羅馬拼音兩種，以羅馬拼音記音的做法，應該是同治十年（1871 年）巴宰族接受基督教信仰以後的事，〔註71〕漢譯的文字應該比它更早，至於譯者爲誰，已無法查知。羅馬拼音記音的內容較接近歌謠原本講故事的，樸素直接的意義。漢譯的文字則有「雅化」、「深化」的現象。採用《詩經》〈頌〉的體裁及方式來書寫，模擬商頌〈長發〉、〈玄鳥〉，魯頌〈閟宮〉周頌的〈思文〉及大雅〈公劉〉的內容，敘述祖先從何處來，定居何處，子孫綿遠流傳的情形，且讚美祖先開基之德，要大家勿忘祖先。通篇四言、押韻，形式至爲整齊，歌謠開頭用擬聲字「挨焉挨焉」（阿煙）起始，表示巴宰族是以「挨焉」這個口傳歌謠，保存了族群的歷史，這種做法很有意義，除了敘述了自己的源流外，也彰顯了巴宰族的特色。以下是這兩首歌謠：

（一）〈同族分支曲〉

Pi-Na-Par an

挨焉挨焉、再頌緬維　　　Ai-yen Aiyen, Ai-yen Mi-nang,

（苗栗市：苗栗文化中心出版，1996 年）。

〔註70〕陳柔森編：《重塑臺灣平埔族圖像・日本時代平埔族資料彙編（1）》第四篇〈岸裡大社的歌謠〉，（台北市：原民文化出版社，1999 年），頁 112～127。

〔註71〕臺灣省文獻委員會編：（南投市：《臺灣文獻》第三十四卷第三期〈臺灣中部地方文獻資料（三）〉）：「說明：『在此時代岸裡社已受基督教文化之浸潤矣』」。

略申古語、雅言遺施。	Ta du-du au ma-nux ra hal u bi-na-su bif an
緣有同族、與我分支	Na-he-a-hin- waz pi-na-ka-par an ni-ta,
實是大要、到此建基。	Ma la-liing di doa da-xii Siki dai yak.
享通太平、繁衍隆熙	Mau zoa-zoax　i　doa ma-xu-ria- riak i doa,
異方別地、遙隔天涯。	Ba-ngi　a　rii tiil kia ma-nu da-xii,
崇山峻嶺、江海分離	La-zi ar　u　binayu ba-la-ki-bak zi liim.
俟至後日、必有會期。	Ba-bau a da-li Ma a-i-Sa-kup-ai,
先祖傳述、如此語言	La-ha-la mu-dio du nai apu apu an,
挨焉挨焉、頌讚再滋。	Aiyen Aiyen sai-siau i lak.

（二）〈初育人類曲〉

Pakanahazaai-sau

挨焉挨焉、思念求前	Aiyen ai-yen, aiyen ta sian,
申明妙語、俚句敘緣。	Dau-du-ai lai-ta ra-halu hau-riak,
述舊追遠、永世相沿	Du-du a xa-roa ra ma-ka- Si-la-lu-tud,
稽古之際、初有人煙。	Ki di pia-lai Na-ha-za-ai sau.
萬雅皆詩、元始祖先	Spu-apu pia-lai Banak kai sih,
三旺皆詩、是其二然	Sa bong a kai- sih ya-sia kan-sak,
覓卯魯敦、經營駐鎮	Hi-na-tu-an Na-sia Babau-a- rii-tiil,
平原腴地、活潑甘泉。	Ka-ri-Su-buk a da xii sii-bukuta-ti Nguan,
祝蝦安慶、澤渥蔓延	Ki-na-wasan　zi-za bi-ni lii-xut ann sia,
昌盛人類、似竹苞聯。	Pau-zoax ai u sau hau zoax a ru-muh,
世世相傳、雅言遺篇	La-la-ka pa-su bil ra-hal u kau rian,
挨焉挨焉、頌讚詞焉。	Aiyen aiyen, Sai siau i lah. 〔註72〕

這兩首歌謠通篇爲四言體，四言爲《詩經》三百首主要體式，其後的銘、贊、頌、及駢文等也以四言爲主流。巴宰族裔以四言體來轉譯祖先源流，謹愼肅穆的心意是很明顯的。這種四言體的格式深受傳統中國文化影響自不待言，

〔註72〕此段文詞及羅馬拼音各書皆有出入。《苗栗縣鯉魚潭開拓史》爲轉錄（南投市：《臺灣文獻》第三十四卷第三期）之作。廖漢臣《岸裡大社調查報告書》、潘大和《平埔巴宰族滄桑史》之作校對亦不精，本文參酌各文，最重要原因在音標的書寫有誤，本文根據鍾露昇：《國語語音學》第十四章〈各式國音符號〉，（台北市：語文出版社，1975 年 9 月 9 版），重新與予校改。

但以內容來看，並未失去族群主體意識，亦即並未完全向漢文化傾斜。將族群源流歸附於傳統中國的族群系統，是臺灣原住民常有的做法，如桃園縣的霄裡社平埔族蕭姓家族（凱達格蘭族），自敘其先祖於明代來自山西省太原；〔註73〕臺灣潘姓平埔族墓碑上，堂號常冠「滎陽」堂號二字；〔註74〕苗栗縣苑裡鎮崩山八社的日南社，林、劉、潘三姓，冠堂號爲「西河堂」；吞霄社莫、蘇、朱、鍾四姓堂號爲「鉅鹿堂」或「武功堂」等。〔註75〕當然做爲一弱勢族裔，向強勢移民靠攏，或刻意掩飾身分的做法，古今中外都不乏其例，亦有其無可奈何之處。巴宰族因其族群特性與表現突出，在漢人社會中印記鮮明，是故並無掩飾的必要。當然這兩首歌謠的內容及文辭，與商頌〈長發〉、〈玄鳥〉，魯頌〈閟宮〉來比較，是單薄貧乏得多了，但可貴之處正在其單純樸拙，保存有原始民族的本色。

　　第一首歌謠曲，韻腳押上平「四支」韻，即「施、支、熙、離、基、期、滋」等，第二首除第七句「鎮」字外，全曲皆押韻，韻以下平「一先」爲主。〔註76〕這種做法也是漢人歌謠才有的方式，巴宰族原有的口傳歌謠仍處於一種鬆散的敘述形式，以幾段固定唱腔爲主，字數及內容隨唱者之口而任意增減，並未成爲一種整齊的、固定的表達形式，而漢譯則以意譯爲主，沒有逐字翻譯，且將曲意做了藝術形式的加工，使之脫離原始面貌，成爲具有多重意義的文學體裁。若我們注意到以羅馬拼音所注歌謠的每一句起首音，尤其是第一首，可以發現幾乎都有一個「a」的母音，這種以「a」爲首的起音方式，是一種比較原始的歌謠才具有的方式，而這種方式在後來詩歌韻律發展的規律裏，成爲押韻頭的方式。〔註77〕以漢文譯作的方式書寫後，與原來歌謠的

〔註73〕蕭姓宗親會修譜委員會：《梅軒公脈系蕭氏族譜》，〈徙臺始祖考諱那英蕭公妣閤萬娘潘氏孺人派系〉文獻云：「臺灣始祖由來原是山西省太原人氏明朝時代水淹山西地面移進高山之上……任憑風水漂流數月依在臺灣大奎龍八斗仔海邊起岸。」，（台北市：1981年），頁405。
〔註74〕彰化縣福興鄉番社，日據時代區長潘邦治墓即冠此堂號。見陳俊傑：（彰化市：《巴布薩族馬芝遴社平埔族人》彰化縣文化局，2000年），頁258。苗栗縣頭屋鄉飛鳳村村長潘木村之母，墓道上亦刻有「滎陽」二字，見張致遠編：《斗葛族人道卡斯族研究導論》（苗栗市：苗栗文化局，1998年），頁96。然他們的碑文常將「滎陽」誤刻爲「榮陽」。滎陽爲河南省地名，爲漢族潘姓發源地。
〔註75〕王春風編：《蓬山文史專輯》，（苗栗市：苗栗文化局，2001年），頁50。
〔註76〕韻腳依《增廣詩韻集成》（台北市：文化圖書公司，1976年）。
〔註77〕陳鍾凡：《中國韻文通論》第一章〈詩經略論〉第八，「三百篇之韻，有用諸句首者，有用於句中的，有用於句末的，爲例至繁。」（台北市：河洛出版社，

韻律大為不同，完全脫離了原貌。由這裡我們可以看出東、西方對少數民族「同化」方式截然不同的態度，西方傳教士用的是客觀呈現，紀錄實際面貌，以研究的方式對待這些資料；中國的方式則以混同轉化的方式，將其改寫成中國式的書寫模式，形成一種具有同化意識的「文化納編」。這種將「異族」歌謠「漢化」的做法，在春秋戰國時代即出現，采詩之官行走在諸侯邦國之間，他們的言語、歌謠、文字，都大不相同，采詩者只記文字不記曲譜，而這些文字大部分也經過轉譯的修飾，以符合「雅言」系統，也才能讓統治階層讀懂。如有必要歌詠，則請「瞽矇」歌之。而瞽矇將採來的歌詞加以改編歌詠，或許用的是原來該地的曲調，或許就宮廷內舊有的曲調，將歌詞更改以符合曲調。《詩大序正義》引鄭答張逸云：

> 國史采眾詩時，名其好惡，令瞽矇歌之。其無作主，皆國史主之，
> 令可歌。〔註78〕

說的就是這種情形。如劉向《說苑》記載了一首〈越人歌〉，這是一位楚國的王子聽到「越人」唱這首歌，覺得很好聽，便要求懂越語的人將他翻譯成楚語，於是這首吳越一帶本不屬漢語系統的歌謠，便改頭換面，轉譯成具有楚地色彩的中國文學了。這首歌原來的音調，劉向用漢字擬音的方式將它記錄下來，原文是：

> 濫兮，抃草濫予？昌枑澤予？昌州州鍖？帟焉乎，秦胥胥！縵予乎
> 昭！澶秦踰滲，惿隨河湖！〔註79〕

經過了文人的轉譯和潤飾後變成：

> 今兮何夕兮，搴洲中流。今日何日兮，得與王子同舟。蒙羞被好兮，
> 不訾詬恥。心幾煩而不絕兮，得知王子。山有木兮木有枝，心悅君
> 兮君不知。

這首詩歌不但文辭優美，意境嫻雅，且兩句一韻，換韻三次：「流、舟、恥、子、枝、知」等。經由「楚化」、「漢化」的過程，它成為了中國文學具有特殊價值的部分〔註80〕。巴宰族〈同族分支曲〉、〈初育人類曲〉雖非出自於「中

1979 年），頁 18。

〔註78〕引見黃叔琳：《文心雕龍注》卷二〈樂府〉注六，（台北市：臺灣開明書局，1978 年），頁 26。

〔註79〕劉向：《說苑》卷十一〈善說〉，頁 7。

〔註80〕這首我們認為已經死亡的、枯槁的歌謠，除了史料沒有什麼價值的東西，在一九九零年代，湖南侗族人林河運用了田野調查的方式，將這首兩千多年前

國人」的手筆，乃出自於族人的作意，但其改作的意識和書寫方式，則完全承襲傳統「異族漢化」的模式。

三、「我族」意識的萌發

　　「挨焉」或稱「阿煙」、「挨央」，其拼音方式亦有「Ai-yen」《臺灣文獻》、「？ayan」〈基督教長老會聖歌〉、「A yan」（李壬癸）等。巴宰族現所留存的歌謠，皆以這個曲調爲主。「挨焉」爲唱歌時開頭的發聲詞和結尾的收束詞，本身沒有意思，呂炳川認爲巴宰族的歌謠完全以這種曲調來唱不同主題的歌。如：〈讚揚祖先之歌〉、〈開基之歌〉、〈迎新年之歌〉等。〔註81〕這個說法是可疑的，依目前已知的各種族來看，每個種族的歌謠曲調都很豐富，不可能只有一種曲調而已。〔註82〕巴宰族目前只存留了「挨焉」這個曲調，其餘皆失傳了，應該是比較穩妥的講法。不過至少我們了解「挨焉」是一個很靈活的歌謠形式，可以做各類的敘述和變化；是十九、二十世紀巴宰族最重要的歌謠。這兩首詞的用語都很雅正，它敘述祖先遷移的歷史，指出他們由祖居地「萬雅皆詩」（Banak kai sih）分離出來，來到了「三旺皆詩」（Sa bong a kai）、「魯敦」（Haluton　葫蘆墩）〔註83〕這些地方，族人分支居住，各自繁衍子孫，去到的地方土地都很肥沃，泉水甘美，相信一定能子孫昌盛，福澤綿綿，雖暫時相別，大家也一定會有再見面的時候。祖先祝福大家順利平安，世代相承。這詩作一面有著勸勉，一面有著祝福的意思。

　　臺灣中部的洪雅族、巴宰族、貓霧捒族、道卡斯族的祖靈祭中都有「走鏢」及「牽田」的儀式，走鏢即部落青年的賽跑，牽田則爲祭典尾聲的饗宴。這四族因此有「賽跑型祖靈祭」〔註84〕的稱謂，「挨焉」通常是在族內舉行完

　　的越人民謠，重新復原了：
　　　「（今）日兮，我遇何日？艙中何人？王府王到？王知遇，我謝恩。何日乎？大王！同我（再次）游逛，弟魂（心）樂乎！」見《九歌與沅湘民俗》，（上海：上海三聯書店，1990年），頁11～14。
〔註81〕李壬癸：《臺灣平埔族的歷史與互動》，頁148。
〔註82〕黃叔璥：《臺海使槎錄》，〈番俗六考 北路諸番六〉半線詩云：「女孃齊度曲，頰首款噫鳴（番歌先以款噫發聲）」，半線社屬巴布薩族（Babuza），他們唱歌前亦有以「款噫」做爲發聲詞的唱法，「款噫」與「挨焉」發音不盡相同，不過可能有互相影響的可能，頁118。
〔註83〕廖漢臣：《岸裡大社調查報告書》，《臺灣文獻》第八卷第二期，1957年，頁2。
〔註84〕李亦園：《臺灣土著民族的社會與文化》，（台北市：聯經出版社，1982年），

「走鏢」後，舉族上下聚集於部落會所的廣場，一起飲食、話家常，由族中長老（Baba）講論先人事蹟，或表揚農耕、漁獵、比賽的優勝者。最後就是族人一起唱「挨焉」，以緬懷先人激勵士氣。〔註85〕這樣的情景我們在《詩經》中小雅的〈伐木〉一詩，也可見到類似的儀式。〈伐木〉白川靜認爲是一首祖祭的詩，它的內容是這樣的：

> 舉行祖祭之時，全族成員皆參加，並招待賓客，此謂之饗宴。這是團結氏族紐帶的重要儀禮。〔註86〕

同族人在各項祭禮結束後，聚集在一起飲酒、吃飯，並請長老訴說先人之德，眾人共唱「頌祖之歌」。這種祭典對凝聚族群意識，傳承祖先文化上意義重大。日據以後「牽田」活動逐漸停止，最後不再舉行，泰半平埔族群便喪失了族群記憶，失去了凝聚的力量。巴宰族處理祖先這個「遺產」的方式，是將它文字化，放在「家訓」的位置，並予以神聖化，在中國傳統文化架構裏，築起一個自己的體系，是一種相當具有智慧的適應做法。

　　不過變成「嚴肅化」了的歌謠，與原來的面目有了很大的差別。這兩首敘述巴宰族祖先的歌謠，與《詩經》〈長發〉、〈玄鳥〉，魯頌〈閟宮〉，周頌的〈思文〉及大雅〈公劉〉有相同的意念，《詩經》的作品頌讚的意味甚濃，將祖先英雄化、禮儀化，有著很強的崇仰感，尤其〈公劉〉一詩是首史詩型的民族長詩，具有很成熟的內容及技巧。我們若將李壬癸與林清財在民國七十七年到埔里守城份所紀錄的巴宰族〈根源之歌〉拿來做比較，是完全可以看出《詩經》「雅化」與「嚴肅化」的情形。這首同樣爲敘述祖先故事的歌謠，充滿童稚的趣味，歌唱者將自己的祖先「阿目（木）」少年的故事唱述出來，且運用了模擬先祖的方式，在歌曲中說話，十分有趣。這種懷念祖先的風格，與在〈思文〉及〈公劉〉這種崇祖文字系統影響下「變了形」的歌謠，是大不相同的。以下節錄一段以見其風格。

〈根源之歌〉（巴宰海族之挨焉祭祖靈歌）（前段翻譯爲漢文意譯）

　　咱們唱根源的歌，　　　　Aiyen na aiyen, aiyen nalaeta

頁37。

〔註85〕潘大和：《平埔巴宰族滄桑史》，第四章〈本族人口之變遷〉，頁93。

〔註86〕白川靜：《詩經研究》杜正勝譯，（台北市：幼獅月刊叢書A7，1974年），頁226。

談起從前的祖先，	Tadodu apu wa nuki ahuwa
他的名字叫做阿木，	
起頭的是他。	aboku ki lanot iza ki pinayalae
1.「爸爸、媽媽我要走了	1."Inae, Abae, mausae na yaku"
他帶著弓箭到深山去。	Masu lawea nu buzu mausay de ahen binazu?
2. 走到半路，	2.Pikadum gahuo ka wuwat dam.
阿木害怕了，	Makehin liya ki adoku Magisan humhum,
怕被猛獸咬，	Mageziab Maezuk mukusa baeu awuis,
3. 他仔細查看，	3.yayik-yayik liya iza?
看見一隻大龜在生蛋，	Mikita apu lawulu malubaku Mahetanaten
阿木很高興在撿蛋，	liya ki aboku medaken baku lawulu,
4. 有一個蛋還沒生下來，	
他伸手去掏，	4.Maiyau malubaku a ademn Muhadey ima
海龜嚇了一跳，閉起陰戶	，muzozuliya hapet liya ki lawulu megemet
阿木醒過來。	aleb mabaza daili liya ki aboku
5. 在海邊四處無人，	5.kae bauo awaz kuang ya San-Sau Mikita
在海邊他看見火的餘燼，	kae bauo lengget hapuoe pitun mulemuiak
溯溪而上仔細找人，	
看到炊煙，心就開了。	sau mikita buzubuz mutuga henis
咱們唱根源的歌，	
剛才唱的是什麼？	Aiyen laeta, saesae laeta? 〔註87〕

這段詩如前所言，是一種原始型的散文詩，是一種「前詩歌時代」（Urpoesie）的敘事詩。它的文學意義實際上是在漢譯之後才顯現出來的，不論是前述的這兩首或佐藤文一於日據時代發表的三首歌謠，〔註88〕甚或李壬癸於1988年在埔里採集的〈巴則（宰）海族之挨焉祭祖靈歌〉絕大部分都是質樸的敘述，譬喻的用法也僅見於〈初育人類曲〉的「昌盛人類、似竹苞聯」而已。不過

〔註87〕 李壬癸：《臺灣平埔族的歷史與互動》，〈瀕臨滅絕的文化 —— 巴則海族的祭祖歌曲及其他歌謠〉共錄有兩首歌謠，頁159～161。

〔註88〕 這三首歌謠見陳柔森主編，葉婉奇翻譯，李易蓉導讀：《重塑臺灣平埔族圖像》〈岸里大社的歌謠〉，（台北市：原民出版社，1999年1月），頁112～127。

巴宰族具有相當強的族群意識，他們對祖先的「歌謠」進行了「轉化」的工作，標示了自己的特色，並沒有隨時間的洪流，文化的壓覆而消逝，這些努力是值得讓人尊敬的。

第三節　巴布薩族（Babuza）歌謠

一、擬寫族群的歌謠

　　〈貓霧捒番曲〉，是出自於南投縣埔里鎮大肚城的歌謠。貓霧捒社屬巴布薩族（Babuza），原居臺中市犁頭店，南屯春社里一帶。另有居於臺中縣大肚鄉的巴布拉族（Papora），同樣也移居於南投埔里鎮。這兩族混合居住在大肚城一帶，因為兩族名稱相近，許多風俗習慣類似，容易產生混淆，但並非同一族群，黃叔璥的〈番俗六考〉曾記載兩族的房屋建築有明顯的不同：

　　　　貓霧捒諸社，鑿山為壁，壁前用木為屏，覆以茅草，零星錯落，高
　　　　不盈丈，門戶出入，俯首而行。

而大肚社屋式則為：

　　　　大肚諸社屋，以木為梁，編竹為牆，狀如覆舟。〔註89〕

貓霧捒社築屋是以鑿山洞的方式建造，且屋舍低矮，人們要進出都要低著頭。大肚社的房子形狀像倒過來的船隻形狀，十分不同。貓霧捒社的居屋成半穴居的型式，大肚社則具有明顯的海洋民族風味。

　　這兩個族群在道光三年（1823年）因漢人大舉入墾，彼此之間衝突日益增加，族人為了生存發展，由原居地陸續遷移到了埔里，並在此處形成了聚落。這個時段移入的平埔族，根據習慣，一般會以自己舊社之名來為新墾地命名，以誌記自己的來源地。如臺中縣大甲、苗栗縣苑裡一帶的道卡斯族（Taokas）到達埔里後便以房里、日南、雙寮等社名，作為新居地之名以示不忘本，族人信仰中心的廟宇也以社名來命名。〔註90〕是故以「大肚城」來命名，其居民必然為移居自大肚社的平埔族才是。不過在大肚城所採集到的歌謠，並非巴布拉族的曲子，反而是另一支族群巴布薩族的歌謠，這個情形很

〔註89〕黃叔璥：《臺海使槎錄》〈番俗六考・北路諸羅番八・居處〉，頁124。
〔註90〕張致遠：《斗葛族人道卡斯族研究導論》，頁152～156。如：埔里鎮房里里三
　　　　鯤路的土地廟名為「日南宮」。

是特殊。事實上「大肚城」是這兩個族群人混居之所，大概來自大肚社的族人較多，才將此地命名爲「大肚城」的。〔註91〕

〈貓霧捒社番曲〉，爲民國三十七年八月宋文薰、劉枝萬與陳金河等人，錄自南投縣埔里鎮大肚城毒阿火先生所藏的清代手抄本。〔註92〕抄本內容共二百六十八段，分爲〈前導詞〉、〈打鹿曲〉、〈落大曲頭至尾〉、〈是乜鹿食酒曲〉、〈食馬踏酒大曲〉、〈尾聲〉等六段獨立內容的段落。這份資料是眼前所見書寫於清代篇幅最長，內容最豐富的平埔族歌謠。這份歌謠資料完全出自於巴布薩族人之手，他們用漢字拼注番曲大意，並嘗試將族群用語加以寫定，吟讀或歌唱這個曲子時則用閩南語發音。這個抄本爲光緒年間該社「總理茂」都國楨所譯寫，都國楨這個人擅長漢文及傳統歌謠，他用這樣的方式保留了族群的歌謠。但因抄本頗爲雜蕪，宋文薰、劉枝萬對此曲做了初步的研究，以下是其分段及編號：

　　一、〈前導曲〉：1──21

　　二、〈打鹿曲〉：22──34

　　三、〈落大曲頭至尾〉：35──150

　　四、〈是乜鹿食酒曲〉：151──173

　　五、〈食馬踏酒大曲〉：174──238

　　六、〈尾聲〉：239──269

這些歌謠每段都分爲前後兩句，每句以漢字標音，每句最少四個字，最多七個字，全曲約有一千六、七百字。如：

阿老南乜摹路蚋吧	世毛老罵于一
阿老吧蚋南如末	加私謨密下這怒
于馬訝毛老嫂	談訝蚋下里
加思密乜荓握	布乜也楝

宋文薰、劉枝萬統合了日據時期佐藤文一、淺井惠倫等人的研究，加上親自的查訪、紀錄，詢問族中長老，將這套曲子譯出大意，並用羅馬拼音逐字加以標音。黃叔璥《臺海使槎錄》的〈番俗六考〉中曾錄有〈貓霧捒社男婦會飲應答歌〉，這首歌謠也是以漢字擬音的方式來記錄歌謠的聲音，不過黃叔璥

〔註91〕宋文薰、劉枝萬：《文獻專刊》第三卷第一期，（南投市：臺灣省文獻會，1952年5月），頁2。

〔註92〕宋文薰、劉枝萬：《文獻專刊》第三卷第一期，頁1～20。

等人用的應該是參雜了「官話」語音系統來拼注，〔註 93〕吟讀的時候也用的
是「官話」系統的讀音，這與都國楨以閩南語讀音的方式來拼注，自然會有
相當大的不同。《臺海使槎錄》的成書在雍正二年（1724 年），都國楨的譯寫
本大約寫成於光緒年間（1875 年-1908 年），兩者相距約一百五十多年，所以
將這兩首出自於同一社群的歌謠拿來比較，發現差異實在非常的大，幾乎找
不到相同的地方。但如第一節所述，〈番俗六考〉中三十四首歌謠，都應該僅
是採錄平埔族歌謠其中一小段而已，可能並非各社歌謠的全曲，由〈貓霧捒
社番曲〉篇幅如此之長可以得到證明。

二、生命面貌的反映

　　據〈貓霧捒社番曲〉一文的說法，這套番曲是在農曆六月三十日及七月
一日，這兩天舉行祭祖慶典時唱誦的。依其內容來看，這些歌謠所包含的不
只是祭祖歌謠而已，不能算是一套結構完整的歌謠；曲子間內容分歧處甚多，
並不是集中於懷念或歌誦祖先。如〈是乜鹿食酒曲〉的內容是講要蓋一座房
子，大家聚集在一起商量，怎麼取料，怎麼分工，怎麼「卜定」位置等等，
與祭祖沒有關係。如果勉強要將它歸入祭祖歌謠中，這首歌謠可能是在祭祖
典禮時，用來傳遞族群傳統生活智慧的。族中長老利用族人團聚的時候，教
導族人如何造屋，如何共同互相幫忙建造一間好房子。另一特殊情形是同一
首歌謠中，有很多地方的上下句意思不連貫。如〈食馬踏酒大曲〉，這首曲子
的主題是描述祭典時熱鬧的情景，歌謠中很大一段在讚揚「走鏢」〔註 94〕時
體能特佳的年輕人，這些年輕英雄因手腳俐落，將可奪得大紅旗鏢。不過在
祝賀完得獎的青年後，忽然轉向為語言的教學：「卓仔馬如佸」（第 208 句），
「卓仔」用閩南語發音是桌子的意思，「馬如佸」則是貓霧捒社語的桌子，「酒
鐘 六開焉 加支十 牙智」（第 210 句）一句，酒鐘即閩南語酒杯之意，貓霧
捒社語叫做「六開焉」，「牙智」即閩南語牙箸之意，貓霧捒社語叫做「加支
十」。語言教學之後，開始介紹聚會時的各種菜餚。這場宴會有雞肉、豬肉、

〔註 93〕黃叔璥出生於順天府大興縣（今河北大興縣），本姓黃，原籍為徽州歙縣（安
　　　　徽省新安縣），父喪後為舅家收養，故其習用的語言應為官話系統。其兄長黃
　　　　叔琳，字崑圃，為知名學者，其《文心雕龍注》，望重士林。
〔註 94〕宋文薰、劉枝萬：〈貓霧捒社番曲〉中說：走標為祭典第二日早上舉行的賽跑，
　　　　得到前三名者可以獲得錦旗和獎品，（南投市：《文獻專刊》第三卷第一期），
　　　　頁 2。

大蒜、芹菜、草魚、紅酒等十分豐盛，後段才說到聚會的歡樂與美好，說到酒喝光了，菜吃光了，大家以後要合群，繼續的歌唱，將此歌謠永久流傳下去等，這種岔出的現象，使得整曲顯得較爲雜蕪。

〈貓霧揀社番曲〉的〈前導曲〉共長二十一段，內容是要參與祭典的族人們通通集合起來，不論男女老少，大家都來參加祭典，不要躲避，手拉手，一齊使用族裏的「番語」，努力的歌唱。歌詞中要求族裏的年輕人好好學習自己的母語，不要被漢人同化了。這個序曲很明顯的具有反映當時景況的意味，族群面對漢人文化與墾拓的威脅，感受到傳統的即將消失，不得不在祭祖慶典的時候，要求大家學習母語，傳唱最具有族群特色的歌謠。第二曲〈打鹿曲〉的內容與〈前導曲〉十分相似，要大家通通聚過來，把祭典辦得熱熱鬧鬧的，不要害羞，要懷著熱情參加祭典。這段雖名爲〈打鹿曲〉但內容完全與狩獵無關。

第三曲〈落大曲頭至尾〉則是述說上山打獵的過程，要年輕人帶著獵槍，扛著配刀，牽著狗，上山去；路上要注意別炸壞了槍，小心生番，見到生番送點東西給他們，不要惹事；打獵不可空手回來等等，許多細節都描述的很詳細，是六段歌詞中最長的一段。第四曲〈是乜鹿食酒曲〉則爲教導族人如何蓋房子的歌謠。

第三曲〈落大曲頭至尾〉與第四曲〈是乜鹿食酒曲〉的敘事性很強，主題也很明顯，是巴布薩族人們生活的反映。第五曲〈食馬踏酒大曲〉的篇幅也很長，內容則很駁雜、枝節，不過這種駁雜也是原始民歌的特色。原始民族的歌謠在形式、內容、意義上都不會很嚴謹，變動性很大，歌詞也會因時空不同而轉換。絕大多數平埔族們在節慶時歌詠它、或隨之起舞，重視的往往是其氣氛、韻律或儀式，對歌謠的內容往往不會太在意，且歌謠的內容常隨環境變化而更動，除了族中重要的人物外，一般人對歌詞是不太關心的。〔註95〕平埔族本身並未發展出自己的文字，語言與文字間尚有許多「間隙」存在，在寫出固定的文字之前，歌謠本身是常常在改變的。由歌謠進入詩歌的這個階段，會出現許多過渡的痕跡。如前所述，《詩經》是經過相當長時間的整理，相當多人的文學

〔註95〕 林惠祥：《文化人類學》第六章〈詩歌〉「原始的民眾不注意詩歌的意義，而只喜歡詩歌的形式。原始詩歌中的字句常因要適合音調而曲折改變，致意義晦塞，不加解釋便不能明瞭。」,（台北市：臺灣商務印書館，1993 年第八版），頁 419。

化處理，比較難看出它原始的面貌，三百首中，許多短篇的民謠「風」，其原本應爲部落中的歌謠，採錄其謠的文吏們，與黃叔璥《番俗六考》的情況類似，除了一些短歌外，並沒有紀錄全曲，只將全曲比較精華或比較特殊的片段加以節錄，並將之格律化，將之書寫成文。《詩經》篇幅普遍較短，或許也與當時書寫、載籍工具不方便有關。到了戰國時代另一個韻文系統《楚辭》產生，這個時代文學作品在長度和內容上，都遠遠超過春秋時代，《楚辭》一體的創始者是屈原，他的許多作品正是借用湘江一帶濮人（壯族）的民間歌謠、祭祀歌詞的形式和內容來創作的。屈原來到沅、湘一帶後，聽到、看到當地人的歌舞，很有觸動，便將樸野、雜蕪的歌謠加以改編，將之文辭化、規則化、華麗化。〈九歌〉、〈天問〉、〈招魂〉是最爲明顯的例子，〈九歌〉是一組祭楚國天神（東皇太一），雷神（雲中君），水神（湘君、湘夫人）以及地祇、山鬼、殉難英靈等的祭曲歌謠。〔註96〕〈天問〉可能是一種源自民間體制的「素問」，〔註97〕與西南少數民族〈開天闢地歌〉一問一答形式相近；劉志堅的〈天問與壯族創世神話〉，一文找出許多證據，認爲〈天問〉實出自壯族的原始神話傳說。〔註98〕〈招魂〉爲楚地召喚死者靈魂的古俗，這種招魂之俗讓原本就有相當繁複的儀式，祭詞內容亦很豐富〔註99〕，屈原摹倣個祭詞寫法，成爲招自己魂魄的長篇大作，〔註100〕此詞的內容及形式都非常整齊，是很成熟的作品。〈天問〉因錯

〔註96〕傅錫壬：《新譯楚辭讀本》對〈九歌〉定義，（台北市：三民書局，1976年）。

〔註97〕傅錫壬：《新譯楚辭讀本》註引臺靜農說法，頁90。王逸認爲〈天問〉的創作會如此豐富，與屈原在楚先王之廟觀看過壁畫及「古聖賢怪物行事」有關。而壁畫的內容：「圖畫天地山川神靈，琦瑋僪佹」楚國的神話內容豐富，圖之於宗廟的故事一定十分精采，所以屈原能將這些材料放進文字之中，馳騁其想像，增添誇大，是可以理解的。引見王夫之：《楚辭通釋》卷三，（台北市：長安出版社，1978年9月再版），頁46。

〔註98〕劉志堅：〈天問與壯族創世神話〉，《嶺南文化與百越民風──廣西民間文學論文選》，（桂林：廣西教育出版社，1992年），頁12～21。此一說法仍待更多的證據加以研究補充。

〔註99〕趙昇平（？）：《屈原及其作品研究》認爲「招魂的性質非只是個人的事情……；這乃近於一種典禮和儀式。」、「從招魂的本文來看，招魂的規模是相當大的……這些設備齊全的招魂之具，與工巧的巫祝，繁飾的脩門，都顯然是一個禮堂或會場的布置，這也就是招魂的性質。」屈原的招魂之作非簡單的自招而已，應該和九歌祭諸神一樣，是一個眾人參與的典禮或祭儀。（台北市：盤庚出版社），頁123、124。此書原作者爲林庚（1910～）林庚以研究唐詩及楚辭著名，盤庚出版社於1979年左右將其書改頭換面於臺灣出版。

〔註100〕〈招魂〉的作者不同的看法，《史記》〈屈賈列傳贊〉以爲是屈原自招之作，

簡及相關內容的失載，有許多迄今難解及冗雜的片段，〈招魂〉則有大量食物、
陳設、服飾、歌舞的描寫，〔註101〕這兩首韻文特殊的內容，正是原始民歌所具
有的現象；〔註 102〕〈食馬踏酒大曲〉出現的歧異現象，〈天問〉、〈招魂〉正可
以為它做一番註解。甚至我們由清代臺灣番曲採錄及書寫的過程，可以推想在
屈原整錄改寫〈九歌〉、〈天問〉、〈招魂〉等作品之前，已有很多人做過這樣的
工作，多年來楚國文士已累積許多文獻資料，「它」不會突然的出現，也不可能
是由一個人獨自創發出來的。屈原是在這些人的基礎上更進一步的完成「創
作」，代表的應是「楚地歌謠」漢化長期累積的結果，是這一體裁文學的一大躍
進。黃叔璥〈番俗六考〉中的番曲普遍甚短，顯示的正是平埔族歌謠採錄的草
創期，百餘年後〈貓霧捒社番曲〉的出現，可以看出文化累積的現象，學會書
寫的族人，記錄下內容豐富完整的歌謠內容。我們依此歌謠，可以想見沅、湘
流域許多少數民族書寫發展的過程了。

　　這一套歌謠所敘述的主題很長，細節很多，唱時大概只求音調和諧，沒
有固定的節奏和韻律，比較常出現的尾音是「a」、「u」、「n」、「k」這幾個音。
因為以敘事為主，文字書寫的成份較多，音樂性較低，在歌唱時應該是以唱、
唸、吟等的方式來表現的。

　　〈貓霧捒社番曲〉雖寫定於清光緒年間，但僅在埔里大肚城一帶流傳，
其內容對其族群才有意義，對不懂巴布薩族（Babuza）語的人們，是沒有什
麼影響的。而漢文的解譯，實際上是在民國四十一年後才正式出現，解譯者
嘗試用羅馬拼音註解其音，並以漢語翻譯其大意。除了毒阿火之外，彼時已
沒有多少族人懂歌詞的意義了，這套歌謠也已不再有人傳唱了。這套番曲除
了是清代以漢字紀錄篇幅最長，內容最詳細的番曲外，還有一個特色，那就
是歌謠中提及的「族群淪亡與語言喪失的危機感」。平埔族番人在漢人勢力不

　　　　　王逸認為是宋玉之作，然學者大都仍以《史記》所言為確。

〔註101〕王夫之：《楚辭通釋》卷九〈招魂〉「室家遂宗，食多方些，稻粢穱麥，挐黃
　　　　　粱些，大苦鹹酸，辛甘行些，肥牛之腱，臑若方些，和酸若苦，陳吳羹些，
　　　　　胹鱉炮羔，有柘漿些，鵠酸臇鳧，煎鴻鶬些，露雞臛蠵，厲而不爽些，粔籹
　　　　　蜜餌，有餦餭些，瑤漿蜜勺，實羽觴些，挫糟凍飲，酎清涼些，華酌既陳，
　　　　　有瓊漿些，歸來反故室，敬而無妨些。」《清人楚辭注三種》，（台北市：長
　　　　　安出版社，1978 年 9 月再版），頁 146、147。

〔註102〕林惠祥：《文化人類學》第六章〈詩歌〉：「原始的抒情詩意旨不高，常只
　　　　　囿於下等的感覺，多述物質上的快樂，如飲食等事。」或可作為一解，頁
　　　　　418。

斷的擴充下，他們的族群、土地、語言、文化一直受到侵擾，且有不斷喪失的情形，年輕的一輩寧願向漢文化靠攏學習，也不願學習祖先的遺產。而最能表現族群文化特色，凝聚族群力量的莫過於祭祖的儀典。舉行儀典時是傳承文化最好的時機。因此族群中的長老都國楨便以漢語紀錄下番曲的細節，希望它能持續下去不要滅絕，這首歌謠中有很多地方重複這樣的想法，要族人們站出來唱歌，不分男女老幼都出來唱歌、跳舞，都要用自己的語言說話，不要變成漢人；忘記自己祖先的話，怎麼配稱番人呢？這裡表現了原住民嘗試「挪用（appropriation）」異族的文字，建構起自己的歷史文化系統，也在文字裏呈現弱勢文化掙扎的、救亡圖存的過程。我們先看第一段〈前導曲〉，這二十一段歌謠有統括全套番曲精神的味道。

（一）阿老南乜摹路蚋吧　　世毛老罵于一〔註103〕

　　　a-lo na-mi mo-lo-la　　pa-si mo-lo ma-ii

　　　意譯：年青人來；喂！無論年老或年青通統來〔註104〕。

（二）阿老吧蚋南如末　　加私謨密下這恕

　　　a-lo pa-la nam-ba-bot　　ka-su bo-bit ha-che-no

　　　意譯：來！大家一齊唱；集合我們的力量。

（三）阿舊加馬以大芭苿末　　爐毛蚋大蚋仔

　　　a-ku ka-ma-I tai-ba-bot　　lo-mo-lo tai-ga-la

　　　意譯：不要遺忘這些歌；年老人這樣教誨。

（四）阿舊匏屑大下里　　三六大毛老嫂

　　　a-ku pu-shak tai-ha-li　　sam-lak-ta mo-lo-a-so

　　　意譯：不要遺忘這些話；年老人如此吩咐。

（五）于打訝蚋毛老嫂　　于下里交？

　　　i-ta-ga-la mo-lo-a-so　　I-ha-likau-tu

　　　再三再四嘮叨；怎麼還不記牢。

（六）阿舊阿匏仁大匏汝　　甘馬于大下里

　　　a-ku a-pu-jin ta-pu-lu　　ka-ma-I tai-ha-li

　　　意譯：不要變成漢人；我們的語言該痛惜！

（七）于馬訝毛老嫂　　談訝蚋下里

          i-ma-gat mo-lo-a-so   tam-ga-la ha-li

          意譯：年老人和年長者都如此吩咐。

（八）加思密乜荊握　布乜也楝

          ka-su bit- bit ba-kat   po-po ya-sak

          意譯：正如米糠給篩子篩出；縷縷不斷有訓言。

    ……

（十六）焉恕仔？匏叻　焉恕打訝蚋下里

          eh-no-a pa-pu-la   en-no ta-ga-la ha-li

          意譯：你們操什麼番語？這是什麼鬼話？

（十七）馬加汝吧匏叻下里　焉恕荊匏叻

          ma-ka-lupa-pu-la ha-li   en—no pa-pu-la

          意譯：你們忘卻番語；哪裏怎配得上是番人？

（十八）于烏厜下曹厜　屑加荊末

          i-o-ban ha-zo-ban   shak-ka ba-bot

          意譯：你們眞笨拙；不會唱唱歌。

（十九）屑加下里乜士韮　阿匏仁乜是韮

          shak-ka ha-li mi-su-ku   a-pu-jin mi-su-ku

          意譯：不知自家話語還在吹牛皮；宛然像漢人。

（二十）恩打下曹厜　馬加林乜吧匏叻

          in-ta ha-zo-man   ma-ka-li-mi pa-pu-la

          意譯：要警惕！別變成漢人。

　　歌詞中要求族中無論年老或年輕的皆要學習這些語言，後輩不可忘記族人的歌曲語言，不要像漢人那般會吹牛，那麼「巧言善辯」。此歌謠大半運用平鋪直敍的方法，直抒心中的意念，在第八段用了一個譬喻法，以米糠由篩子內不斷被篩出的情景，來比喻祖先或族中長老對晚輩再三再四的叮嚀，這個用法是由生活經驗出發，十分生動。第二段〈打鹿曲〉也有這樣的歌詞：

（三十一）阿老馬叉水乜乜　阿老馬刀叉篤

          a-lo-ma gi-to-lom-gi-lom   a-lo-ma gi-to-gi-to

          意譯：眾人來；不要羞答答

（三十二）龜士嶙下蚋有　龜雙？下蚋有

          ku-su-lin ha-la-iu   ku-su-nung ha-la-iu

意譯：不要躲避；不要躲避。

（三十三）阿老賣毛老罵于一　阿禮烏下里厖

　　　　　a-lo-mai mo-lo ma-I-it　a-le-oha-li-ban

　　　　　意譯：無論年老年青通統出來；學習這些話語

　　由這些歌詞中很可以見到巴布薩族人的焦慮感，非常希望保存自己的文化，維持族群意識，對逐漸漢化的族人提出警告和企盼，「別變成漢人」、你的言行「宛如漢人」、不會說巴布薩語是多麼丟臉的事，一而再的藉由歌詞提醒族人，喪失了語言文化，就等於族群的滅亡一般。另一有趣的現象則在這套歌謠「吉尾」（結尾）的幾段，族中的青年與漢族的客家女子戀愛，且準備結婚，歌謠表現的是歡喜與接納，表現的是非常贊成的態度。族人願意與漢人通婚，如果是娶漢人女子最好，這樣便能與漢人血統融合，又能增加族裔的力量，所生的孩子將成為巴布薩族的一員，這是他們樂見的事情。相對的來說，族中的女子嫁給漢人，是比較不樂意的事情。

（二五六）有蚋他藍加　談仔遮他藍加

　　　　　iu-la　t`a-na-ka　ta-ma jah t`a- na-ka

　　　　　意譯：是哪個家的媳婦？

（二五七）巴這禮沙目　巴廚倫玩匕

　　　　　pa-che-le sa-bak　pa-tu-lun kau-kau

　　　　　意譯：從那邊客家人娶來的？

（二五八）以渴馬沙　以霜汝沙□仔

　　　　　i-k，at ma-sa　j-su-nu sa-li-na

　　　　　意譯：你看見了麼？；你聽見了麼？

（二五九）巴落老懶　巴沙務加買

　　　　　pa-loklau-lan　pa-sa-bu ka-mai

　　　　　意譯：打聽娘家親戚嗎？

（二六〇）談仔岩甘買　馬私骨甘買

　　　　　ta-ma-k，at kam-mai　ma-si-kut kam-mai

　　　　　意譯：娘家親戚喜心答應嗎？

（二六一）毛溫之里留　匕六巴沙粉

　　　　　mo-on chi- ii-liu　mi-lak pa-sa-hun

　　　　　意譯：又溫順；又美麗。

（二六二）下里阿里施里是　下里阿比里比里

　　　　ha-li-a li-si-li-si　ha-li-a pi- li-pi-li

　　　　意譯：非常好；選得很好。

（二六三）馬禮毛匕匕龜里　馬西毛匕匕里那

　　　　ma-le-mo le-mo ku-li　ma-se-mo se-mo li-na

　　　　意譯：非常好；眞是能幹。

（二六四）馬施骨他藍加　馬叉？加買

　　　　ma-si-kut　t, a-na-ka　ma-gi-ni ka-mai

　　　　意譯：媳婦親家母都歡喜

　　這段歌謠表現的很委婉，問男方娶的誰家的媳婦，要娶這樣的女子對方同意嗎？親戚同不同意、高不高興，又稱讚新娘美麗溫順，這樣的婚姻眞是好，新郎眞能幹，歌詞內充滿喜悅欣慰之情。

　　這些歌詞由於是用來歌唱的，而不是作爲文學作品的，所以非常貼近歌謠的原貌。它還沒有經過文人的染指、加工，形式還未規律化，文辭還未雅化，保存了最原始的「詩歌」面貌。這種謠詞，正是原始民族將詩歌過渡成書寫文字前的階段，正是巴布薩族裔產生出屬於自己文學作品的「萌芽期」。

三、歷史價值與意義

　　出現在清代末期的〈貓霧捒社番曲〉有幾個重要的意義，其一是它的篇幅長，內容詳盡，足以讓我們看到較完整的番族歌謠面貌。如第一節黃叔璥《番俗六考》中記載的歌謠，不少都僅爲各族歌謠的片段，無法見出整體性，而巴宰族的「家訓」，則過度漢化，過度的格律化，喪失了民族的特有風格。其二是出自平埔族人的手筆，以本身發展出來的模式記載自己族群的心聲。原住民因爲沒有自己的文字，無法以筆寫下自己的意念，始終都是被記載者，而非記載者，這段番曲雖用的是漢人的文字，但其意念及內容，完全出自自家人之手，表達的也具有全然的自主性與主體性。這在整個清朝二百餘年的統治來說，意義很大。其三是唯一表現反漢人入侵，期望保存族群文化的觀念。平埔族面對漢人的移墾，生存空間被壓迫，語言文化瀕臨滅絕，相信他們不會是沒有聲音的人，在武力抵抗失敗後，不斷地潰撤，面對這樣的窘迫之境，應該曾發出過許多聲音，唱出許多歌謠，不過這些聲音絕大部分都

隨風而逝，不被聽聞了。〔註105〕這首〈貓霧捒社番曲〉應該是唯一倖存的曲子。除此之外沒有見到漢人的記載中收錄過這樣的作品，這首歌謠的存在自然是極富意義的。不過也因為以紀事、敘事為主，文學性就顯得不足，其中使用文辭缺乏美感，也還未形成格律化的韻律，與巴宰族〈初育人類曲〉一樣，僅使用一兩個譬喻的技巧，距離成熟的文學階段還很遙遠。

這首曲子的缺失不少，原抄錄者的誤用字、錯字、自造字不少，而宋文薰、劉枝萬用羅馬拼音的結果和原來漢字注音的音注出入頗大，不知何者較為準確〔註106〕？如：蚋字音為「ㄖㄨㄟˋ」但羅馬注音為「la」，嫂注為「so」，仔同時有「na」，「a」，「ma」幾個音。匕有「lu」，「ba」，「la」等音，頗為混亂。此亦即本文第四章〈原住民語的漢字擬音〉第四節〈擬音用字異體化現象〉所言的「用字的歧異」、「詞語的混亂」的情形。以外在條件來說，這篇文章刊印於民國四十一年，以當時印刷條件的惡劣，研究環境的不穩定，是很難苛責求全的。也因為如此全文書寫疑點很多，因為無法得到手抄本原件，許多疑問無法解決，實為憾事。根據筆者實際採訪苗栗後龍鎮新港社道卡斯族平埔族的經驗，該族鍾德欽先生提供的《祭祖歌曲簿》，全文是用漢字記錄祭歌語音，唸誦時也以閩南語發音，其中錯字、自造字、難辨之字非常多，與〈貓霧捒社番曲〉的情形非常類似。〔註107〕這種訛誤、歧異現象，另外牽涉到書寫者本身漢文能力的不足，以及書寫時態度不夠謹嚴有關。

有關清代臺灣平埔族歌謠的文獻記載，還有一首出現時代不詳的歌詞。這首歌謠見於徐珂在民國初年出版的《清稗類鈔》一書中，其中有〈番人善歌條〉引錄了一首番人歌謠，內容是這樣的：

　　我所思兮貌何美，夢寐輾轉不可亡。我今深山去捕鹿，心旌飄搖獨

〔註105〕伊能嘉矩：《臺灣踏查日記》（上），曾言及苗栗縣道卡斯族新港社在祭祖時所吟唱的歌謠，有不服清人統治的涵義，可惜沒有見他記載下來。並親耳聽蕃人說：「被清人欺狎無奈」，其實日本人的來到，帶來的是更進一步的族群災難。見伊能嘉矩著，楊南郡譯註《臺灣踏查日記》（上），（台北市：遠流出版社，1996年），頁110。

〔註106〕他們使用的閩南語記音依據為 W.Campbell：A dictionary of the Amoy Vernacular，Spoken Throughout the Prefectures of Chin～Chiu，Chiang～Ghiu and Formosa（甘為霖編：台南臺灣教會公報社，1978年再版），這個版本的字典為日據時期及臺灣光復後的臺、日學者們常用的工具書。

〔註107〕筆者於1987年籌辦「苗栗縣八十六年全國文藝季──戀戀中港」，其中一項活動為「追憶消失的舞影──中港平埔族舊蹤跡」，友人劉火吉、鍾德欽、劉增榮等提供相關資料，協助活動進行。

　　　彷徨。只好捕鹿歸來日，與卿相餽共舉觴。〔註108〕
並說：「臺灣番社有歌，詞簡情遠，純然古代之歌詩體也。」此詩不知何處錄
得，但可以看出是全然漢化的歌謠體，全詩七言六句三韻，也與傳統詩歌體
裁相符。這首詩與《說苑》中〈越人歌〉的情形非常相似，經由族群與語言
的衝突及融合，慢慢的轉化爲漢人文學中的一頁。此詩作者爲誰無法考定，
其內容確爲臺灣平埔族歌謠常見的主題，思慕愛人、捕鹿、飲酒等等，技巧
十分高明，文辭甚爲優美。推測作者是另一位採用其歌謠內容改寫的文人，
這首成熟的「詩歌」，應該是出現在清領末期、光緒年間的時段裏較爲可能。
這首詩可說是清代臺灣平埔族歌謠發展的最後階段，歷經二百年的「弱勢文
化的掙扎」、「用字的歧異」、「詞語的混雜」、「挪用或轉構」而終至「棄用」
的「漢化」過程，平埔族歌謠的文字化、雅化與規則化在此可說已經完成了。

　　　中國大陸的學者們對少數民族的傳統文化，一直都在進行大量的整理與
採集的工作，且鼓勵原即爲少數民族的人們研究自己的文化、歷史，這個工
作進行得很有成效，在三四十年間累積了非常多的報告，這種以少數民族爲
主體的、反漢人意識的論述，帶來非常大的影響，對傳統的文學研究系統也
有革命性的成就。如出身湖南侗族林河的《九歌與沅湘民俗》一書對〈九歌〉
的解釋與傳統學者大爲不同，〔註109〕此曲是迄今其民族（侗族）仍在傳唱的
歌謠，據林河解釋「九」之意爲「最大的鬼」，也是「神靈」的意思，如果表
現在歌謠中的意思則爲「情人」〔註110〕劉保元、袁廣達等編著的《瑤族文
學史》中明確的指出〈伏犧兄妹〉的神話傳說是瑤族的民族之源，從眾多〈盤
王歌〉的抄本中，可以確定祝融、彭祖都是伏羲的後裔，是屬於瑤族中龍（蛇）
圖騰時代的神話。〔註111〕劉志堅在〈天問與壯族創世神話〉中，〔註112〕將〈天

〔註108〕徐珂：《清稗類鈔選錄》，（台北市：臺灣銀行經濟研究室，臺灣文獻叢刊第
　　　　214種，1965年），頁126。
〔註109〕王夫之：《楚辭通釋》、蔣驥：《山帶閣注楚辭》、林雲銘：《楚辭燈》都以〈九
　　　　歌〉的「九」爲實字，然〈九歌〉實有十一篇，是故而各有增縮篇幅，以符
　　　　「九」這個數字的講法。朱熹：《楚辭集注》認爲〈九歌〉爲沅湘間的宗教歌
　　　　舞，祭祀時必以巫覡歌舞來娛神，但又說：「又篇名九歌而實十有一章，蓋不
　　　　可曉。」認爲這是不急於定義的事，沒有處理這個問題。見《楚辭集注》〈九
　　　　歌第二〉，（台北市：國立中央圖書館善本叢刊第六種），1991年2月。
〔註110〕林河：《九歌與沅湘民俗》（上海：上海三聯書店，1990年），頁2。
〔註111〕劉保元、袁廣達等編著：《瑤族文學史》，（桂林：廣西人民出版社，1982年），
　　　　頁20。
〔註112〕劉保元、袁廣達等編著：《瑤族文學史》，頁12。

問〉與其民族（壯族）的神話傳說做了很多有意義的對比。許多族群也將流傳久遠，具有特色的歌謠賦與新的價值與認定，如彞族人的〈勒烏特依〉、舉奢哲的〈彞族詩文論〉，南彞族人的支系阿細人的〈阿細的先基〉、瑤族人的〈密洛陀〉、〈盤王歌〉，〔註113〕土家族的〈梯瑪神歌〉，祜巴孟力的〈論傣族詩歌〉等，這些詩歌有的是以其民族的文字書寫（彞族），有的是用漢語轉譯，但都具有很高的文學性、藝術性，對其民族本身意義至為重大。

　　清代臺灣原住民歌謠與這些民族歌謠的發展頗為類似，在內容上有祖先崇拜、慶豐收、飲酒、打獵、敘述族群歷史等，而遭受漢文化壓覆的情形，並不遑多讓。很可惜的這些歌謠迄今未有人作深入的探討，十分令人遺憾。對這些目前僅留存於文獻中的記載，或許有一天西拉雅族、巴宰族或巴布薩族的後裔，能投入漢譯歌詞的解析，使這些清代歌謠能像兩千多年前〈越人歌〉那樣的復活起來，進一步成為創作者的源頭活水，使人們在古老的心靈之歌裏獲得啟示，使自己的族群甦醒起來。平埔族歌謠實際上是有清一代，原住者發出的唯一聲音，雖然大都是一種被紀錄的文字，但這些歌謠內容包含了族群的歷史、宗教、文化、生活、藝術及情感等，是他們真正的心靈與生命的聲音。

〔註113〕康健、王冶新等編著：《彞族詩文論》，（貴陽：貴州人民出版社，1988年），頁2。